海派经济学

Journal of Economics of Shanghai School

主办单位

中国经济规律研究会
上海财经大学海派经济学研究中心
海派经济学南京研究所

支持单位

世界政治经济学学会
全国马克思主义经济学说史学会

目录

论　文

《共产党宣言》蕴含的贫困思想及其当代启示
…………………………………………… 章忠民　郑金彪　张　玫(1)
习近平消除贫困思想开辟了中国特色社会主义理论的新境界
…………………………………………………… 谭劲松　喻婷婷(11)
“黄马甲运动”中的口号和若干评论 ……………………… 席至琪　程恩富(21)
从“五位一体”把握健康中国战略的内涵及实施策略 … 杨小勇　王璋弟(32)
以人民为中心 正确推进国企改革…………………………………… 吴文新(43)
国有企业党组织内嵌到公司法人治理结构的学理阐发及其实践路径
…………………………………………………… 陈晓华　刘新刚(58)
马克思对资本实现自身过程的揭示及其当代意义 …… 汪洪涛　丁　浩(69)
新时代中国区域经济战略布局的政治经济分析 ……… 王永长　柴巧燕(81)
新时代我国金融业推进改革开放和服务实体经济研究
…………………………………………… 张嘉昕　于　珊　王庆琦(92)
中国高等教育经济功能的演变与绩效………………… 李子联　华桂宏(112)
新中国成立以来我国家庭文化的演变路径与发展对策研究
…………………………………………………… 李笑野　刘红梅(123)
基于价格形成机制的沉香产业发展问题研究………… 刘继云　陈海东(135)
基于 AHP-DEA 模型的物流业上市公司财务绩效评价研究
…………………………………………………… 李蓬实　刘冠宏(144)
俄罗斯所有制结构改革和近期趋势…………………… 刘晓音　王辛楠(156)
论英语语言霸权与个体财富的全球转移……………… 陆　夏　周　永(174)

世界政治经济学学会第 14 届年会专题

世界政治经济学学会第 14 届论坛开幕词 ………………………… 程恩富(189)
马克思主义、科学和经济学
——世界马克思经济学奖获奖感言……………… [美]大卫·莱伯曼(195)
坚持用马克思主义政治经济学指导社会主义市场经济改革
——世界马克思经济学奖获奖感言………………………… 于祖尧(206)
资本主义农业生产方式、殖民剥削和饥荒贫困
——世界马克思经济学奖获奖感言………… [印]乌特萨·帕特奈克(208)
2019 年世界马克思经济学奖得主学术思想述评 …… 尹 兴 丁晓钦(213)
21 世纪世界政治经济学杰出成果奖获奖名单(2019) ………………… (228)
世界政治经济学学会第 14 届论坛共识宣言 ………………………………… (229)

信 息

把脉资本主义五百年繁荣与萧条
——评《资本主义经济危机与经济周期:历史与理论》
…………………………………………………… 张 林 赵露薇(232)
外国经济学说与新时代中国特色社会主义经济思想
——中华外国经济学说研究会第 27 届年会学术观点综述 … 徐则荣(243)

CONTENTS

Paper

The Poverty Thought Contained in the "Communist Manifesto" and Its Contemporary Enlightenment ········ Zhang Zhongmin Zheng Jinbiao Zhang Mei(1)

Xi Jinping's Thought on Poverty Eradication has Opened up a New Horizon in the Theory of Socialism with Chinese Characteristics ········ Tan Jinsong Yu Tingting(11)

The Slogans of the Yellow Vest Movement and Some Comments ········ Xi Zhiqi Cheng Enfu(21)

Grasp the Connotation and Implementation Strategy of Healthy China Strategy from the "Five-sphere Integrated Plan" ········ Yang Xiaoyong Wang Zhangdi(32)

Taking the People as the Center and Correctly Promoting the Reform of State-owned Enterprises ········ Wu Wenxin(43)

The Theoretical Interpretation and Practical Path of the State-owned Enterprises Corporation Governance Structure with Party Organization Embedded ········ Chen Xiaohua Liu Xingang(58)

Marx's Revelation of the Process of Capital Realizing Itself and Its Contemporary Significance ········ Wang Hongtao Ding Hao(69)

A Political and Economic Study on China's Regional Economic Strategies in the New Era ········ Wang Yongchang Chai Qiaoyan(81)

China's Financial Industry Promotes Reform and Opening Up and Serving the Real Economy in the New Era ········ Zhang Jiaxin Yu Shan Wang Qingqi(92)

A Study on Evolution and Performance of Economic Function of Higher Education in China ········ Li Zilian Hua Guihong(112)

The Evolution Path of Chinese Family Culture Since the Founding of New China ········ Li Xiaoye Liu Hongmei(123)

Mechanism of Aquilaria Industry Development Studies Based on the Price Forming ········ Liu Jiyun Chen Haidong (135)

Research on Financial Performance Evaluation of Logistics Listed Companies: Based on AHP-DEA Model ········ Li Pengshi Liu Guanhong(144)

Reform of Russia's Ownership Structure and Recent Trends ········ Liu Xiaoyin Wang Xinnan(156)

Theories on English Language Hegemony and the Global Transfer of Individual Wealth at the Micro Level ········ Lu Xia Zhou Yong(174)

The 14th World Political Economy Annual Conference

Opening Speech of the 14th World Political Economy Annual Conference ········ Cheng Enfu(189)

Acceptance Speech: Marxism, Science and Economics ········ David Laibman(195)

Acceptance Speech: Insist on Guiding the Reform of the Socialist Market Economy with Marxist Political Economy ········ Yu Zuyao(206)

Acceptance Speech: Capitalist Agricultural Production, Colonial Exploitation and Famine and Poverty ········ Utsa Patnaik(208)

Academic Thoughts Review of the Winners of Marxian Economics Award in 2019 ········ Yin Xing Ding Xiaoqin(213)

Winner of Outstanding Achievements in World Political Economy in the 21st Century (2019) ········ (228)

The 14th Forum Declaration of the World Association of Political Economy ········ (229)

Information

Take the Pulse of Capitalism for 500 Years of Prosperity and Depression

—Comment on *Capitalist Economic Crisis and Economic Cycle: History and Theories* ········ Zhang Lin Zhao Luwei(232)

Theory of Foreign Economics and Socialist Economic Thought with Chinese Characteristics in the New Era

—A Summary of the Academic Views of the 27th Annual Conference of the China Association for Foreign Economics ········ Xu Zerong(243)

《共产党宣言》蕴含的贫困思想及其当代启示

章忠民　郑金彪　张 玫

内容提要　《共产党宣言》在阐述资产阶级灭亡和无产阶级胜利的历史必然性的过程中，深刻揭示了资本主义生产方式是造成无产阶级贫困化的根本原因，资产阶级的政治统治是造成无产阶级贫困化的重要原因；在此基础上，《共产党宣言》提出创建共产党和建立无产阶级的政治统治、彻底变革资本主义生产方式、利用无产阶级政权大力发展生产力、各国无产阶级的联合与合作是彻底解决无产阶级贫困化问题的方向和路径。《共产党宣言》蕴含的贫困思想启示新时代中国的扶贫脱贫工作必须坚持党的领导、坚持社会主义生产方式的主体地位、大力发展生产力和实现共同富裕、构建全社会参与的大扶贫格局。

关键词　《共产党宣言》　贫困思想　当代启示
中图分类号　A715

无产阶级贫困化问题是欧美资本主义社会早期工业化过程中的突出问题，马克思从无产阶级的立场和政治经济学的角度对此进行了深入的研究和论证，并成为其创立科学社会主义的重要理论支点。当前有关马克思贫困理

收稿日期：2019－10－20

作者简介：章忠民(1962—)，上海财经大学马克思主义学院院长、教授、博士生导师，主要研究方向为马克思主义理论；郑金彪(1986—)，上海财经大学马克思主义学院博士研究生，安徽财经大学马克思主义学院教师，主要研究方向为马克思主义理论、中国近现代史；张玫(1985—)，上海财经大学马克思主义学院博士研究生，安徽财经大学马克思主义学院教师，主要研究方向为马克思主义理论、中共党史。

基金项目：本文系教育部哲学社会科学重大课题攻关项目“习近平新时代中国特色社会主义思想研究”(18JZD001)；中央高校基本科研业务费专项资金资助项目“延安时期陕甘宁边区政权机关监督制度研究”(CXJJ－2018－439)；中央高校基本科研业务费专项资金资助项目“马克思主义人学视域下的陕甘宁边区小学教育研究”(CXJJ－2018－436)的阶段性成果。

论的论著比较多①,但是对于《共产党宣言》(以下简称《宣言》)所蕴含的贫困思想则涉及较少。作为标志着马克思主义诞生的纲领性文件,《宣言》尽管由于是共产主义者同盟的党纲,难以对无产阶级贫困化问题进行系统、全面的展开,但是这并不影响马克思在《宣言》中对无产阶级贫困化问题进行深刻的阐释。因此,本文将对《宣言》所蕴含的贫困思想进行梳理,在此基础上阐述其对做好新时代中国扶贫脱贫工作的启示性意义。

一、贫困的必然性:无产阶级贫困化原因透视

马克思对无产阶级贫困化问题的研究是从寻找和揭示造成无产阶级贫困化的原因开始的,因为揭示造成无产阶级贫困化的原因是解决无产阶级贫困化问题的前提和基础。作为具有极为丰富思想内涵的马克思主义经典文献,《宣言》在阐述资产阶级灭亡和无产阶级胜利的历史必然性的过程中,深刻揭示了资本主义生产方式是造成无产阶级贫困化的根本原因。从推动人类社会的发展进步来说,资产阶级的兴起、发展无疑具有革命性和颠覆性,起到了非常重大的积极作用。《宣言》指出,资产阶级在历史上起到了"非常革命的作用",破坏了一切封建的、宗法的社会关系和各种形形色色的封建羁绊,消除了所有的固化的社会关系和素被尊崇的观念,使"生产的不断变革",整个社会处在不停的变动之中(马克思、恩格斯,2012a)。但是,资产阶级赖以兴起、发展的社会基础即资本主义生产方式,其产生、发展是商品经济高度发展和生产者之间激烈竞争的结果,推动着生产资料和财产向资产阶级手里集中。

一方面,资本主义生产方式的不断发展导致小生产者因为资本、技术等各种主客观原因,而很快失去其所拥有的部分生产资料和财产,也失去了得以相对自主劳动的自由和权利,从而成为无产阶级的一部分;资产阶级则利用其所占据的资本、技术等方面的相对优势,不断挤压小生产者的生存空间,把走向破产的小生产者的生产资料和财产不断集中到自己手里(马克思、恩格斯,2012b)。在这种情况下,手里不断聚集生产资料和财产的资产阶级必然会越来越富有,而无产阶级走向贫困化的趋势则难以逆转。

另一方面,资本主义生产方式的不断发展瓦解了一切自给自足的社会经济成分,导致整个社会资本化、商品化,社会中一切可以利用的事物,包括原先

① 参见:姜英华,2019,贫困、贫困积累与贫困克服——马克思政治经济学批判的一条隐性线索,《社会主义研究》,第2期;夏少光,2018,消除现代社会的苦恼与超越黑格尔——对马克思贫困理论的一种解读,《马克思主义研究》,第11期;汪连杰,2018,马克思贫困理论及其中国化的探索与发展,《上海经济研究》,第9期;田超伟,2018,马克思贫困理论及对新时代我国反贫困事业的实践价值,《东南学术》,第3期;杜利娜,2018,马克思的贫困理论及当代启示,《马克思主义研究》,第8期;方堃、吴旦魁,2019,习近平对马克思主义反贫困理论的创新,《中南民族大学学报(人文社会科学版)》,第3期;陈珊,2018,马克思主义反贫困思想的进一步深化,《人民论坛》,第28期;刘建华、丁重扬,2012,马克思主义经济学的贫困理论及其当代价值,《政治经济学评论》,第2期等。

具有崇高地位和令人敬畏的职业、人群，甚至温情的家庭关系都被异化为资本或商品（马克思、恩格斯，2012c），成为资产阶级增殖资本和增加财富的手段、工具或材料；一无所有的无产阶级则被异化为人力资本和劳动力商品，成为只能依靠出卖廉价劳动力才能艰难生存的底层劳动者；而掌握资本和生产资料的资产阶级不可能自己去从事生产，他们需要雇佣无产阶级为其增殖资本，创造更多的财富。正是基于此，《宣言》明确指出，工人只有找到工作才能生存，只有当工人的“劳动增殖资本”时才能找到工作，工人“像其他任何货物一样，也是一种商品”（马克思、恩格斯，2012d）。《宣言》虽然只是指出无产阶级的劳动增殖了资产阶级的资本，但是指明了资产阶级的资本增殖来源于无产阶级的劳动，这显然已经触及了剩余价值的核心内容。因此，无产阶级被资产阶级雇佣不仅意味着他们每天都必须受机器、监工和资产阶级的奴役，而且意味着他们要受资产阶级的残酷剥削，要为资产阶级的资本增殖、财富增加而劳动。因此，在资本主义生产方式占统治地位的社会中，无产阶级无法摆脱被资产阶级残酷奴役和剥削的命运，无产阶级贫困化问题真正形成。

“机器生产是资本主义生产方式的本质特征”（陈飞，2018），机器作为极其重要的生产资料，是资产主义生产方式的重要组成部分。在《宣言》前后时期，不断扩大的市场需求、资产阶级的唯利是图和科学技术的显著发展催生了以蒸汽机为代表的机器大生产。《宣言》指出，蒸汽机在工业生产和交通运输中的广泛应用，是一个革命性、划时代的事件，不仅引发了工业生产和交通运输史无前例的发展与变革，开启了人类工业化时代，而且创造了极为惊人的物质财富，极大地增强了资产阶级征服与改造世界的欲望和能力，完全确立了资本主义生产方式在全球的核心地位。不过，对于无产阶级来说，机器大生产并不能改变其贫困的经济地位，反而进一步强化了其贫困的状况。一方面，随着机器大生产的发展和分工的越来越精细，无产阶级不仅变成了机器的附属品，无法独立地进行生产和劳动，而且其工作内容的很大一部分被机器生产所取代，只能从事极其简单、容易操作的生产环节，所以资产阶级付给工人的工资，“只限于维持工人生活和延续工人后代所必需的生活资料”（马克思、恩格斯，2012d）。另一方面，机器大生产极大地提高了生产效率，导致商品生产的数量远远超出市场能够持续容纳的数量，由此造成周期性的商业危机，破坏了机器大生产的稳定发展和持续扩大，再加上资产阶级之间的激烈竞争，“工人的工资越来越不稳定”；同时，对利润的无限追求和激烈的市场竞争促使资产阶级不断更新和改进机器，这又使得无产阶级的生活“越来越没有保障”。因此，在机器大生产不断发展的情况下，无产阶级的工资“几乎到处都降到同样低的水平”（马克思、恩格斯，2012e），贫困的状况被明显强化。

《宣言》进一步指出，已经进入工业化时代的资本主义生产方式，尽管促进了现代民族的形成和国家的统一，创造了“比过去一切世代创造的全部生产力还要多、还要大”，但是周期性商业危机的发生表明，“资产阶级的关系已经太狭窄”（马克思、恩格斯，2012f），阻碍了生产力的进一步发展。当然，更为重要的是，进入工业化时代的资本主义生产方式一方面造就了无产阶级，使无产阶级队伍越来越庞大，并“结合成更大的集体，它的力量日益增长”（马克思、恩格斯，2012g）；另一方面却没有使无产阶级的生活状况随着工业经济的不断发展而有所改进，反而“降到本阶级的生存条件以下”，无产阶级赤贫化的速度比“财富增长得还要快”。而资产阶级不仅无法阻挡机器设备、生产技术的进步，而且不能保证无产阶级作为供其奴役剥削的奴隶维持奴隶的生活。同时，机器大工业的发展，结束了无产阶级的自相竞争和分散状态，并促使其走向革命联合，从而挖掉了“资产阶级赖以生产和占有产品的基础”（马克思、恩格斯，2012h）。因此，资本主义生产方式从根本上壮大了无产阶级力量，造成了无产阶级的贫困化，从而激发了无产阶级的革命性和战斗性，造就了资产阶级的掘墓人。

无产阶级贫困化问题在本质上是一个政治问题。作为当时最主要的政治力量，无产阶级贫困化问题的出现，必然与政治有着极为重要的关系。《宣言》指出，资产阶级在经济和政治上几乎同步前进，资产阶级的政治统治建构在资本主义生产方式的基础上，是维护整个资产阶级利益、确保资产阶级永远处在剥削者和统治者地位的强大力量。也就是说，资产阶级的政治统治是造成无产阶级贫困化的重要原因。《宣言》进一步指出，资产阶级在建立政治统治后，不仅使整个社会服务于它们发财致富，“以此来巩固它们已经获得的生活地位”（马克思、恩格斯，2012i），而且采取种种举措极力保护和保障私有财产，确保它们可以借此永远剥削无产阶级。可以说，强有力的资产阶级政治统治，是资产阶级长期奴役和剥削无产阶级的重要保证，固化了无产阶级的贫困状况。

二、贫困的可克服性：解决无产阶级贫困化问题的方向和路径

贫困问题是由人类自身的行为所造成，是人类“恶”的一面所促成的后果。因此贫困是可以克服的，贫困问题必须靠人类自己来解决，而无产阶级贫困化问题的解决就必须靠无产阶级自己。同时，《宣言》并没有止步于揭示无产阶级贫困化问题的原因，而是在此基础上，站在无产阶级整体解放、人的自由全面发展的立场上，指出了彻底解决无产阶级贫困化问题的方向和路径。

第一，创建共产党，建立无产阶级的政治统治是解决无产阶级贫困化问题的根本前提。无产阶级贫困化问题尽管根源于资本主义生产方式，由资产阶级残酷的奴役和剥削直接造成，但是资本主义生产方式之所以稳固不变，资产阶级之所以能够维持其奴役者和剥削者的地位，关键在于资产阶级的政治统

治，资产阶级的政治统治是无产阶级无法摆脱贫困、改变其经济地位的最大障碍。《宣言》指出，无产阶级作为底层劳动者，“如果不炸毁构成官方社会的整个上层，就不能抬起头来、挺起胸来”。同时，《宣言》基于资产阶级不能保证无产阶级作为供其奴役的奴隶维持奴隶的生活，指出资产阶级“再不能做社会的统治阶级”。因此，贫困化的无产阶级有合理、充分的理由和根据推翻资产阶级的政治统治，建立无产阶级的政治统治，“摧毁至今保护和保障私有财产的一切”（马克思、恩格斯，2012j），进而摆脱贫困、改变其经济地位。对于如何来实现这些，《宣言》指出无产阶级可以通过建立自己的革命政党即无产阶级政党，由无产阶级政党团结和领导无产阶级进行共产主义革命来实现。不过，在无产阶级政党当中，《宣言》指出，只有大公无私、代表整个无产阶级利益、拥有最坚决的革命精神和最先进的革命理论的共产党，才能“推翻资产阶级的统治，由无产阶级夺取政权”（马克思、恩格斯，2012k）。所以，《宣言》认为，创建共产党，建立无产阶级的政治统治是解决无产阶级贫困化问题的先决条件和根本前提。

第二，彻底变革资本主义生产方式是解决无产阶级贫困化问题的根本途径。资本主义生产方式包含生产力和生产关系两个方面，其中生产力并非没有阶级属性，因为生产力所包含的劳动资料和劳动对象作为生产资料，主要由社会中的某一阶级所掌握，这是生产关系的核心内容。因此，在不同的阶级社会中，生产资料主要归哪个阶级所有，既是决定生产力阶级属性的根本性内容，也是体现生产关系性质特征的根本性规定；而生产力阶级属性的确定，则意味着生产力运动、发展所产生的物质财富，主要归规定生产力的阶级属性的阶级所有，这必然会导致阶级对立和阶级剥削。也正是在这个意义上，《宣言》一方面指出，在资产阶级私有制之下，生产力为资产阶级掌握，为资产阶级增殖资本、增加财富服务，是资产阶级奴役和剥削无产阶级的工具，因而只有废除当时生产资料的占有方式即废除私有制，无产阶级“才能取得社会生产力”（马克思、恩格斯，2012i），使生产力为解决无产阶级的贫困问题服务。另一方面从资产阶级私有制造成产品生产中的阶级对立、阶级剥削和对生产资料、劳动产品最完备的占有出发，指出共产党人进行革命的根本目的是“消灭私有制”（马克思、恩格斯，2012l）。在此基础上，《宣言》进一步提出彻底变革资本主义生产方式，“对所有权和资产阶级生产关系实行强制性的干涉”（马克思、恩格斯，2012m）。换言之，彻底变革资本主义生产方式，就意味着消灭私有制、阶级对立和剥削，意味着生产力为无产阶级所掌握，这必将从根本上解决无产阶级的贫困化问题。

第三，利用无产阶级政权大力发展生产力是解决无产阶级贫困化问题的根本手段。《宣言》指出，资产阶级本身就是生产力不断发展的结果，是随着工商业和交通运输业的发展而发展起来的。同样，资产阶级之所以能够战胜野蛮的、闭关自守的、故步自封的国家和民族，依靠的正是建立在更为发达的生产力基础上的船坚炮利和廉价商品。更为发达的生产力是资产阶级按照自己的意志和要求改造世界、创造极为丰富的物质财富、维持其强有力的政治统治的条件和基础。鉴于此，大力发展生产力，不断提高生产力水平，是改变无产阶级贫困生活的必然选择。政权是整合、组织社会资源最主要的强制性力量，是变革社会发展模式、改变社会发展方向、促进生产力不断发展的重要社会力量。对于无产阶级来说，利用无产阶级政权的巨大力量发展生产力，是解决其贫困化问题的根本手段。因此，《宣言》强调利用无产阶级政权来发展生产力，指出为了“尽可能快地增加生产力的总量”，无产阶级在建立政治统治后，要利用政权把资产阶级的全部资本变为社会资本，把所有的生产资料集中到政权手里（马克思、恩格斯，2012m）。这样，在无产阶级政权的主导下，资本和生产资料公有化、社会化的实现，不仅改变了生产力的阶级属性和发展目的，从而激发了社会的发展动能，而且改变了社会发展模式和发展方向，从而为人的自由全面发展创造了条件。

第四，各国无产阶级的联合与合作是解决无产阶级贫困化问题的根本选择。在《宣言》问世前后，资产阶级依靠机器大生产在欧美诸多国家的政治和经济上取得了统治地位。尽管这时资本主义世界体系尚未完全形成，但是殖民扩张的不断进行、世界市场的形成和民族生存的巨大压力使越来越多的国家出现了资本主义生产方式，这就推动资产阶级对当时的世界建立了独一无二的控制力和影响力。因此，各国无产阶级在改变贫困的经济地位上必须联合起来并加强合作，否则在各国资产阶级强大控制力和影响力的联合绞杀下，无产阶级难以成功脱贫。这也是为什么《宣言》强调，“联合的行动，至少是各文明国家的联合的行动，是无产阶级获得解放的首要条件之一”（马克思、恩格斯，2012n）。同时，各国无产阶级所遭遇的相似或相同的生活状况、资本压迫和剥削（马克思、恩格斯，2012i），以及现代交通运输业的发展，则使各国无产阶级的联合与合作成为可能。需要强调的是，在《宣言》问世之前，面对日益发展的无产阶级革命运动，欧洲的反动势力“都联合起来了”（马克思、恩格斯，2012o）。因此，《宣言》认为无产阶级贫困化问题的解决，离不开各国无产阶级的联合与合作。

三、《宣言》中贫困思想的当代启示

工业化是近代以来人类社会的发展趋势，是推动人类社会走向现代化、从根本上改变人类生活面貌和发展面貌的重要条件与基础。人类在工业化的过程中获益颇丰，但也造成了不少社会问题，其中底层人民的贫困问题是比较突出的问题，特别是马克思所在的欧美各国早期工业化阶段。尽管社会主义中国与欧美各国实现工业化的发展道路截然不同，但是通过改革开放和实行社会主义市场经济体制来完成工业化，也造成了一定的社会问题和贫困问题；同时，工业化的完成并没有完全改变中国东、西部地区经济发展水平的不平衡问题，这与当前中国仍然存在的贫困问题也有重要关系。因此，对于已经进入新时代的社会主义中国来说，《宣言》所蕴含的贫困思想对其扶贫脱贫工作具有重要的启示性意义。

第一，坚持中国共产党的领导是做好新时代中国扶贫脱贫工作的根本保证。《宣言》从革命理论、革命实践、政党性质和无产阶级的本质特征等方面深刻指出了，具有多重优良品格的共产党在领导广大无产阶级取得革命胜利上具有决定性的作用。这说明共产党的领导是无产阶级取得革命胜利、改变贫困命运的根本保证。中国共产党的诞生既是中西文化思想交融的结果，也是广大人民群众长期遭受贫困折磨、迫切想要改变贫苦命运的使然。作为人民政党，中国共产党对广大人民群众的贫困生活和贫困问题有着最深切的感受和最深刻的认知。因此，中国共产党的领导，从根本上保证了中国扶贫脱贫工作的有效持续开展。也正是在中国共产党的领导下，新中国成立后只用了 50 年左右的时间就使大部分人民群众过上了小康生活。党的十八大以来，以习近平同志为核心的党中央开启了精准扶贫工作。精准扶贫工作的核心内涵是精准扶持对象、项目安排、资金使用、措施到户、因村派人、脱贫成效（中共中央文献研究室，2016），以确保每个群众都能摆脱贫困，过上幸福生活。这既是以习近平同志为核心的党中央对马克思贫困理论的丰富和重大发展，也是中国共产党人的初心和使命在新时代扶贫脱贫工作中的具体体现。因此，只有坚持中国共产党的领导，才能切实做好新时代中国的扶贫脱贫工作。

第二，坚持社会主义生产方式的主体地位是做好新时代中国扶贫脱贫工作的根本基础。《宣言》中有关资产阶级革命性历史作用的阐述表明，资本主义生产方式是资产阶级变革社会、改变世界的根本基础。所以，彻底变革资本主义生产方式，建立“共产主义的物质产品的占有方式和生产方式”（马克思、恩格斯，2012p），是最终消除阶级对立和阶级剥削，彻底改变无产阶级贫困生活的根本途径和基础。自“一五”计划结束后，中国就确立了社会主义生产方式的主体地位，这不仅从根本上变革了旧中国各种奴役人、剥削人的生产方式，而且为新中国可以举全国之力推进工业化建设、改变人民群众的穷苦生活奠定了制度基础和经济基础。改革开放以后，中国虽然逐步建立了市场经济体制，但是社会主义生产方式的主体地位依旧没有改变，反而在市场经济的浪潮中，探索实践了符合中国国情的多种实现形式和发展模式，这对完成社会主义工业化、提高少数民族地区的经济发展水平、基本建成小康社会起到了极为重要的作用。对于新时代中国的扶贫脱贫工作来说，社会主义生产方式的主体地位不仅确保了扶贫脱贫工作能在稳定的政治经济环境中持续进行，而且为扶贫脱贫工作的顺利开展,特别是少数民族地区扶贫脱贫工作的完成,提供了坚实的物质技术基础。因此,新时代中国必须毫不动摇地坚持社会主义生产方式的主体地位,为最终解决中国的贫困问题、做好新时代中国扶贫脱贫工作奠定坚实的社会基础。

第三,大力发展生产力和实现共同富裕是做好新时代中国扶贫脱贫工作的根本方略。《宣言》深刻指出,无产阶级贫困化问题的产生,从根本上来说是在资本主义生产方式占统治地位的社会条件下,生产力为资产阶级掌握和服务,生产力发展所创造的财富主要归资产阶级所有。换言之,无产阶级唯有取得并大力发展生产力,在此基础上共享生产力的发展成果,实现共同富裕,才能根本解决其贫困化问题。新中国成立初期,经过社会主义三大改造,旧中国阻碍生产力发展的各种生产关系被扫除,大力发展生产力成为富强国家、造福各民族的根本手段。改革开放以后,社会经济的持续发展、生产力水平的不断提高从根本上改变了人民群众的生活,为人民群众实现共同富裕、解决贫困问题创造了条件。不过,当前我国社会主义工业化虽然已经实现,但是东、西部地区生产力发展水平依旧不平衡,西部地区的生产力水平明显落后于东部地区;同时,通过实行改革开放和社会主义市场经济体制来完成工业化,造成不同社会群体之间的收入差距拉大,在一定程度上影响了社会稳定和导致贫困问题的产生。因此,新时代中国的扶贫脱贫工作仍然必须以大力发展生产力为重点,通过大力发展生产力不仅做大蛋糕,创造更为丰富的物质和精神财富,而且提高西部地区的生产力水平,缩小与东部地区的差距,从而彻底解决西部地区的绝对贫困问题,不断减少各地区的相对贫困问题;同时,发挥社会主义的优越性,让西部地区的各族人民共享生产力发展的蛋糕,争取实现共同富裕。

第四,构建全社会参与的大扶贫格局是做好新时代中国扶贫脱贫工作的重要路径。《宣言》从实现无产阶级的整体解放和整体脱贫的角度,强调了各国无产阶级联合与合作的可能性和重要性。这至少还蕴含了两层意思:一是各国无产阶级都脱贫才是真正的无产阶级整体脱贫;二是通过联合与合作动员各国无产阶级都参与到无产阶级的解放斗争和反贫困斗争中来。这对于新时代中国的扶贫脱贫工作来说,一是必须做到每一个群众都真正摆脱贫困,即精准扶贫脱贫,二是要构建社会各方力量都参与扶贫脱贫工作的大扶贫格局。改革开放以来,一方面东部地区由于靠近海外、实行特殊的发展政策等原因,不仅早已摆脱了贫困,而且在经济文化发展水平上走在国内前列,具有帮扶贫困地区的条件和能力;另一方面各行业、各经济组织获得了巨大的发展,并形成了相当规模的中高收入群体,建立了一批公益组织和慈善组织。因此,在脱贫攻坚战的关键时刻,东部地区、各行业、各社会组织和个人都应在党中央的领导下积极参与扶贫脱贫工作,从资金、人才、技术、项目、思路等方面,采取点面结合、扩大协作层面、对口支援等方法，有针对性、因地制宜地帮扶西部地区、贫困地区，以推动新时代中国扶贫脱贫工作的顺利完成。

总之，无产阶级贫困化问题是马克思在《宣言》中所阐释的重要问题，是证明资产阶级必然走向灭亡的重要表征。《宣言》不仅揭示了造成无产阶级贫困化的原因，而且指出了彻底解决无产阶级贫困化问题的方向和路径，这为新时代中国的扶贫脱贫工作提供了理论指引和实践指南。因此，随着新时代扶贫脱贫工作的深入推进，《宣言》中贫困思想的价值意涵将得到进一步彰显。

参考文献

[1]陈飞，2018，机器的文明面及其悖论——以《共产党宣言》为中心的分析，《社会主义研究》，第 4 期。

[2]马克思、恩格斯，2012a，《马克思恩格斯选集》第 1 卷，北京：人民出版社，第 402—403 页。

[3]马克思、恩格斯，2012b，《马克思恩格斯选集》第 1 卷，北京：人民出版社，第 405 页。

[4]马克思、恩格斯，2012c，《马克思恩格斯选集》第 1 卷，北京：人民出版社，第 403 页。

[5]马克思、恩格斯，2012d，《马克思恩格斯选集》第 1 卷，北京：人民出版社，第 407 页。

[6]马克思、恩格斯，2012e，《马克思恩格斯选集》第 1 卷，北京：人民出版社，第 409 页。

[7]马克思、恩格斯，2012f，《马克思恩格斯选集》第 1 卷，北京：人民出版社，第 405—406 页。

[8]马克思、恩格斯，2012g，《马克思恩格斯选集》第 1 卷，北京：人民出版社，第 409 页。

[9]马克思、恩格斯，2012h，《马克思恩格斯选集》第 1 卷，北京：人民出版社，第 412 页。

[10]马克思、恩格斯，2012i，《马克思恩格斯选集》第 1 卷，北京：人民出版社，第 411 页。

[11]马克思、恩格斯，2012j，《马克思恩格斯选集》第 1 卷，北京：人民出版社，第 411—412 页。

[12]马克思、恩格斯，2012k，《马克思恩格斯选集》第 1 卷，北京：人民出版社，第 413 页。

[13]马克思、恩格斯，2012l，《马克思恩格斯选集》第 1 卷，北京：人民出版社，第 414 页。

[14]马克思、恩格斯，2012m，《马克思恩格斯选集》第 1 卷，北京：人民出版社，第 421 页。

[15]马克思、恩格斯，2012n，《马克思恩格斯选集》第 1 卷，北京：人民出版社，第 419 页。

[16]马克思、恩格斯，2012o，《马克思恩格斯选集》第 1 卷，北京：人民出版社，第 399 页。

[17]马克思、恩格斯，2012p，《马克思恩格斯选集》第 1 卷，北京：人民出版社，第 417 页。

[18]中共中央文献研究室，2016，《十八大以来重要文献选编》(中)，北京：中央文献出版社，第 720 页。

The Poverty Thought Contained in the "Communist Manifesto" and Its Contemporary Enlightenment

Zhang Zhongmin Zheng Jinbiao Zhang Mei

Abstract In the process of elaborating the historical inevitability of the destruction of the bourgeoisie and the victory of the proletariat, the "Communist Manifesto" profoundly reveals that the capitalist mode of production is the fundamental cause of the impoverishment of the proletariat, and the political rule of the bourgeoisie is the important cause of the impoverishment of the proletariat. On this basis, the "Communist Manifesto" proposed that the establishment of the communist party and the establishment of proletarian political rule, the complete transformation of the capitalist mode of production, the use of proletarian political power to develop the productive forces, the proletarian unity and cooperation of all countries is the direction and path to completely solve the problem of proletarian poverty. The poverty thought contained in the "Communist Manifesto" reveals that China's poverty alleviation and alleviation work in the new era must adhere to the leadership of the party, adhere to the dominant position of the socialist mode of production, vigorously develop the productive forces and realize common prosperity, and build a pattern of poverty alleviation with the participation of the whole society.

Key words "Communist Manifesto" Impoverished Thought Contemporary Enlightenment

习近平消除贫困思想
开辟了中国特色社会主义理论的新境界

谭劲松　喻婷婷

内容提要　消除贫困是党和政府执政为民的重大职责。做好扶贫工作,帮助困难群众排忧解难,支持困难群众脱贫致富,使发展成果更多、更公平地惠及人民,是党坚持全心全意为人民服务根本宗旨的重要体现。只有坚决消除贫困、实现共同富裕,我们才能获得广大人民群众的拥护,才能巩固长期执政的基础。党的十八大以来,以习近平同志为核心的党中央打响了脱贫攻坚战。为了全面打赢脱贫攻坚战,夺取反贫困斗争的伟大胜利,习近平总书记亲自部署、亲自指挥、亲自督战,对扶贫工作作出了一系列重要指示、发表了一系列重要讲话,不仅在指导反贫困伟大斗争实践中取得了举世瞩目的减贫成就,而且在理论上开辟了深化对社会主义本质认识的新境界、践行党的宗旨的新境界、坚持以人民为中心发展思想的新境界、全面建成小康社会内涵认识的新境界、全球贫困治理中国方案的新境界,形成了独具特色的习近平反贫困思想。

关键词　习近平　消除贫困　中国特色社会主义　新境界
中图分类号　D616

消除贫困是世界面临的共同难题,各国都在为消除贫困而不懈努力。习近平总书记指出:“反贫困是古今中外治国理政的一件大事。消除贫困、改善民生、逐步实现共同富裕,是社会主义的本质要求,是我们党的重要使命。”(习近平,2018a)

新中国成立伊始,中国共产党就把消除贫困作为坚持和践行全心全意为人民服务宗旨的奋斗目标。通过70年的艰辛努力,中国消除贫困取得了举世瞩目的辉煌成就,赢得了全世界高度赞誉。“党的十八大以来,党中央从全面建成小康社会要求出发,把扶贫开发工作纳入‘五位一体’总体布局、‘四个全面’战略布局,作为实现第一个百年奋斗目标的重点任务,作出一系列重大部署和安排,全面打响脱贫攻坚战。”(习近平,2018b)以习近平同志为核心的党

收稿日期:2019—10—20

作者简介:谭劲松(1951—),浙江东方职业技术学院马克思主义学院院长,浙江理工大学马克思主义学院院长、教授,主要研究方向为马克思主义理论;喻婷婷,(1992—),浙江东方职业技术学院马克思主义学院助教,主要研究方向为科学发展与社会和谐。

中央为打赢精准扶贫攻坚战，提出了一系列新思想新观点，作出了一系列新决策新部署，不仅取得了减贫工作的辉煌成就，而且开辟了深化社会主义本质认识的新境界、践行党的宗旨的新境界、坚持以人民为中心发展思想的新境界、全面建成小康社会内涵认识的新境界、全球贫困治理中国方案的新境界。

一、习近平消除贫困思想开辟了深化对社会主义本质认识的新境界

共同富裕是社会主义的本质，消除贫困是实现共同富裕的基本要求。习近平总书记指出："消除贫困、改善民生、实现共同富裕，是社会主义的本质要求。"（习近平，2018c）"贫穷不是社会主义。如果贫困地区长期贫困，面貌长期得不到改变，群众生活长期得不到明显提高，那就没有体现我国社会主义制度的优越性，那也不是社会主义。"（习近平，2013）社会主义本质在社会主义的不同发展阶段、不同发展阶段上的不同时期，所要求的共同富裕的实现途径、重点难点是不同的。

毛泽东在新中国成立初期，面对一穷二白的国情，还不具备实现共同富裕的物质基础和经济条件。让人民群众认同社会主义的优越性，首要的是解决有工作有饭吃的温饱问题。因此，在城镇采取低工资、广就业，三个人的活五个人干、三个人的工资五个人分的平均主义办法解决旧中国遗留的城镇失业问题，以扩大就业保障城镇居民家庭的基本生活来源；在农村通过土改使耕者有其田，以解决农民有地有粮有饭吃。以此增强人民群众对社会主义的向往和认同感，提升社会主义对人民群众的吸引力。完成"三大改造"进入社会主义建设时期后，我们党一方面加快国民经济发展，为解决人民群众温饱问题创造物质基础，另一方面通过计划供给以保障人民群众基本生活需要。

邓小平同志在"文化大革命"结束后，面对普遍贫穷和平均主义固化的现实，提出了鼓励一部分人、一部分企业、一部分地区先富起来的国家战略。其战略意图是通过鼓励部分先富打破平均主义，激发劳动者创造社会财富的积极性，先富帮带后富，实现共同富裕。邓小平同志把鼓励部分先富作为实现共同富裕这一社会主义本质的路径选择和战略重点，无论从理论上还是从实践来看都是正确的，后人不能因为后来发生了贫富两极分化就否认鼓励部分先富的初衷。

江泽民、胡锦涛任总书记时期，面对全国范围内收入分配的城乡差距、地区差距、贫富差距逐渐拉大，程度不同地影响到社会公平正义与和谐稳定，影响到社会主义在人民群众中的优越性和认同感。与此相适应，这一时期坚持共同富裕这一社会主义本质，重点在缩小收入分配的三大差距，防止两极分化。为此，党中央制定和实施了"八七扶贫计划"、西部大开发等重大战略，在

全国范围内开展了有组织、有计划、大规模的扶贫工作，力争用 7 年的时间，基本解决农村贫困人口的温饱问题。步入 21 世纪，面对全国范围内致贫原因的多样性和复杂性，党中央及时提出扶贫工作的重点由解决温饱转向缩小差距，全面建设小康社会的战略目标。

党的十八大以后，以习近平同志为核心的党中央根据 2020 年全面建成小康社会的第一个百年奋斗目标，审时度势，把帮助七千万农村贫困人口脱贫致富、全面消除贫困作为实现社会主义本质共同富裕的战略重点和主攻目标。习近平总书记多次强调："消除贫困、改善民生、实现共同富裕，是社会主义的本质要求。现在，我国大部分群众生活水平有了很大提高，出现了中等收入群体，也出现了高收入群体，但还存在大量低收入群众。真正要帮助的，还是低收入群众。"（习近平，2018d）以习近平同志为核心的党中央向全国和全世界作出 2020 年全面消除贫困的庄严承诺，立下军令状，坚决打赢扶贫攻坚战。贫困不消除，就谈不上共同富裕。消除贫困既是实现共同富裕的基本要求，也是全面建成小康社会的攻坚重点和难点。眼下消除贫困已经进入攻坚期，坚持共同富裕这一社会主义本质，必须适时调整鼓励部分先富的路径选择，把消除贫困作为新时代实现共同富裕的战略重点和主攻方向，这从理论上深化了对社会主义本质的认识，开辟了社会主义本质理论的新境界。

二、习近平消除贫困思想开辟了践行党的宗旨的新境界

中国共产党的宗旨是全心全意为人民服务，为人民谋幸福是党的初心和奋斗目标。习近平总书记强调："得民心者得天下。从政治上说，我们党领导人民开展大规模反贫困工作，巩固了我们党的执政基础，巩固了中国特色社会主义制度……中国共产党在中国执政就是要为民造福，而只有做到为民造福，我们党的执政基础才能坚如磐石。"（习近平，2018）帮扶困难群众是坚持党的宗旨的重要体现，无论在革命战争年代还是在和平建设时期，我们党都始终坚持全心全意为人民服务的宗旨不动摇。但坚持和践行党的宗旨，既具有一以贯之的连续性，又在不同时期不同发展阶段具有特殊性。中国共产党在执政时期与非执政时期，执政后改造、建设与改革开放不同发展阶段坚持践行党的宗旨的服务内容、工作重点、制度安排、实现路径等方面是不同的。

革命战争年代，中国共产党不是执政党，坚持和践行党的宗旨，就是推翻帝国主义、封建主义、官僚主义，把广大劳动人民从"三座大山"的压迫剥削下解放出来，让广大劳动人民翻身做主，摆脱贫困，不受剥削。这一时期坚持和践行党的宗旨集中体现在推翻"三座大山"、消灭剥削制度上。为了实现党的宗旨，全党不怕牺牲、浴血奋战，团结、动员和带领广大劳苦大众同反动派进行不屈不挠的斗争。

社会主义改造时期，作为执政的中国共产党，坚持和践行党的宗旨，就是通过“三大改造”消灭私有制，建立社会主义公有制，使广大劳动人民成为生产资料的主人。在生产资料公有制基础上建立社会主义经济制度、政治制度和马克思主义指导的社会主义意识形态。为广大劳动人民政治上当家做主、经济上脱贫致富提供物质基础和制度保障。

社会主义建设时期，坚持和践行党的宗旨，就是在新的生产关系、新的社会主义制度下，解放和发展生产力，建立独立完整的国民经济体系，加快推进国家工业化进程，尽快改变一穷二白的落后面貌，让广大人民群众过上丰衣足食的生活，一步一步朝着共同富裕的目标迈进。

党的十一届三中全会后，我国进入改革开放和建设中国特色社会主义新时期。坚持和践行党的宗旨，就是改革妨碍生产力发展的生产关系和经济体制、改革妨碍人民当家做主的政治体制，加快经济发展，推进民主政治建设，使广大人民群众经济上富起来，政治上更加充分地享有当家做主的权利。

中国特色社会主义进入新时代，坚持和践行党的宗旨，首要目标是实现全面建成小康社会，让改革发展成果惠及全体人民，让全体人民过上小康生活。而实现全面建成小康社会最紧迫、最艰难的任务是精准扶贫、精准脱贫，全面消除贫困。习近平指出：“我们党来自人民、扎根人民、造福人民，全心全意为人民服务是党的根本宗旨，必须以最广大人民根本利益为我们一切工作的根本出发点和落脚点……”①“我们要坚持以百姓心为心，倾听人民心声，汲取人民智慧，始终把实现好、维护好、发展好最广大人民根本利益作为一切工作的出发点和落脚点，让发展成果更多更公平惠及全体人民。”习近平总书记把扶贫作为党和政府的重大职责，充分体现了我们党执政为民、全心全意为人民服务的本质特征。习近平消除贫困思想不仅丰富了共产党人“全心全意为人民服务”的宗旨内容，更开辟了中国共产党宗旨理论的新境界。

三、习近平消除贫困思想开辟了以人民为中心发展思想的新境界

发展是人类社会永恒的主题。但为谁发展、靠谁发展，不同社会制度、不同政党的价值取向和政治立场是截然不同的。中国共产党领导的社会主义中国始终坚持以人民为中心发展，依靠人民发展、发展为了人民、发展成果由人民共享。一切为了人民、为了人民的一切，发展贯穿民生全过程、覆盖民生全领域。习近平总书记指出：“党的十八届五中全会鲜明提出要坚持以人民为中心的发展思想，把增进人民福祉、促进人的全面发展，朝着共同富裕方向稳步

① 习近平，在庆祝改革开放四十周年大会上的讲话，《人民日报》，2018年12月18日。

前进作为经济发展的出发点和落脚点。""让人民过上好日子,是我们一切工作的出发点和落脚点。"(习近平,2018e)习近平总书记关于消除贫困的重要论述,充分彰显了以人民为中心思想的政治立场和热爱人民的伟大情怀。

习近平以人民为中心发展思想,一是依靠人民发展。毛泽东说:"人民,只有人民,才是创造世界历史的动力。"(毛泽东,1991)习近平总书记说:"人民是历史的创造者,群众是真正的英雄,人民群众是我们力量的源泉。"①"党的十八届五中全会鲜明提出要坚持以人民为中心的发展思想,把增进人民福祉、促进人的全面发展、朝着共同富裕方向稳步前进作为经济发展的出发点和落脚点。贫困群众是扶贫对象,更是脱贫致富的主体。这一点,我们任何时候都不能忘记,部署经济工作、制定经济政策、推动经济发展都要牢牢坚持这个根本立场。"(习近平,2018f)依靠谁发展,历来有唯物史观与唯心史观之争、英雄创造历史与人民创造历史之别。坚持以人民为中心发展思想,就是要在发展动力、发展主力军上,克服重精英轻百姓、重领导轻群众,忽视人民群众作用和力量的精英至上的唯心史观,全心全意依靠人民发展,千方百计把人民参与发展的积极性调动起来,把蕴藏在人民群众中的发展智慧挖掘出来,为发展提供强大动力。

二是坚持发展为了人民。发展依靠人民,人民共享发展成果,这是不可违背和抗拒的逻辑。坚持和践行以人民为中心的发展思想,最终目的和落脚点是让人民共享发展成果。"人民共享"是以人民为中心发展思想的核心,体现的是共同富裕的内在要求。如何实现"人民共享"?"人民共享"就其覆盖对象而言,是人人享有、各得其所,不是少数人共享、一部分人共享,而是全民共享。"人民共享"就其涵盖内容而言,是共享国家经济、政治、文化、社会、生态各方面建设的一切成果,全面保障人民在各方面的合法权益,是全面共享。"人民共享"就其实现途径而言,共享的前提是共建,需要人人参与发展、个个为发展尽力做贡献,是共建共享。因此,落实习近平总书记提出的共享新理念,首先要充分调动人民群众的积极性、主动性、创造性,举全民之力推进中国特色社会主义事业,不断把"蛋糕"做大。其次要把"蛋糕"分好,让社会主义制度的优越性得到更充分的体现,让人民群众有更多的获得感。现在,我国大部分群众生活水平有了很大提高,出现了中等收入群体,也出现了高收入群体,但还存在大量低收入群众。真正需要帮助的还是低收入群众。所以,既要注重扩大中等收入阶层,更要加大对困难群众的帮扶力度,坚决打赢农村贫困人口脱贫攻坚战,彻底消除贫困。

打赢脱贫攻坚战是我们党坚持保障和改善民生的重大举措,是我们党立

① 习近平,在十八届中共中央政治局常委同中外记者见面时强调:人民对美好生活的向往就是我们的奋斗目标,《人民日报》,2012年11月16日。

党为公、执政为民的本质要求。习近平总书记指出："人民立场是中国共产党的根本政治立场。带领人民群众打造美好幸福生活，是我们党不懈奋斗的目标。为顺应人民群众对美好生活的向往，党中央必须坚持以人民为中心的发展思想，以保障和改善人民生活为重点，消除贫困，保证人民平等参与、平等发展的权利，使改革发展成果更多更公平惠及全体成员。"①习近平消除贫困思想深化了对"人民共享"理念的认识，开辟了以人民为中心发展思想的新境界。

四、习近平消除贫困思想开辟了对全面建成小康社会认识的新境界

2020 年全面建成小康社会，是中国共产党向人民向世界做出的庄严承诺。习近平总书记指出："中华人民共和国成立前，我们党领导广大农民'打土豪、分田地'，就是要让广大农民翻身得解放。现在，我们党领导广大农民'脱贫困、奔小康'，就是要让广大农民过上好日子。"（习近平，2018b）全面建成小康社会，最艰巨、最繁重的任务在农村，农村贫困人口全部脱贫是一个标志性指标。精准脱贫是党的十九大报告提出的"三大攻坚战"中对全面建成小康社会最具有决定意义的攻坚战；农村贫困人口如期脱贫、贫困县全部摘帽、解决区域性整体贫困，是全面建成小康社会的底线任务，是我们党的庄严承诺。

改革开放之初，邓小平同志用小康来诠释中国式现代化，明确提出要到 20 世纪末"在中国建立一个小康社会"（邓小平，1993）的奋斗目标。至 20 世纪末，人们温饱问题基本解决，生活水平总体上达到小康。在此基础上，党的十六大提出"我们要在本世纪头 20 年，集中力量，全面建设惠及十几亿人口的更高水平的小康社会"②的奋斗目标。党的十六大以来，全党全国各族人民围绕这个目标共同努力，全面建设小康社会取得显著成效。党的十八大审时度势，不仅将"全面建设小康社会"提升为"全面建成小康社会"，而且明确提出"全面建成小康社会"到了决胜阶段。从"全面建设"到"全面建成"虽只有一字之差，但标准提高了、难度加大了、任务更紧迫了。难在哪里？习近平总书记给予了明确回答，他说："'十三五'的最后一年是 2020 年，正好是我们确定的全面建成小康社会的时间节点。'十三五'规划是全面建成小康社会的收官规划。能不能收好官，如期全面建成小康社会？从现在情况看，城市这一头尽管也存在一些难点，但总体上不成问题。最艰巨最繁重的任务在农村，特别是在贫困地区，这是全面建成小康社会最大的'短板'。"（习近平，2018f）"全面建成小康社会，最艰巨最繁重的任务在农村、特别是在贫困地区。没有农村的小

① 习近平，在庆祝中国共产党成立 95 周年大会上的讲话，《人民日报》，2016 年 7 月 2 日。

② 江泽民，全面建设小康社会，开创中国特色社会主义事业新局面，《人民日报》，2002 年 11 月 8 日。

康，特别是没有贫困地区的小康，就没有全面建成小康社会。”（习近平，2018g）

“小康不小康，关键看老乡，关键在贫困的老乡能不能脱贫。”“全面小康是全体中国人民的小康，不能出现有人掉队。”（习近平，2018c）习近平总书记告诉我们，全面建成小康社会重点难点不在让富人阶层更富、不在扩大中产阶层，也不在城市和东南沿海发达地区，而是在农村、在贫困地区、在七千万农村贫困人口，这是全面建成小康社会的“短板”和“瓶颈”。全面建成小康社会，就是到2020年我国现行标准下农村贫困人口实现脱贫，贫困县全部摘帽，解决区域性整体贫困，确保到2020年所有贫困地区和贫困人口一道迈入全面小康社会。习近平精准扶贫不仅抓住了全面建成小康社会的关键，是全面建成小康社会的行动指南，而且开辟了对全面建成小康社会内涵认识的新境界。

五、习近平消除贫困思想开辟了全球贫困治理中国方案新境界

消灭贫困是世界共识，也是各国治理难题。“消除贫困、共享幸福，自古以来就是人类梦寐以求的共同理想，是各国人民追求幸福生活的基本权利。在2000年召开的联合国千年首脑会议上，各国领导人通过了以减贫为首要目标的千年发展目标。2015年联合国发展峰会上，各国通过了以减贫为首要目标的2015年后可持续发展议程，再次向世界展示了国际社会携手消除贫困的决心和信心。”①

作为世界上最大的发展中国家，中国一直是世界减贫事业的积极倡导者和有力推动者。改革开放40多年来，我国通过深化改革和大规模的扶贫开发，贫困人口大幅减少，为全球减贫做出了巨大贡献。一是对全球减贫的贡献率超七成。减贫人口占全球减贫总规模超七成，中国贫困发生率从1981年末的88.3%下降至2013年末的1.9%，减贫速度明显快于全球，贫困发生率也大大低于全球平均水平。二是为全球减贫提供了中国经验。改革开放40多年来，我国以政府为主导的有计划有组织的扶贫开发，尤其是党的十八大以来，以习近平同志为核心的党中央，全面深化扶贫领域改革，以人类对美好生活的向往为奋斗目标，先后提出“两个重中之重”（2012年12月29日至30日到河北省阜平县考察扶贫工作时，习近平总书记提出两个“重中之重”，指出“三农”工作是重中之重；革命老区、民族地区、边疆地区、贫困地区，在“三农”工作中要把扶贫开发作为重中之重）、“三个格外”（2012年12月29日至30日到地处太行山深处的革命老区阜平县考察时强调，对各类困难群众要格外

① 习近平，携手消除贫困，促进共同发展——在2015减贫与发展高层论坛的主旨演讲，《人民日报》，2015年10月17日。

关注、格外关爱、格外关心)、“四个切实”(2015 年 6 月 18 日,在贵州召开部分省区市党委主要负责同志座谈会时,习近平总书记就加大力度推进扶贫开发工作提出了“切实落实领导责任、切实做到精准扶贫、切实强化社会合力、切实加强基层组织”的具体要求)、“六个精准”[2015 年 6 月在贵州考察时,提出了扶贫开发工作“六个精准”的基本要求,扶贫对象精准、措施到户精准、项目安排精准、资金使用精准、因村派人(第一书记)精准、脱贫成效精准]、“五个一批”(2015 年 10 月 16 日,国家主席习近平在减贫与发展高层论坛上首次提出“五个一批”的脱贫措施,即发展生产脱贫一批、易地搬迁脱贫一批、生态补偿脱贫一批、发展教育脱贫一批、社会保障兜底一批)、扶贫扶志、共建人类命运共同体、精准扶贫精准脱贫、建立大扶贫格局、打好精准扶贫攻坚战、加强扶贫领域作风建设等重要思想这一整套科学高效的贫困治理体系,脱贫攻坚取得了显著成就。贫困人口从 2012 年的 9 899 万人减少到 2018 年的 1 660 万人,6 年时间减少了 8 000 多万人,连续 6 年平均每年减贫 1 300 多万人,为全球减贫提供了中国方案和中国经验。① 世界银行 2018 年发布的《中国系统性国别诊断》报告称:“中国在快速经济增长和减少贫困方面取得了‘史无前例的成就’。”

联合国秘书长古特雷斯指出:“(中国)精准减贫方略是帮助贫困人口、实现《2030 年可持续发展议程》宏伟目标的唯一途径。中国已实现数亿人脱贫,中国的经验可以为其他发展中国家提供有益借鉴。”②中国在致力于自身消除贫困的同时,不忘树立负责任大国形象,积极开展南南合作,深化减贫领域国际交流,为共建一个没有贫困、共同发展的人类命运共同体提供中国方案。习近平总书记关于消除贫困的重要思想,根植于长期以来对中国扶贫伟大实践的思考,是经过中国扶贫伟大实践检验的科学理论,指导全国各族人民取得了中国历史上乃至人类历史上的最好减贫成就。所以说,习近平消除贫困思想不仅对中国的贫困治理具有重要的指导价值,从世界反贫困的视角来看,也给世界上那些既希望加快发展又希望保持自身独立性的国家和民族提供了全新思路和理论指导,为携手消除贫困、共建人类命运共同体贡献了中国智慧,为消除贫困贡献了中国方案。

参考文献

[1]邓小平,1993,《邓小平文选》(第 3 卷),北京:人民出版社,第 54 页。

[2]李皓月,2018,《习近平扶贫思想的科学内涵及理论意义》,西安:西安建筑科技大

① 国务院扶贫开发领导小组办公室主任刘永富在 2019 年 3 月 7 日举行的记者会上答记者问:绝对贫困人口 6 年时间减少了 8 000 多万人,http://news.youth.cn/gn/201903/t20190307_11889589.htm。

② 5 年脱贫近 7 000 万人:十八大以来精准扶贫工作综述,《人民日报》,2018 年 9 月 20 日,http://news.cctv.com/2018/09/20/ARTIeE9IJyArMd5cNMyPumgN180920.shtml/。

学。

[3]刘永富,2018,习近平扶贫思想的形成过程、科学内涵及历史贡献,《行政管理改革》,第9期。

[4]孙德正、刘晓钟,1998,论党的宗旨的实现,《中共中央党校学报》,第3期。

[5]习近平,2018a,中共中央党史和文献研究院,《习近平扶贫论述摘编》,北京:中央文献出版社,第13页。

[6]习近平,2018b,中共中央党史和文献研究院,《习近平扶贫论述摘编》,北京:中央文献出版社,第26页。

[7]习近平,2018c,d中共中央党史和文献研究院,《习近平扶贫论述摘编》,北京:中央文献出版社,第3页。

[8]习近平,2018e,中共中央党史和文献研究院,《习近平扶贫论述摘编》,北京:中央文献出版社,第24页。

[9]习近平,2018f,中共中央党史和文献研究院,《习近平扶贫论述摘编》,北京:中央文献出版社,第7页。

[10]习近平,2018g,中共中央党史和文献研究院,《习近平扶贫论述摘编》,北京:中央文献出版社,第4页。

[11]习近平,2018f,中共中央党史和文献研究院,《习近平扶贫论述摘编》,北京:中央文献出版社,第11页。

[12]习近平,2018a,在中央扶贫开发工作会议上的讲话,《十八大以来重要文献选编》(下),北京:中央文献出版社,第31—32页。

[13]习近平,2018b,在中央扶贫开发工作会议上的讲话,《十八大以来重要文献选编》(下),北京:中央文献出版社,第31页。

[14]习近平,2018c,在中央扶贫开发工作会议上的讲话,《十八大以来重要文献选编》(下),北京:中央文献出版社,第29—30页。

[15]习近平,2014,《习近平谈治国理政》,北京:外文出版社。

[16]习近平,2017,《习近平谈治国理政》(第二卷),北京:外文出版社。

Xi Jinping's Thought on Poverty Eradication has Opened up a New Horizon in the Theory of Socialism with Chinese Characteristics

Tan Jinsong　Yu Tingting

Abstract To eliminate poverty is the important duty of the Party and the government to govern for the people. Doing a good job in helping the poor, helping them overcome their difficulties, supporting them in their efforts to lift themselves out of poverty and make them rich, so that the fruits of development will benefit the people more and more fairly, is an important reflection of the party's fundamental purpose of serving the people heart and soul. Only by resolutely eliminating poverty and achieving common prosperity can we win the support of the broad masses of the people and consolidate the foundation for long-term governance. Since the 18th National Congress of the CPC, the CPC Central Committee with Comrade Xi Jinping at its core has launched a battle against poverty. In order to comprehensively win the battle against poverty and win the great victory in the Fight Against Poverty, General Secretary Xi Jinping personally deployed, personally directed and personally supervised the war, and gave a series of important instructions and delivered a series of important speeches on poverty alleviation, not only have they made remarkable achievements in poverty reduction in guiding the great anti-poverty struggle, and it has opened up in theory a new horizon for deepening the understanding of the essence of socialism, a new horizon for carrying out the party's purpose, a new horizon for adhering to the people-centered development ideology, a new horizon for building an understanding of the connotation of the Xiao Kang in an all-round way, and a new horizon for the Chinese Program for Global Poverty Control, Xi Jinping's anti poverty ideology has emerged with distinctive features.

Key words Xi Jinping Poverty Eradication Socialism with Chinese Characteristics New Horizons

“黄马甲运动”中的口号和若干评论

席至琪　程恩富

内容提要　本文在梳理法国“黄马甲运动”中出现各种口号的基础上,认为该运动是 2008 年西方金融危机以来继国际“占领华尔街运动”(波及 80 个资本主义国家的进步性运动)、前几年法国“黑夜站立运动”之后的又一次人民进步性运动;分析从根本上看这场运动是广大人民群众反对垄断资产阶级寡头政府的运动,是资本主义国家固有矛盾激化的结果。垄断资本追求私人剩余价值最大化的本性决定了法国经济有所衰落,出现程度不同的产业空心化和金融化,并导致贫富分化愈发严重;指出尽管其中极少数人有暴力和破坏行为,但把该运动的主流定性为“具有极端性、暴力性和破坏性的民粹主义运动”显然是不准确的,因为绝大多数参与者均反对暴力和破坏活动,且大多数口号也并非极端;提出这场运动尽管包含法国工业资本反对金融资本的垄断资产阶级内部冲突,但主要反映广大民众与少数金融寡头的阶级对立;强调要区分资产阶级法西斯民粹主义、支持特朗普的资产阶级右翼民粹主义、极端排外的民粹主义、极端反对精英的民粹主义、极“左”的民粹主义等,但不宜将人民要求改善生活、反对垄断寡头和新自由主义政策、抗议垄断资本主义制度等言行视为民粹主义。

关键词　法国“黄马甲运动”　私人垄断资本　经济政治冲突　民粹主义分类　政治经济学理论

中图分类号　F272.93

一年来,法国爆发的“黄马甲运动”引起我国和全球的高度关注和议论。及时了解该运动的口号,是准确掌握和认识其运动性质和走向的前提,对于我国相关理论研究、宣传教育和思想舆论的引导也极为重要。据法国共产党《人道报》负责人向笔者透露,法共希望党员自愿参加该运动,但并没有进行组织。这场运动的规模和持续时间,仅次于“占领华尔街国际运动”,而大大超过前几年法国爆发的“黑夜站立运动”。

收稿日期:2019—11—30

作者简介:席至琪(1992—),中国社会科学院大学马克思主义研究系博士生,主要研究方向为政治经济学;程恩富(1950—),中国社会科学院学部委员,中国社会科学院大学首席教授,主要研究方向为政治经济学。

基金项目:本文系国家社会科学基金项目“国际关系民主化研究”(11@ZH015)的阶段性研究成果。

其运动的主要性质，究竟主要是法国工业资本反对金融资本的垄断资产阶级内部冲突运动[①]，或主要是“具有极端性、暴力性和破坏性的民粹主义运动”，还是以改善民生和反对寡头政府为主流的进步性人民运动？这从运动的主要口号中可大体作出判断，其中自然也包含有关移民和犹太人等次要问题(吴国庆，2019)。以下口号主要来自《英国卫报》、欧洲时报网、《环球时报》、中新社、知网等。

一、口号和民众诉求

(一)反对现行民生政策(分配、税收、贫富分化、社会公正)

1.“我们不要面包渣，我们要的是整个面包！”

2.“社会公正”。

3.“没有平等的分配，就不可能有安宁的社会。民众不是奶牛！”

4. 市长桑福尔什(Jean-Michel Sanfourche)事前便表示将向总统提三项要求：不论收入高低，取消所有居民的主要住所居住税；立即全部报销配眼镜费用；立即取消所有退休人员提升的CSG(普遍化社会捐金)。

5.“反油价过高”、“支持柴油”、“反对专断”、“反对非法征收”！

6. 呼吁提高最低工资标准和提高对谷歌和亚马逊等国际公司的税收。

7.“扎克雷起义”。

8.“捐款可以少纳税，富豪只是假装好人”。

9.“黄马甲运动”代表人物勒瓦瑟女士对媒体说：“大家要看清现实，对民间疾苦无动于衷的大集团为圣母院在一夜之间捐出巨款的‘作秀’让人愤怒！”

10. 一个示威者称，大家目前都在热议维克多·雨果的《巴黎圣母院》，但更不该忘记他也写过《悲惨世界》！

11. 在“黄马甲运动”多个脸书主页上，“黄马甲”们纷纷引用作家Ollivier Pourriol对于巴黎圣母院获得巨额重建捐款后的评论：“维克多·雨果感谢巴黎圣母院慷慨捐助者，同时也向他们提议，去解囊相助活在悲惨世界里的人们。”

12. 法国总工会(CGT)代表马丁内兹(Philippe Martinez)在4月17日表达了类似观点：“只要点一下，就有一二亿欧元，再次凸显了我们一直抨击的贫富不均。如果他们可以拿大笔的钱重建圣母院，他们就不应告诉我们没钱帮助(法国)社会紧急状况。”

13. 许多老人对马克龙增加退休人员税捐非常愤怒：“我们为法国工作了

---

① 2019年6月，《文汇报》驻法国记者站原站长郑若麟高级记者在山东大学马克思主义学院和《马克思主义文化研究》编辑部举办的“马克思主义文化研究高端论坛”上演讲的观点。

一辈子，到晚年退休金还得受层层盘剥。”

14. 要求减少民选公职人员及高阶公务员的薪资及退休金。

15.“生态环境还是人民权利”。

16.“黄马甲运动”兴起后，马克龙的“名言”频频被回顾。他曾经对生活难以为继的失业者说：“过条街就能找到工作，你找不到工作只能说明你自己不够用心。”“黄马甲”抗议者在墙上写道：“马克龙，我们过到街这边了！”总统保镖本纳拉打人事件中，马克龙曾经叫嚣：“谁对处理结果(政府被指包庇本纳拉)有意见，让他们来找我！”“黄马甲”在抗议标语中写道：“马克龙，你让我来找你，我就来找你了！”

17. 法国人认为马克龙高高在上，不听民声，打出标语：“人民来找政府！”

18. 法国警察也一度在酝酿组织“蓝马甲”活动，警察工会秘书长伊夫·勒费伏尔(Yves Lefebvre)在蒙特卡罗电视台(RMC)的节目中抗议警察负担过重、加班过多，并宣布准备罢工上街。

19. 葡萄牙消防部队官兵日前宣布将在今年 12 月 19 日至明年 1 月 2 日期间罢工，以表达他们希望消防员地位获得提升，并抗议政府于 2018 年 10 月新批准的退休和工资制度。

20. 以色列“黄马甲”们抗议水、电、食物等价格上涨，认为政府是在“抢劫”人民。

21. 抗议组织者认为法国“做得好”，“是时候向法国学习了”，还宣称下周抗议人士将增至 1 万人。

22. 报道指出，15 日当天，德国抗议者对居高不下的房租和捉襟见肘的退休金额度发起抗议；在意大利罗马，成千上万的农业移民、工人、学生、失业人员集会示威，呼吁获得居留许可、社会正义、权利和尊严；比利时“黄马甲”的诉求与法国人差不多，都是对各项繁重税收的不满；荷兰的“黄马甲”参与者说：“荷兰社会病了，我们赖以长大的福利社会已经消失了。政府不再属于人民！”……

23. 法国学生抗议：“不要玩弄我的未来！”

24. 示威学生抗议法国政府的教育改革，反对政府提高大学选拔门槛和大幅上调外国学生学费。

25. 示威高中生要求政府取消一系列措施，包括高中毕业会考改革、大学高等学府招生统一录取平台 PARCOURSUP、反对设立“普遍公民役”(SNU)等。

(二)反对总统、特权阶级及其政府

1.“反对马克龙的改革计划”、“马克龙下台”、“富人的总统”、“金融总统”、“马克龙辞职，卡斯塔内进监狱”。

2.“马克龙。这不是暴乱，是革命！”“黄马甲与马克龙势不两立！”

3.“他以为自己是上帝”,“这是个国王,看不到人间疾苦”,“马克龙就是个孩子,别人一直对他说‘你是最好的’,从没有人对他说‘这样不好’,他觉得自己是宇宙中心”。

4. 有抗议者宣称,总统马克龙不辞职、诉求未获正面响应,他们就“不会罢手”,游行中也有人喊着“不罢手”的口号。

5.“人民被自以为是的腐败堕落的政府掏空!”

6.“公民们不要顺服! 要全民公决!”

7.“自由,平权! 暴力后退,人民团结向前!”

8.“博爱”、“团结”。

9.“解放我们的同志”、“所有人都讨厌警察”。

10. 在巴黎有示威者向治安部队高喊“去自杀吧,去自杀吧”的口号。

11.“自杀的警察,可得到一半的宽恕”。

12.“警察保护你们,却打瞎你的眼睛”。

13. 示威者将代表“自由、平等、博爱”的玛丽安娜画像改为眼部瘀伤的“自由、平等、闪光弹”海报,以抗议有示威者因法国警察使用镇暴球弹枪而造成严重伤害。

14.“黄马甲军”批评“大辩论”都是“骗人的把戏”。

(三)反对代议制

1.“RIC”(référendum d'initiative citoyenne),意指“公民自主公决”。

2.“马克龙,RIC(公民倡议公决)是你最后的希望”。

3. 有“黄马甲”说:“我们非常愤怒,要求总统将选择的自由及做主的权利还给人民。”

4.“我们选出的代表投票做出的是反对我们利益的决策”,比如征收燃油税。

5. 示威者希望追求“新型民主”。

6.“民众无法控制自己的国家”。

7.“美好的许诺都未实现”。

8. 希望建立“第六共和国”。

(四)反对资本主义及其金融资本统治、推翻资产阶级

1.“反对资本主义”。

2.“推翻资产阶级”。

3. 对法国金融体制提出强烈批评,一位示威者说:“我们不愿意继续生活在金融权力的统治之下。”

4. 认为法国债务产生的根本原因在于1973年1月3日通过的《银行法》,这项被称为《蓬皮杜—罗斯柴尔德银行法》的法律,对法国中央银行进行了私有化,使法国中央银行失去了货币发行权,最终导致法国今天债台高筑。

5. 认为传统主流媒体是在为统治者和上层阶级的利益服务。

6. 认为主流媒体“都是撒谎者”，强烈抗议主流媒体未能正确报道这场运动。很多抗议者认为，法国主流媒体过多地将关注点集中在示威者的暴力行为上，而有意忽略警察对示威者的暴力行为。

(五)反对全球化和签署移民契约

1.“反对全球化”。

2.“自己人优先”。

3.“我们受够了，关闭边界”。

4.“马克龙关心地球末日，我们关心每月的月末日”。

5. 就在“黄马甲运动”高涨时，联合国在摩洛哥马拉喀什会议上通过了《全球移民协议》，法国在协议上签了字。此事引起法国保守势力的强烈抗议，数十位法国将军(包括一位法国前国防部长)联名写信向马克龙提出抗议，甚至指责其犯下了“叛国罪”。

6. 从东欧到南欧国家都在执行现实主义的移民政策，“黄马甲运动”中也出现了“法国是我们的”这样的标语，其中包括攻击犹太裔哲学家的行动。

(六)关于暴力示威

1. 据《世界报》报道，多名“黄马甲运动”抗议者都对打砸抢烧破坏持支持态度。“只有打砸抢烧才能让我们的呼声被大家听到……”一位“黄马甲”示威者表示，“一定要让马克龙意识到，现在他完蛋了。”

2. 现年31岁的马克是诺曼底的农场工人，他说自己“已经受够了缴纳高额税款”，但他并不打算与警方发生口角。“这里有闹事者，我得到的印象是，他们中的一些人可能是无政府主义者或极端分子，但我不知道，我们不是。”

3.“如果我们和平示威，政府就会忽视我们。如果有人焚烧汽车、袭击警察，政府就会让步。这告诉我们什么?”

4. 据美联社报道，一些女性手举标牌“我是你的女儿”、“我是你的祖母”，试图将“黄马甲运动”的暴力运动形象扭转回和平示威形象。

(七)关于“反犹”的双方示威

1. 2月16日，法国著名犹太裔“哲学家”阿兰·芬克尔克劳特(Alain Finkielkraut)来到巴黎蒙帕那斯地区，当时“黄马甲运动”正在这里进行示威;当他们突然发现芬克尔克劳特时，一批愤怒的年轻示威者便冲着芬克尔克劳特大喊起来，主要是骂他“肮脏的犹太复国主义者”、“巴勒斯坦”、“滚回以色列去”、“法国是属于我们法国人的”等。这一下子激起了舆论的轩然大波。

“反犹太复国主义”是这次“黄马甲运动”中的极右翼和极左翼民众的一个共同口号。早在运动早期就曾出现过某种迹象：一位著名的反犹作家埃尔维·利森(Hervé Ryssen)在12月6日出版的《巴黎竞赛画报》上成为“封面人物”的“意外事件”……

2. 芬克尔克劳特事件一爆发，法国政界、舆论界立即作出强烈反应。从总统马克龙开始，几乎主要政治家都人人表态反对"黄马甲"的"反犹行为"。政府甚至出面组织了一场支持芬克尔克劳特的"反示威"游行。一场"反黄马甲运动"的运动正在掀起。

2月19日晚，巴黎共和国广场人山人海，法国政界主要党派和众多民间团体在巴黎共和国广场举行集会，大家高举"够了"、"联合起来，抗击排犹主义和一切种族主义"等标语，高喊"犹太人，遭攻击，共和国，危险中！"等口号，高唱《马赛曲》，抗议反犹势力抬头。

当被问及为何参与游行时，受访者们给出了"捍卫共和国价值观"、"一荣俱荣、一损俱损"的回答。例如，"虽然犹太人只占法国人口中很小一部分，但"反犹主义"涉及一个根本问题，那就是如果有人因肤色成为种族歧视受害者，那么受伤害的其实是全体法国人"；"对我来说，犹太人就是普通法国人。如果他们被憎恶谩骂，那么受攻击的是我们的共和国"。

(八)"黄马甲运动"也在反击

由于芬克尔克劳特在接受诸多电视媒体采访时多次提到著名"反犹"学者阿兰·索哈尔(Alain Soral)和他领导的"平等与和解"网站，将"反犹"与"反犹太复国主义"相提并论，"平等与和解"网站也公开提出诉讼，抗议芬克尔克劳特将"反犹太复国主义"等同于"反犹主义"。法国法律目前禁止"反犹"，但却并不禁止"反犹太复国主义"。"平等与和解"网站认为，前者是对一个种族的歧视，而后者仅仅是对以色列的政策的反对，两者存在本质上的不同。

二、"黄马甲运动"的轨迹和特点

(一)"黄马甲运动"的发展轨迹

"黄马甲运动"从法国巴黎开始，导火索是政府加征燃油税。参与运动的人主要来自法国巴黎周边广大地区的白人中产阶级和底层无产阶级。这场运动并没有明确的、公开的领导者，而是由广大群众通过网络发起、自发举行。随后该运动蔓延至其他国家和地区，如欧洲的比利时、北美的加拿大、中东的以色列等。运动中群众反映的诉求看起来非常混杂，包括降低税收、提高养老金和提高法国普通民众的消费能力、生态环保、国家治理和民主制度、反对垄断金融资本权力膨胀、反对《全球移民契约》、提出废止代议制民主采用公投制等。从根本上看，这场运动是广大人民群众反对垄断资产阶级寡头政府的运动，是资本主义国家固有矛盾激化的结果。

2018年11月17日，为了抗议法国政府加征燃油税，广大群众在法国巴黎以及全国范围掀起了大规模的抗议示威运动，参与者身着黄马甲，总人数超过了28万人。接下来几乎每个周末都有"黄马甲"上街游行。2018年12月1

日,“黄马甲”抗议者聚集在巴黎八区香榭丽舍大街凯旋门周边,法国警方与抗议者发生激烈冲突,抗议者在示威中发生了烧毁汽车、砸碎银行窗户和店面等暴力行为。2018年12月10日,马克龙发表电视讲话,对“黄马甲运动”做出一些让步,包括提高最低工资、减少退休者税赋等。2018年12月11日,高中学生抗议示威,反对政府提高大学选拔门槛和大幅上调外国学生学费,450所高中全部或部分停课。2018年12月15日,法国示威游行规模相比前4次大大减小,“黄马甲运动”蔓延至欧洲其他国家,如德国、荷兰、比利时、意大利、爱尔兰等。2018年12月19日,工会组织“法国警察联盟”呼吁关闭警察局,向政府提出补偿警察过往加班时间的诉求。2019年1月2日,警方逮捕并拘留公认领袖和代表人物之一、卡车司机埃里克·杜洛埃。2019年1月7日,法国总理爱德华·菲利普发表声明,表示法国政府将在骚乱问题上采取强硬态度,将严厉打击未经授权的游行示威行为。2019年1月13日,马克龙办公室发表公开信,呼吁民众参与讨论税收制度等事宜,计划1月15日—3月15日举行全国讨论,将不满转化为解决问题的方案。2019年3月16日,法国“黄马甲运动”重新出现暴力现象,运动规模本已减小,现又增加。2019年3月23日,法国政府开始了“步哨行动”。2019年4月20日,失火受损的巴黎圣母院的重建掀起了部分民众的强烈抗议,他们认为重建巴黎圣母院的数亿捐款反映了收入的不平等。2019年4月30日,法国政府对“黄马甲运动”采取强硬态度。2019年5月,法国“黄马甲运动”人数逐渐缩减。但在2019年11月16日,法国“黄马甲”运动一周年之际,约有28 000名示威者在全法多个地方举行示威游行活动,其中在巴黎的示威者有数千人,147人因暴力示威而被捕。

(二)“黄马甲运动”产生的必然性

“黄马甲运动”的产生是当下法国垄断资本主义制度的必然结果。垄断资本追求私人剩余价值最大化的本性决定了法国经济有所衰落,出现程度不同的产业空心化和金融化,并导致贫富分化愈发严重。

1945—1975年是法国经济发展相对较好的时期,许多制造业公司做大做强,此后由于70年代的两次石油危机,其发展势头被遏制住了。法国政府随后大力扶持金融、银行、地产等行业,却忽视了传统制造业的发展。此外,本国的传统优势制造业随着发展中国家在相关行业的崛起,市场蛋糕被逐渐分走,如高铁、核电和航空航天等领域。

因此,法国的经济从20世纪就开始呈现出产业空心化和金融化现象,使其抗风险能力大大降低。在这样的态势下,法国的财富和社会资源流向新兴产业,并加剧了地区差异,而制造业和农业则相对衰退。在2008年西方金融经济危机中，欧洲经济受到重创，债务危机严重。[①] 法国每个婴儿出生即背上了 32 000 欧元的债务。2008—2016 年，平均每个法国家庭的可支配收入减少 440 欧元。低收入家庭房租和电费等“硬性支出”占一般家庭支出的 30%，最低收入家庭占比甚至高达 80%。

法国经济的这些问题，使得其无法应对较大的经济危机，国家经济政策的波动也引起巨大波澜。20 世纪 80 年代以来，新自由主义主导的经济全球化再次席卷法国。由于高福利的国家政策，最贫困人口的生活困境得到了一部分解决，但是中等收入的民众开始逐渐脱离本来的生活水准，原先的社会结构逐渐瓦解，贫富分化不断扩大。2018 年《法国贫困报告》显示，以家庭收入仅为国民收入中位数的一半作为贫困家庭的标准，20 世纪 60 年代贫困家庭数量占比为 12%，而到了 2017 年增加到 30%。今天，中等收入阶层的生活水平下降，是促使他们走上街头参与“黄马甲运动”的重要原因。

法国民众自第二次世界大战以来就长期享受较高福利，但是经济的衰退和生活成本的不断增长，促使他们对政府的不满情绪逐渐增高。现任法国总统马克龙对富人减税等做法，更加激起了法国底层民众的不满。马克龙政府为吸引投资，改变前任总统奥朗德执政期间实行的巨富税政策为不动产财富税（卜永光，2019）。奥朗德执政期间，对一些高价值动产纳入应税范围，而当下的马克龙政府却仅对个人名下的不动产征税，把金融资产的征税给剔除了。英国退欧之后，法国为遵守《全球气候协定》，就采取从穷人口袋中拿钱的方式。当前，法国的燃料价格较之上年上涨了 20%左右，而这次的持续增税则点燃了民众对马克龙政府不满的火药桶。

（三）“黄马甲运动”的特点

一是从运动的诉求来看，从民生问题到整个经济，再到社会公正和政治民主。2018 年 11 月中旬，法国政府宣布将征收碳税、提高燃油价格。法国普通驾车人，尤其是需要长时间开车通勤的低收入人群首先成为受害人。部分人民通过网络平台发起“黄马甲运动”，在短短一个月内扩散至全国，并无全国性领袖，甚至蔓延至比利时、德国、荷兰、加拿大等国。

随后，抗议的内容扩大到社会不公正的种种问题。根据法国统计局报告和法国《世界报》统计数据，2008—2016 年法国家庭平均购买力下降 1.2%；1996—2016 年法国人均月收入中位数仅从 1 440 欧元升至 1 730 欧元，且大部分农民、手工业者、工人、公司普通领薪者、小业主收入均低于该中位数；10%最富人群在 20 年间月收入增长近 1 000 欧元，而 10%最穷人口月收入仅增长约 100 欧元；收入最高的 1%人口拥有的财富占全国总财富的 20%以上（慕阳子，2019）。

---

① 孙海潮，法国“黄背心”运动反映出欧洲社会沉疴，《北京日报》，2018 年 12 月 10 日。

运动进行到更高阶段，抗议者进一步抗议现行民主制度，希望追求“新型民主”。他们要求公民有权发起全民公决（魏南枝，2019）。随后，总统马克龙发起三个月的“全国大讨论”，之后他承诺降低所得税，不再关闭农村学校和医院，改善退休金制度，还列出包括关闭国家行政学院和缩小议会规模等一些“考虑”事项，备受关注的财产税也被放进“待考虑”之列。但民众认为总统并不想改变政策，宣布的内容含糊不清，令人失望。

二是从运动的影响来看，大规模的街头抗议活动已持续整整一年，其间运动由法国蔓延至其他国家和地区，如德国、意大利、比利时、荷兰、加拿大、以色列等。尽管其中极少数人有暴力和破坏行为，但把该运动的主流定性为“具有极端性、暴力性和破坏性的民粹主义运动”显然是不准确的。因为绝大多数参与者均反对暴力和破坏活动，且大多数口号也并非极端。要区分资产阶级法西斯民粹主义、支持特朗普的资产阶级右翼民粹主义、极端排外的民粹主义、极端反对精英的民粹主义、极“左”的民粹主义等，但不宜将人民要求改善生活、反对垄断寡头和新自由主义政策、抗议垄断资本主义制度等言行视为民粹主义。“黄马甲运动”是2008年西方金融危机以来继国际“占领华尔街运动”（波及80个资本主义国家的进步性运动）、前几年法国“黑夜站立运动”之后的又一次人民进步性运动。

三是从运动的参与者来看，主要来自生活水平每况愈下的中下层劳动阶级。法国总统马克龙上台后在国内推行新自由主义改革，增加穷人的税赋，减少穷人的福利，严重影响了民众的正常生活，尤其是法国巴黎周边地区的民众，因为交税和交通是其日常消费中的重要部分。可见，这次运动始发于普通民众为争取基本生存条件。从参与者的活动形式观察，这场运动是通过请愿在网上兴起的，起初由普通劳动人民在社交媒体上发布视频组织，背后没有固定的领导人、工会或政党。法国网络信息空前猛烈地冲击着舆论，正在成为法国民众的重要信息来源。

四是从运动的社会矛盾来看，根本上反映了资本主义制度的弊病。尽管马克龙总统是民众投票所选，但资本主义制度决定着资本主义的基本矛盾不因总统人选的改变而发生变化。总统是统治集团的代表人，有着历史的和阶级的局限性。法国历史上有罢工运动的传统。允许游行示威、罢工自由其实是法国统治阶级对人民群众的统治手段，让民众发泄情绪的一种方式，以此缓冲了人们的反抗意识。“黄马甲运动”反映出，在法国这样的老牌资本主义发达国家，社会各阶级的贫富差距存在巨大鸿沟。中下层老百姓因生计问题而发起的大规模抗议运动，其背后实际是资本主义固有的各种矛盾发作。这场运动尽管包含法国工业资本反对金融资本的垄断资产阶级内部冲突，但主要反映广大民众与少数金融寡头的阶级对立，是当代金融垄断资本主义制度必然的产物。这也彰显只有马克思主义和社会主义才能给广大人民群众带来经济社会持续繁荣、民生福利持续改善和实质性民主政治的极大需要。①

参考文献

[1]卜永光,2019,分裂社会中的政治失序:从黄马甲运动看西方国家的治理困境,《统一战线学研究》,第 3 期。

[2]慕阳子,2019,"黄马甲"运动:星火何以燎原,《世界知识》,第 1 期。

[3]魏南枝,2019,法国大革命的内在矛盾与"黄马甲"运动,《文化纵横》,第 2 期。

[4]吴国庆,2019,从黄马甲运动看法国政府社会危机治理,《社会治理》,第 8 期。

The Slogans of the Yellow Vest Movement and Some Comments

Xi Zhiqi　Cheng Enfu

Abstract　On the basis of analyzing various slogans in the Yellow Vest movement in France, this paper holds that this movement is another progressive movement of the people after the Occupy Wall Street movement (a progressive movement that affected 80 capitalist countries) and the Nuit Debout movement in France since the 2008 western financial crisis. Fundamentally, this movement is the movement of the masses against the monopoly bourgeois oligarchy and the result of the intensification of the inherent contradictions in capitalist countries. The nature of monopolistic capital pursuing the maximization of surplus value determines the decline of French economy, and leads to different degrees of industrial hollowing and financialization, and a more serious gap between the rich and the poor. It is clearly inaccurate to characterize the mainstream of the movement as an "extreme, violent and destructive populist movement", despite the violence and sabotage of a few of them, since the vast majority of participants oppose violence and sabotage and most of the slogans are not extreme. This movement mainly reflects the class antagonisms between the general public and a few financial oligarchs, although it contains the internal conflict between the French industrial cap-

① 综合中国新闻网等 2019 年 12 月 7 日报道,据法国内政部统计,在 5 日的示威游行中,共有 80.6 万人走上法国街头,其中巴黎有 6.5 万人参与游行。而法国总工会则称全法共计 150 万人,巴黎 25 万人。1995 年的罢工原因与本次罢工如出一辙,都是由于政府推动退休制度和养老金改革而触发。1995 年的罢工持续近一个月,并以政府屈服于罢工中止改革而收场。法国工会组织方面此次扬言会实施"无限期罢工"。此次大罢工与"黄马甲运动"是密切相关和呼应的。

ital and the monopolistic bourgeoisie. It is imperative to distinguish the bourgeois fascist populism, the bourgeois right-wing populism supporting Trump, extreme xenophobic populism, extreme anti-elitist populism, far-left populism, etc. However, it is inadvisable to recognize people's demand to improve life, oppose the oligopoly and policy of neoliberalism, and protest the monopolistic capitalist system as statements and actions of populism.

Key words　The Yellow Vest Movement in France　Private Monopoly Capitalism　Economic and Political Conflict　Classification of Populism　Theory of Political Economy

从“五位一体”把握健康中国战略的内涵及实施策略

杨小勇 王璋弟

内容提要 实施健康中国战略的本质目的是实现人民健康。健康概念已经由世界卫生组织提出的“三维”定义发展到“四维”定义,在中国当下进一步发展到了“六维”定义。实现“六维”定义的健康与经济建设、政治建设、文化建设、社会建设、生态文明建设“五位一体”存在辩证统一的关系,健康中国战略就是要从“五位一体”实现“六维”健康的战略。本文基于对健康中国战略的内涵的这种界定,以及对实施健康中国战略的依据和我国当前健康中国建设存在问题的讨论,提出了我国应采取的实施健康中国战略的策略。

关键词 健康中国战略 五位一体 策略

中图分类号 D616

习近平总书记在十九大报告中明确指出:“实施健康中国战略。人民健康是民族昌盛和国家富强的重要标志。要完善国民健康政策,为人民群众提供全方位全周期健康服务。”这充分体现了国家对国民健康、健康公平的高度关注,体现了新的社会发展理念,回应了人民群众对美好生活的新期盼。把握健康中国战略的内涵,研究实施健康中国战略的依据和策略,具有重要的理论意义和实践意义。

一、健康中国战略的内涵

1948 年世界卫生组织(WHO)提出了健康的三维定义,即健康不仅是没有疾病或虚弱,而是身体的、心理的与社会适应的完美状态。1989 年世界卫生组织又将健康的概念调整为四维定义:健康是指一个人在身体、心理、社会

收稿日期:2019—10—20

作者简介:杨小勇(1963—),同济大学马克思主义学院教授、博士生导师,主要研究方向为马克思主义理论、政治经济学;王璋弟(1978—),同济大学马克思主义学院博士研究生,温州市鹿城区残疾人联合会理事长,主要研究方向为中国特色社会主义理论。

基金项目:本文系国家社会科学基金一般项目“全面建成小康社会目标下劳动收入应有份额及实现机制研究”(17BKS053)的阶段性研究成果。

适应和道德四个方面皆健全。随着时代发展、社会需求与疾病谱的改变，健康概念不断扩大，其内涵也逐步丰富，全方位的健康观逐步形成（刘雷，2017）。我国现在推行的"大健康观"围绕人的衣食住行及生老病死，关注各类影响健康的危险因素和误区，提倡自我健康管理，强调围绕整个生命周期的全面呵护；它追求的不仅是个体生理健康，还包含心理、环境、精神、社会、道德等方面的全面健康，使健康概念发展到了六维定义。健康中国就是要使中国成为每一个中国人都拥有生理、心理、精神、社会、环境、道德等全面健康的国家。

"健康中国"是全体中国人民追求健康的目标。对于个体生命的存续，健康是最基本也是最根本的需求。在我国进入中国特色社会主义新时代，社会主要矛盾已经转化为人民日益增长的美好生活需要和不平衡不充分的发展之间的矛盾的背景下，建设"健康中国"已成为实现人民日益增长的美好生活的前提条件。然而，全体中国人民当下的健康水平离"健康中国"的目标和要求还有很大的距离。为了缩短这个距离，需要将建设健康中国上升到国家战略的高度，于是，习近平总书记在党的十九大报告中明确提出要实施健康中国战略。健康中国战略是健康中国建设的目标与举措的总称，实施健康中国战略表明要把建成健康中国作为我们努力的目标，为了实现这个目标，必须采取相应的举措。建设健康中国的举措是能够实现健康中国建设目标的行动和措施，通过该举措的实施，能开辟通往健康中国的道路，消除通往健康中国道路上的一切障碍。这在客观上要求必须将一切影响健康中国目标的因素都纳入健康中国战略举措应对的范围。由此决定，健康中国战略举措不仅仅包含医疗卫生领域的措施，还包含"五位一体"等全方位的举措。如"五位一体"中的经济建设，必须通过经济体制改革让经济健康发展，只有这样，才能使广大人民群众分享健康的经济发展成果，免受假冒伪劣产品、企业"三废"污染等给人民群众身心健康造成的危害；"五位一体"中的政治建设，必须通过政治体制改革建成健康的政治体制，只有这样，才能使广大人民群众在健康的政治环境下生活和工作，才能使广大人民群众拥有健康的精神状态；"五位一体"中的文化建设，必须通过文化体制改革繁荣和发展健康的社会主义文化，只有这样，才能使广大人民群众分享健康向上的文化发展成果，从而才能使人民群众养成健康向上的精神、心态和心理；"五位一体"中的社会建设，必须通过社会体制改革建成健康发达的社会事业，只有这样，才能让人民群众公平地分享教育事业、科技事业、文化事业、医疗卫生、体育事业、劳动就业、社会保障、社区建设、旅游事业等方面的成果，才能使人民群众拥有维护身心健康的手段和条件；"五位一体"中的生态文明建设，必须通过生态文明体制改革建成健康优美的生态环境，让山更青、水更绿，只有这样，才能使人民群众拥有维护身心健康的环境保障。可见，实施健康中国战略是一项非常复杂的系统工程，其举措不能局限在医疗卫生领域，必须在经济、政治、文化、社会、生态各个方面进行全方位的部署。

基于以上分析，可将“健康中国”界定为这样一种状态：全体中国人民的生理、心理、环境、精神、社会、道德都是健康的，中国的政治建设、经济建设、社会建设、文化建设、生态文明建设“五位一体”都是有利于中国人民“六维”健康的。“六维”健康是本质和目的，“五位一体”是条件和手段。二者存在互相依存的关系，“六维”健康受制于“五位一体”，“六维”健康能促进“五位一体”，“五位一体”体现或实现在“六维”健康上，“五位一体”归根结底是为了实现全体中国人民实现“六维”健康。健康中国战略就是要从“五位一体”实现“六维”健康的战略。

二、实施健康中国战略的依据

（一）实施健康中国战略的理论依据

1. 健康是人的生命存在、延续的必要基础，也是实现人的全面发展的前提条件

马克思在全面考察人类社会历史发展脉络问题的同时，基于唯物史观基础又全面科学地考察和揭示了人的生成和发展历程问题，并把人的生成和发展历程明确划分为三个历史阶段，根据各阶段的历史发展特征，马克思进而把人的生成和发展的三个历史阶段又归结为三种历史发展形态：一是表现为“人的依附关系”（起初完全是自然发生的）特征的生成和发展阶段，这是人的最初形态；二是表现为“以物的依赖性为基础的人的独立性”阶段，可以划归为人的生成和发展的第二大形态；三是“建立在个人全面发展和他们共同的社会生产能力成为他们社会财富这一基础上的自由个性，是第三个阶段”，这个阶段也是可以预见的人的生成和发展的最高形态（马克思、恩格斯，2009）。根据人的生成和发展的三种历史形态，马克思进而明确指出：“全部人类历史的第一个前提无疑是有生命的个人的存在。”（孔祥利、林乐昌，2009）显然，“有生命的个人的存在”内在的构成为人的由低到高的三种生成和发展形态的逻辑性前提。而每个人的健康状况在现实中都时刻与“有生命的个人的存在”紧密相连，不可分割。实施健康中国战略就能提升中国人的生命的质量和长度。

2. 人类健康是生产力发展的决定性条件

人类社会的发展是生产力与生产关系矛盾运动推动的，生产力发展在人类社会进步中起决定性作用。现代生产力由实体性要素和渗透性要素构成。实体性要素包括劳动者、劳动资料、劳动对象，其中起决定性作用的要素是劳动者，生产力水平的高低在劳动者身上主要体现为劳动者体力和智力的高低，显然，劳动者越健康，他们的体力越强、智力越高，体现在劳动者身上的生产力水平也就越高；渗透性要素包括科学技术和科学管理，科学技术的进步由科学

家来推动,科学管理由管理者来推动,显然,科学家和管理者越健康,科技进步就越快,管理水平就越高,从而生产力水平就越高。因此,实施健康中国战略能从根本上促进我国生产力的发展和我国社会的进步。

3. 实施健康中国战略是党的群众路线的必然要求

党的群众路线的完整表达是:一切为了人民群众,一切依靠人民群众,从群众中来,到群众中去。其中的核心是“一切为了人民群众”。当我们思考一切为了人民群众的什么的问题时就会发现,在建党以来不同的历史时期,由于人民群众的具体诉求不一样,该问题的具体答案会有所差异。在新民主主义革命时期,一切为了人民群众是一切为了人民群众的翻身解放,推翻压在人民群众头上的“三座大山”;在社会主义计划经济时期,一切为了人民群众是一切为了人民群众真正成为生产资料的主人,真正行使当家做主的权利,不断满足人民群众日益增长的物质和文化生活的需要;在社会主义市场经济条件下,一切为了人民群众是一切为了人民群众全面富裕起来,在当下就是要让人民群众全面实现小康,让人民群众能公平分享经济社会发展的成果,不断满足人民群众日益增长的美好生活的需要。通过实施健康中国战略,让人民群众健康起来,同时不断提高人民群众的健康水平,是人民群众实现美好生活的前提条件。

(二)实施健康中国战略的现实依据

1. 人民健康是当前我国经济、社会发展的重要目标

党中央、国务院历来高度重视国民健康和医药卫生事业的发展。党的十七大报告指出:“健康是人全面发展的基础。”党的十八大报告指出:“健康是促进人的全面发展的必然要求。”习近平总书记曾指出:“人民身体健康是全面建成小康社会的重要基础,要始终把广大人民群众健康安全摆在首要位置。”① 同时强调没有全民健康就没有全面小康,以全民健康来促进全面小康是实现中国梦的重要支撑。习近平总书记在十九大报告中进一步指出:“要完善国民健康政策,为人民群众提供全方位全周期健康服务。”②这些论述说明,实现人民健康,建成健康中国已经成为当前我国经济社会发展的重要目标。

2. 建成健康中国是中华民族强起来的重要标志

习近平总书记在十九大报告中指出:“中国特色社会主义进入新时代,意味着近代以来久经磨难的中华民族迎来了从站起来、富起来到强起来的伟大飞跃,迎来了实现中华民族伟大复兴的光明前景。”以毛泽东为核心的党的第一代领导集体带领中华民族完成了站起来的历史使命,以邓小平为核心的党的第二代领导集体以及以江泽民为核心的党中央和胡锦涛为总书记的党中央

① 《习近平:把人民健康放在优先发展战略地位》,新华网, http://news.xinhuanet.com/politics/2016—08/20/c—1119425802.htm,2016 年 8 月 20 日。

② 习近平,《决胜全面建成小康社会夺取新时代中国特色社会主义伟大胜利》,中国共产党第十九次政府工作报告。

带领中华民族完成了富起来的历史使命,以习近平同志为核心的党中央带领中华民族迎来了从站起来、富起来到强起来的伟大飞跃。但是站起来的状态和精神要继续保持,富起来的程度要继续提高,即富了还要越来越富,强起来的进程永无止境,即强起来了还必须越来越强。习近平总书记在十九大报告中明确指出:“人民健康是民族昌盛和国家富强的重要标志。”由此可以推论,通过实施健康中国战略,建成健康中国,就是在不断完成强起来且越来越强的重要的标志性任务。

3. 实施“健康中国战略”是我国经济、社会发展的战略选择

首先,健康中国战略的提出是由我国的基本国情、发展阶段所决定的。它突出以人为本、以健康为中心,实现国民健康与经济社会协调发展为目标和要求,倡导生态绿色、健康促进、环境友好的经济增长方式和社会发展模式。既符合国际发展趋势,又体现我国各族人民根本的内在要求和长远的健康权益,是具有长期性、全局性、战略性意义的问题的系统对策,对政治稳定、经济可持续发展和国家长治久安具有战略意义(饶克勤,2016)。其次,“健康中国”是实现全民健康、全面小康的重大战略选择。它是更高层次的经济、社会发展目标和要求,它针对影响健康的经济社会决定因素,如人类赖以生存的环境和生活方式等,以公共政策为落脚点,以重大行动计划为切入点,从国家战略层面对未来和当前一个时期国民健康面临的重大问题提供统筹的解决方案,既规范和引导医药卫生改革发展具体政策的制定和实施,又为相关领域的政策协调提供依据,具有高层次、广范围、长时效的特点。第三,健康中国是我国经济、社会发展方式转变的新的经济增长点。它突出创新、协调、绿色、开放、共享发展的理念。随着经济转型、城镇化和老年化,城乡消费结构出现重大转变,医疗保健、健康保险、药品器械、养老产业、互联网医疗等行业兴起,消费明显增长,涉及环境保护、绿色发展、食品安全等与健康相关领域的市场迅速孕育。健康服务业已成为全球最大新兴产业,也是发达国家重要的经济增长点(华颖,2017)。实施健康中国战略将为我国医疗、保健、养老、医药等新兴战略性支柱产业创造广阔的发展前景。

4. 健康中国战略是我国医药卫生体制改革和发展的行动纲领

第一,健康中国是我国医药卫生体制改革发展的总目标,对深化医药卫生体制改革具有更新理念、明确目标、统筹推进及引领方向的作用。推动健康中国建设,强调以人为本、以人的健康为中心,把推动健康中国建设纳入经济社会发展总体规划,与经济社会发展相协调、相适应。随着医药卫生体制改革步入深水区,卫生事业发展不平衡、不协调、不可持续的问题进一步显现,改革难度明显加大。推进健康中国建设新目标的提出,有利于进一步凝聚起攻坚克难的决心和信心,推动解决制约事业发展和国民健康改善的根本性、全局性和长期性的问题。第二,推进健康中国建设是对医药卫生体制深化改革提出的

新要求。党的十八届五中全会明确了"创新、协调、绿色、开放、共享"的发展理念,深化医药卫生体制改革就是要围绕健康中国的总体目标,实行医疗、医保、医药"三医联动",推进医药分开,实行分级诊疗,建立覆盖城乡基本医疗卫生制度和现代医院管理制度。实施健康中国战略将倒逼我国从根本上革除医疗卫生领域存在的导致"看病贵"和"看病难"的一系列体制性沉疴(刘文生,2016)。

三、当前我国健康中国建设的现状

(一)我国健康中国建设的主要成绩

"十二五"期间,我国人均预期寿命到 2015 年比 2010 年提高 1 岁;2010—2014 年,婴儿死亡率由 13.1‰下降到 8.9‰,5 岁以下儿童死亡率由 16.4‰下降到 11.7‰,孕产妇死亡率由 30/10 万下降到 21.7/10 万,均提前实现了卫生"十二五"规划目标要求,居民健康水平总体处于中高收入国家水平(李滔、王秀峰,2016)。从国际上看,中国作为全球最大的发展中国家,用较少的卫生资源,成功为全球五分之一的人口提供了相对较好的基本医疗卫生服务。

(二)我国健康中国建设存在的问题

2016 年 10 月 25 日,中共中央、国务院发布了《"健康中国 2030"规划纲要》,这是今后 15 年推进健康中国建设的行动纲领,战略目标是:"提高全民健康水平、优化健康质量"。《"健康中国 2030"规划纲要》明确提出了建设健康中国的目标和"三步走"的战略步骤:到 2020 年,建立覆盖城乡居民的中国特色基本医疗卫生制度,基本形成内涵丰富、结构合理的健康产业体系,人均预期寿命在 2015 年基础上提高 1 岁,主要健康指标居于中高收入国家前列。到 2030 年,促进全民健康的制度体系更加完善,健康产业繁荣发展,基本实现健康公平,人均预期寿命达到 79.0 岁,主要健康指标进入高收入国家行列。到 2050 年,建成与社会主义现代化国家相适应的健康国家。① 这些目标与全面建成小康社会、实现"两个一百年"奋斗目标高度契合,也与我国履行《2030 年可持续发展议程》的国际承诺紧密衔接。

参照上述目标,我国健康中国建设存在以下问题:

在经济建设方面,以 GDP 为导向的发展观仍然存在,"市场失灵"问题尚未完全克服,与此相联系,"高投入、高消耗、高污染、低效益"问题、假冒伪劣产品问题、食品安全问题依然存在,这些问题对人民健康构成直接威胁。此外,收入分配悬殊问题制约了贫困人口健康水平的提升,城乡发展不平衡问题妨碍了农村人口健康水平的提升,区域发展不平衡问题妨碍了西部落后地区人

① 中共中央、国务院印发,《"健康中国 2030"规划纲要》,2016 年 10 月 26 日。

口健康水平的提升。

在社会建设方面，医疗卫生保健事业是社会建设非常重要的方面。然而，我国医疗卫生服务供需矛盾依然突出。2004—2017年，入院人数由0.67亿人增长到2.443 6亿人，增长了263.5%；年诊疗人次由39.91亿人次增长到81.8亿人次，增长了105%。① 随着人口老龄化程度的不断加深、医疗保障水平的继续提高，预计"十三五"时期医疗服务需求总量继续维持较高水平。同时，服务供给能力因体系结构不合理和优质人力资源匮乏等原因而严重滞后。随着全面建成小康社会目标的实现，"十三五"期间群众多层次、多样化健康服务需求将进一步释放，优质医疗卫生资源短缺、结构布局不合理的问题将进一步凸显。在供需矛盾日益突出的情况下，卫生发展方式和服务模式亟待转变。高层级医疗服务机构功能定位不清、基层医疗卫生机构能力不足、医疗卫生服务缺乏整合，是目前我国医疗卫生服务体系存在的突出问题。一方面，服务需求向大医院集中，医院规模持续扩张，基层能力有待提升；另一方面，服务供给体系单一，难以满足群众多元化、多层次健康服务需求。在我国人群死亡前十位疾病的病因和疾病危险因素中，医疗卫生保健因素占10.08%。②

在生态文明建设方面，虽然党的十八大以来我国生态文明建设取得了巨大成就，但是资源短缺、环境污染、生态恶化问题依然严重。城市地区大气污染，农村地区水污染、土壤污染仍然是生态文明建设亟待解决的问题，这些问题仍在对人民群众健康构成严重威胁。有关研究显示：我国人群死亡前十位疾病的病因和疾病危险因素中，环境因素占20.04%。③

在文化建设方面，党的十八大以来，我国教育、科学、文学艺术、新闻出版、广播电视、卫生体育、图书馆、博物馆等各项文化事业都取得了巨大成就，但也存在一些薄弱环节，社会主义核心价值观还没有完全深入人心，没有完全变成全社会思想言行的自觉行为，没有完全融入改革开放和社会主义现代化建设的各个领域；一些消极、腐朽、落后的文化还大量存在；互联网上误导舆论、扰乱民心、散布对社会不满情绪的信息不断出现，尚未找到有效杜绝的方法。这些问题会给部分人民群众的思想、心理造成不良的负面影响，导致不健康的行为和不健康的生活方式。我国人群死亡前十位疾病的病因和疾病危险因素中，行为生活方式因素占37.73%。④

---

① 《2017年我国卫生健康事业发展统计公报》，百度文库，https://wenku.baidu.com/view/d5cf2a766 40e52ea551810a6f524ccbff121caa9.html，2018年6月19日。

② 环境保护部，《国家环境保护"十二五"环境与健康工作规划》，2011年。

③ 环境保护部，《国家环境保护"十二五"环境与健康工作规划》，2011年。

④ 环境保护部，《国家环境保护"十二五"环境与健康工作规划》，2011年。

四、实施健康中国战略的策略

由于健康中国战略就是要从“五位一体”实现“六维”健康的战略，“五位一体”与实现“六维”健康存在手段和目的的关系；同时，我国健康中国建设存在的问题也与“五位一体”存在的短板有关，因而实施健康中国战略的策略要从“五位一体”与“六维”健康及其相互关系进行构思。

1. 以建立健康的经济体制促进人民群众健康

通过深化经济体制改革，建成健康的经济体制。健康的经济体制应是既能发挥市场在调节资源配置中的决定性作用，又能很好地发挥政府的作用的体制；是既能促进生产力快速发展，又能实现人民群众共同富裕的经济体制；是既能对微观经济主体形成强大激励，又能形成强力约束的经济体制；是既能优化经济结构，又能提升经济质量的经济体制。这样的经济体制能提高资源配置效率，能将更多的资源高效配置在关系人民群众健康的医疗卫生领域；能使人民群众有足够多的收入消费在维护健康的领域；能遏制微观经济主体的负外部性行为，尤其是企业的“三废”排放对环境的破坏从而对人民群众健康造成的危害；能有效地减少直至消除假冒伪劣产品对人民群众健康的危害。

2. 以加强政治文明建设促进人民群众健康

通过深化政治体制改革，加强政治文明建设，使我国的政治体制是既能坚持中国共产党的领导，又能坚持依法治国的体制；是既能充分调动各级领导干部智慧和勤政积极性，又能从源头消除腐败的体制；是既能维护中国共产党的集中统一领导，又能真正实现人民群众当家做主的体制；是能形成“又有集中又有民主、又有纪律又有自由、又有统一意志又有个人心情舒畅生动活泼的政治局面”的体制；是能实现国家治理能力现代化的体制。这样的政治体制能为推进医疗卫生体制改革，建成健康高效的医疗卫生体制提供强有力的政治保障，进而能为人民群众的健康提供制度保障；也能使广大人民群众真正树立“四个自信”和“四个意识”，能充分调动人民群众投身中国特色社会主义建设事业的热情，能使人民群众始终保持愉悦的心情，保持奋发向上的健康的精神状态。

3. 以建立健康的社会体制促进人民群众健康

通过深化社会体制改革，建成健康的社会体制。健康的社会体制应是能促进教育事业、科技事业、文化事业、医疗卫生、体育事业、劳动就业、社会保障、社区建设、旅游事业等健康、快速、高质量发展的体制，是能让人民群众公平公正地分享教育事业、科技事业、文化事业、医疗卫生、体育事业、劳动就业、社会保障、社区建设、旅游事业等方面的发展成果的体制。只有教育事业、科技事业、文化事业发展了，且能让人民群众公平公正分享其发展成果，才能使提高人民群众的科学文化素质，才能使人民群众拥有维护健康的知识，产生有益于健康的思想、观念和行为；只有医疗卫生、体育事业发展了，且能让人民群众公平公正分享其发展成果，才能使人民群众拥有维护健康的手段和条件；只有劳动就业水平提高了，才能让人民群众实现充分就业，才能使人民群众分享经济发展的成果，从而才能使人民群众拥有维护健康的经济条件；只有社会保障事业发展了，才能使人民群众获得维护健康的高质量的医疗保障；只有社区建设事业发展了，才能使人民拥有维护健康的社区环境；只有旅游事业发展了，才能促进人民群众从旅游中获得健康水平的提高。

4. 以建立健康的文化体制促进人民群众健康

通过深化文化体制改革，建成健康的文化体制。健康的文化体制应是能促进文化事业和文化产业大发展大繁荣的体制，能多出激励人民群众奋发上进的精品文化产品的体制，能消除各种腐朽落后文化产品的体制。这样的体制，能使人民群众不断提高对先进、健康的文化产品的需求，能使人民群众公平地分享文化事业发展的成果，能不断提高人民群众科学文化水平，能使人民群众树立文化自信，能促进人民群众树立社会主义核心价值观，能使人民群众拥有健康的思想意识、健康的精神风貌。人民群众社会主义核心价值观、健康的思想意识、健康的精神风貌的养成，能提高人民群众道德修养水平，能促进人民群众产生健康的做人做事的行为。

5. 以建立健康的生态文明体制促进人民群众健康

通过深化生态文明体制改革，建成健康的生态文明体制。健康的生态文明体制应是能很好贯彻尊重自然、顺应自然、保护自然的理念，发展和保护相统一的理念，绿水青山就是金山银山的理念的体制，是能确保经济绿色发展、循环发展、低碳发展的体制，是能对微观经济主体行为的负外部性尤其是对企业“三废”排放形成有效约束的体制，是能实现经济可持续发展的体制。这样的体制能确保将生态环境建成空气清新、水源清洁、山川美丽、土地肥沃、生物多样的优美环境，这样的环境不仅能消除长期以来微观经济主体的负外部性行为，尤其是企业“三废”排放对人民群众健康造成的伤害，而且能增进人民群众的健康，从而必然能大幅度提高人民群众的健康水平。

6. 以“五大发展理念”助推健康中国战略的实现

运用创新发展的理念不断创新经济体制、政治体制、社会体制、文化体制、生态文明体制，不断创新循环经济技术，不断创新生态修复技术，不断创新医疗管理体制，不断开发出医疗新技术，不断发明防治疾病的高效新药。运用协调发展的理念协调医疗卫生事业发展与经济发展的关系，不断加大医疗卫生事业的人力和物力投入。运用共享发展的理念缩小区域经济发展差距、城乡经济发展差距，缩小人民群众不同收入阶层的收入差距，实现共同富裕，使人民群众有足够的收入用于健康维护，使人民群众共享一切医疗卫生事业发展的成果。运用绿色发展的理念创造有利于人民群众健康的生态环境，保护好有益于人民群众健康的绿水青山，引导人民群众摈弃不利于健康的畸形消费行为，让人民群众树立健康的消费理念，使人民群众消费结构健康化、消费行为绿色化。运用开放发展的理念借鉴国外先进的医疗卫生体制，引进高水平的医疗卫生人才、先进的医疗卫生技术、进口高效的疾病防治新药，同时要让中国的中医、中药“走出去”，在建成健康中国的基础上，为建成健康世界做出中国贡献。

参考文献

[1]华颖，2017，健康中国建设：战略意义、当前形势与推进关键，《国家行政学院学报》，第 6 期，第 105—111 页。

[2]孔祥利、林乐昌，2009，《马克思主义经典著作选读》，西安：陕西师范大学出版社。

[3]李滔、王秀峰，2006，健康中国的内涵与实现路径，《卫生经济研究》，第 1 期，第 4—10 页。

[4]刘雷，2017，健康中国 2030：发展目标和指标体系研究，《科学与现代化》，第 2 期，第 22—55 页。

[5]刘文生，2016，“健康中国”引领“十三五”医改，《中国医院院长》，第 2 期，第 92—102 页。

[6]马克思、恩格斯，2009，《马克思恩格斯文集》，北京：人民出版社，第 519 页。

[7]饶克勤，2016，健康中国的美丽愿景，《聚焦健康中国》，第 9 期，第 22—24 页。

Grasp the Connotation and Implementation Strategy of Healthy China Strategy from the “Five-sphere Integrated Plan”

Yang Xiaoyong　Wang Zhangdi

Abstract　The essential purpose of implementing the Healthy China Strategy is to improve people's health. The concept of health has evolved from the “three-dimensional” definition proposed by the World Health Organization to the “four-dimensional” definition, and has now further developed to the “six-dimensional” definition in China. The “Five-sphere Integrated Plan”, which is a plan to promote coordinated economic, political, cultural, social and ecological advancement, has a dialectical and unified relationship with the realization of the “six-dimensional” healthy plan. The strategy of healthy China is to achieve the “six-dimensional” healthy plan through the realization process of the "Five-sphere Integrated Plan". Based on the definition of the "Healthy China Strategy", the reasons of carrying out this plan, and the problems in China's current construction process of "Healthy China", this paper proposes the methods that China should adopt to properly implement the Healthy China Strategy.

Key words Healthy China Strategy Five-sphere Integrated Plan Strategy

以人民为中心 正确推进国企改革

吴文新

内容提要 社会主义国企作为全民所有的人民企业,天然具有依靠人民、服务人民的人民性和遵从社会化大生产客观规律的计划性,这是体现它的社会主义性质的根本制度规定性,因此,国企改革必须解决人民缺位的问题,切实使人民回归中心地位,充分尊重劳动群众的主人翁地位,充分发挥他们的劳动奉献和首创精神,"全心全意依靠工人阶级",并切实造福工人阶级;通过提高人民的积极性、创造性、获得感和文化素养来推进人民中心思想的落实;在"三个有利于"历史标准基础上遵循"四个有利于"价值性原则落实人民中心思想;通过推进国有企业的立体化"混改"来贯彻落实人民中心思想。而国企混改中落实人民中心思想的关键是规制资本,这不仅必要、合法,而且可行,通过公有制经济的主导和规制,把资本关进社会主义制度和人民利益的笼子里。

关键词 以人民为中心 国企改革 尊重劳动 人民主体 规制资本

中图分类号 F271.1

国有企业"混合所有制"改革及后续发展遭遇瓶颈,一些改制后的企业被私有资本操控造成社会问题而陷入严重的道德和法治困境。那么,国有企业深化改革的原则和方向到底是什么?我们认为,这个问题至关重要,必须澄清,否则国企改革就会迷失方向、模糊边界、踩破底线、亵渎使命。根据十八大以来习近平新时代中国特色社会主义思想关于国企改革的基本精神,我们认为,以人民为中心的发展思想才是我国国有企业改革的基本原则、价值取向和制度灵魂,为此,必须为了人民利益而规制资本。

一、社会主义国有企业的政治性质:全民所有的人民企业

众所周知,生产资料公有制是社会主义经济制度的本质,也是社会主义社会经济基础的根本,它是实现社会主义一切目标的制度基础和前提性框架,国

收稿日期:2019—10—28

作者简介:吴文新(1966—),山东大学马克思主义学院副院长、教授、博士生导师,主要研究方向为政治经济学。

有企业无疑是其中的梁柱。从工人阶级为主体的最广大劳动人民的根本利益出发，为实现共同富裕根本目标，就必须在社会生产力逐步提高基础上，不断扩大现代化物质生产的公有制范围、提高公有化程度。因此，持续巩固国企的公有制性质，落实人民中心思想，始终是中国特色社会主义经济改革和发展的一大原则，必须始终毫不动摇地坚持。

根据马克思主义理论，社会主义公有制经济就是劳动人民的社会所有制或全民所有制经济，在国家（已转化为"人民国家"）还发挥其强大作用的背景下，表现为"民有国营经济"（余斌，2018），全体人民通过国家或委托国家（人民政府）来行使生产资料的所有权、经营权和收益权。与此同时，由于生产力水平和性质的差异，还存在着联合起来的部分劳动群众的集体所有制，他们对相应的生产资料行使实际的所有权、经营权和收益权。因此，我国《宪法》规定的公有制经济采取国家所有制和集体所有制两种形式，具有历史的必然性。国有企业作为全民所有制经济的组织形式，人民通过全国人民代表大会直接授权国家来行使全民生产资料的所有权、经营权和收益权，使之最终回归并服务于人民的根本和长远利益。因此，它不仅是经济，还是政治；它不仅追求经济效益，更承担着非常重要的政治和社会功能，这是确保劳动人民及全社会成员根本和长远利益的最坚固和最雄厚保障，当然更是中国共产党的执政之基、力量之源。在此意义上，或可类比于共产党的绝对领导是中国人民解放军的军魂，认为党的绝对领导是我国国有企业的灵魂[①]；这一灵魂确保国有企业之社会主义公有制的本质，作为全体人民实现共同富裕之最坚实物质基础，永不变色、永远坚固，亦即"使国有企业成为党和国家最可信赖的依靠力量，成为坚决贯彻执行党中央决策部署的重要力量，成为贯彻新发展理念、全面深化改革的重要力量，成为实施'走出去'战略、'一带一路'建设等重大战略的重要力量，成为壮大综合国力、促进经济社会发展、保障和改善民生的重要力量，成为我们党赢得具有许多新的历史特点的伟大斗争胜利的重要力量"（习近平，2017a）。因此，国有企业作为我国社会主义公有制经济的最佳组织载体，是全中国人民的企业，依靠人民并服务人民；国企改革的初心和使命正是为了不断巩固和壮大社会主义公有制经济，更好地服务于共产党政权的巩固、国家的强大和人民的共同富裕。

① 习近平总书记在全国国有企业党的建设工作会议讲话中指出："坚持党的领导、加强党的建设，是我国国有企业的光荣传统，是国有企业的'根'和'魂'，是我国国有企业的独特优势"（见《习近平谈治国理政》第2卷，北京：外文出版社，2017年，第176页）。

二、社会主义国有企业的根本制度属性：人民性和计划性

（一）社会主义国有企业基于性质宗旨的价值属性：人民性

从历史上看，国有经济的社会制度属性取决于国家掌权者的阶级属性，因为历史上几乎所有的私有制社会都不同程度地存在国有经济，但并非都具有“为人民服务”的社会主义性质。社会主义条件下，劳动人民成为生产资料的主人，决定了国有经济的公有性和人民性，实质上享有对生产资料的经营权和收益权，也决定着劳动人民的国家主人地位。因此，在我国，必须在确保人民当家做主的政治前提下做大做优做强国有经济，失去了这个政治前提，国有经济越强大，其官僚化程度越高，人民就会受益越小，所谓“国（官）富民穷”的现象就会出现，“人民国家”、“人民政府”的性质就会改变；而做大做优做强国有经济的根本还在于广大劳动者的主人翁地位和能动参与、积极创造。白钢认为：“真正意义上社会主义企业有两重含义：第一，其生产资料是公有的，因而能够保证生产资料所有者之间的经济地位的平等，即人与物关系的平等；第二，劳动者作为企业的主人翁参与企业的决策、管理、运行、经营的方方面面，因而不存在依附性的、压迫性的人和人的关系，在人和人的关系上同样是平等的。”（李北方、白钢，2016）在我国，对国有经济，既要高度警惕它被私有化，又要防止它被“官有化”（官僚化），二者的实质都是“去人民化”，进而异变为“非公经济”。人民性是社会主义国有经济的制度属性，属于其内在价值性的制度属性，规定着国有经济的发展方向和目的；社会主义国有经济就是人民经济，就是体现社会主义性质和共产党执政宗旨的人民主体、人民中心、依赖人民、造福人民的经济。其实，人民性并不是国有经济的独有属性，而是社会主义国家方方面面各个领域各个环节的共有属性，正如习近平总书记所说：“把以人民为中心的发展思想体现在经济社会发展各个环节，做到老百姓关心什么、期盼什么，改革就要抓住什么、推进什么，通过改革给人民群众带来更多获得感。”（习近平，2017b）不过，国有企业在混合所有制改革中更应维护和巩固这一属性。

（二）社会主义国有企业基于客观规律的真理属性：计划性

按照马克思主义的理论逻辑，“计划”的客观基础是社会化大生产两大部类之间的比例关系以及生产和消费的动态平衡，是社会化大生产基础上社会经济运行的客观规律。计划强调了生产资料所有者亦即劳动者的主观能动性及其对规律的深刻把握和恰当利用，是对资本主义条件下崇尚自发性和盲目市场调节的辩证否定和超越。过去，我们的生产力发展水平低、社会化程度不高，社会经济结构不健全，人们对社会主义条件下社会化大生产的客观规律认

识也不深入、不全面,因此在运用计划发展经济中出现了种种问题,甚至遭遇过重大挫折。但是,这不是妖魔化“计划”经济,甚至一提“计划”就立即扣上“极左”、“落后”、“专制”、“垄断”等帽子的充分根据。“计划”的确具有工具性,是一种调节和配置经济资源的方式或手段,但它不是随意在任何制度属性的社会中都能恰当运用的;它的制度基础是公有制,只有公有制,才能使生产资料所有者和劳动者统一起来,使人们对自己的需要与生产的动态关系认识和把握得更加精准,也才能站在整个社会公共利益的高度去宏观地调配生产资源、劳动力和劳动时间,以便使整个社会的各个行业及生产和消费按比例协调发展。正如著名经济学家刘国光所言:“以公有制为基础的社会主义经济,决定资源配置的……是有计划按比例发展规律,这就是马克思所讲的……共同生产(即社会主义经济)基础上的首要经济规律。”(刘国光,2015)计划性是人的意识自觉性或主观能动性的本质体现,整个社会层面的计划经济,是人类集体对社会生产和生存生活、享受与发展等客观规律的自觉把握和运用。人的理性当然是有限的,但是人对自己的需要和能够满足需要的产品应该是心中有数的,尤其是现在大数据时代,通过云计算非常容易了解社会需要的变化,而个性化“定制式”经济,便可能就是未来适应或导向个性自由的计划经济。我们相信,随着大数据技术的高度发展及在经济领域的广泛应用,有利于人的个性自由和全面发展的计划经济越来越具有现实性。① 可见,计划性是社会主义国有经济内在的工具性制度属性,是在社会生产之客观规律层面上的制度属性,忽略这一点,必然导致国有经济失去其人民性、公有性的本质属性,整个社会经济就会陷入无政府状态,资本主义社会的一切经济灾难便难以避免。

(三)社会主义国有企业的制度属性:人民性和计划性的辩证统一

社会主义公有经济之人民性表明,国有企业是全国人民的企业,无论它由谁来具体管理和经营,都不能改变国有企业这一终极所有制属性,这不仅体现为国有企业的职工有权参与企业的经营管理和按劳分配的财富收益,而且体现为国企效益通过法定的途径和方式直接成为全国人民的财富、为全国人民所共享。国有企业的计划性不仅体现于企业自身发展的战略和策略、自身发展的目标规划和步骤措施,更体现于在党的领导下,站在国家核心利益高度和全体人民福祉立场的规定性和战略性、主导性和规划性等,特别是将各种非公经济纳入其产业链和价值链的系统之中,充分发挥对非公经济的规制、示范和引导功能。按照马克思主义基本原理,真理性服从价值性,工具或手段服从目的,因而国有经济的计划性服从于人民性,或者说,为体现国企的人民性、实现其巩固壮大社会主义公有制经济基础而最终造福人民的使命和目的,国有企

① 近几年,一些知名网络信息技术公司创始人,比如马云、刘强东等不止一次地提到大数据、云计算等技术的普遍运用,必将极大地提高计划经济的可能性。

业的改革与发展必须坚持科学的计划性。简言之,只有计划性不一定是社会主义经济,而缺乏计划性支撑的人民性也是空中楼阁、无法持续;只有计划性和人民性高度统一才是社会主义经济制度的本质属性;社会主义市场经济既然属于社会主义的范畴,那就该具备这个制度属性,而不坚持公有制的主体地位、国有经济的主导作用,这个制度属性便无法体现和保障。

三、国企改革的问题和方向性原则:从人民被边缘化到以人民为中心

(一)我国国企业改革的一个问题:人民地位的被边缘化

反思我们的经济改革不难发现,整个国民经济的公有制比重有显著下降,"计划经济"被妖魔化,按劳分配的社会主义原则被按资分配、按要素分配等非社会主义分配方式所挤压,经营者和普通劳动者之间呈现一种自上而下的统制关系,劳动者之间则演变为日趋激烈的竞争关系,人与人平等分工、互助合作的关系日益淡漠,贫富差距依然在拉大,乃至种种劳动者维权的极端事件时有发生。细思其原因,我们认为,正是由于公有制经济改革一直存在一个显著的缺陷:在强化资本运营和经营管理者的地位和作用的同时,相对忽视了工人、农民这些基本劳动群众在改革和发展中的主体地位和作用;低估了劳动者作为企业主人的能动创造性,却一味夸大了所谓产权激励、利润刺激等物的作用;贬低了劳动创造财富的作用,而虚夸了"资本的力量"——一句话,经济领域的精英史观压倒了群众史观,以至于公有制经济呈现出蜕化为"精英经济"或"官有经济"的明显迹象。在改革开放之前,我国公有制经济中劳动者具有至高无上的地位,他们通过职工代表大会等参与企业的管理、生产计划的制定,特别是充分发挥了职工群众以企业为家、以厂为家的主人翁精神,极大调动了劳动者学知识、练技术,积极参与技术革新的事业之中,彰显了经济上劳动人民的主人翁地位;那时"两参一改三结合"的"鞍钢宪法",现在看来还是能够反映社会化大生产和公有制经济基本规律的。如果说那时的公有制经济有问题,除了计划的国家统制性过强之外,主要是职工群众参与生产和消费管理的制度化、规范化程度不够,过于重视对劳动者的精神荣誉和政治激励,而相对忽视劳动者个人福利和生活状况的改善——虽然那时有冷战之国际压力必须加速工业化而强化资金积累的无奈,但毕竟是有违经济规律的。在国际环境发生和平转化的时候,我们的改革其实应该改的是这些方面,而不是完全抛弃那一整套劳动者参与管理和技术革新的体制机制,搬来西方所谓"先进"的管理经验,片面强调生产经营管理的"科学性",忽视甚至削弱其人文性、民主性即劳动者的主人地位和能动创造性。

（二）我国国有企业改革必须使人民回归中心地位

显然，人民性的缺位或者人民在国企中地位被边缘化，实质上也明显削弱了国有企业的社会主义性质。白钢认为，“国有企业改革确实是必要的，但改革的路径方向不应是所有制，而是探索建立一种能够更好地发挥全体员工的主人翁意识和主体性的完整机制，能有效激发参与者的觉悟，并且让被激发的觉悟有效地贯彻体现到企业运行的方方面面。”[①]也就是说，今后公有制经济改革，可能主要不是在生产资料所有制方面引进什么非公属性的“战略投资者”（很多其实是策略投机者），而是在充分发挥公有制经济内劳动者参与管理、监督、技术革新、合理收益等的积极性、创造性方面下功夫，真正落实党中央“全心全意依靠工人阶级”的方针，提高劳动者主人翁地位、激发劳动者社会主义觉悟、培育集体主义精神；“就是不能以‘资本为中心’……而是应以中国劳动人民的最大权益为思维和政策的最佳点和‘上线’，让改革开放的成果最大限度地惠及全体人民”（程恩富、李立男，2019）；也就是把公有制经济真正建成以劳动人民为中心的经济，亦即真正的民主经济、为人民服务的经济。[②] 国企是“党和国家最可信赖的依靠力量”，人民中心思想体现我党的立党基础和根本宗旨，党领导下的国企在改革发展中坚决落实人民中心这一方向性原则，不仅由其政治性质所决定，也是其义不容辞的政治责任和神圣使命。

四、国企改革落实人民中心思想：以人民利益为基点推动立体化“混改”

（一）提高人民积极性创造性、获得感和文化素养以推进人民中心思想的落实

习近平一贯强调“以人民中心的发展思想”，并贯穿始终。他说要“推出一批能叫得响、立得住、群众认可的硬招实招……把改革方案的含金量充分展示出来，让人民群众有更多获得感”（习近平，2017c）。“把以人民为中心的发展思想体现在经济社会发展各个环节……通过改革给人民群众带来更多获得感。”（习近平，2017d）其实，人民的获得感不仅仅是工资收入的提高和物质福利的增加，劳动者主人翁地位的彰显、才能的发挥和价值的实现也是获得感的

---

① 李北方、白钢，2016，共享经济是通往社会主义的桥梁，《南风窗》第18期。2018年9月11日，人社部邱小平副部长在浙江参加全国“深化民营企业民主管理，增强创新发展内生动力现场会”上明确指出，民营企业要推动员工共同参与企业管理，共享企业发展成果构建和谐劳动关系（参见：《全面深入推进民营企业民主管理，构建和谐劳动关系》，中华人民共和国人力资源和社会保障部网站，http://www.mohrss.gov.cn/SYrlzyh shbzb/dongtaixinwen/buneiyaowen/201809/t20180913_301045.html）。其实在这方面，国有企业更应该走在前面。

② 程恩富主张中国特色社会主义政治经济学就是人民经济学，并围绕人民中心思想提出了七个观点，非常有见地（参见：《立足“制度、政策和学术立场”，程恩富解读中国特色经济学如何助推国富民强》，搜狐财经，http://www.sohu.com/a/193117999_479794）。

内在要义;而人民群众的积极性、创造性也是最大、最能动、最活跃的经济发展动力,全体人民普遍的获得感和共同富裕也是最大的公平正义。十九大报告更是把人民中心思想作为习近平新时代中国特色社会主义思想的核心观点来论述,解决新时代中国特色社会主义社会的主要矛盾,“必须坚持以人民为中心的发展思想,不断促进人的全面发展、全体人民共同富裕”;十四条基本方略的第二条就是:“坚持以人民为中心。人民是历史的创造者,是决定党和国家前途命运的根本力量。必须坚持人民主体地位,坚持立党为公、执政为民,践行全心全意为人民服务的根本宗旨,把党的群众路线贯彻到治国理政全部活动之中,把人民对美好生活的向往作为奋斗目标,依靠人民创造历史伟业。”① 即使从文化的角度看,亦如王伟光所言:“中国特色社会主义文化理论也坚持马克思主义‘以人民为中心’的文化发展观,强调发挥人民在文化建设中的主体作用和坚持马克思主义的文化服务人民大众的基本价值取向,强调坚持文化发展为了人民、文化发展依靠人民、文化发展成果由人民共享”(郝书翠,2018)。根据马克思主义的理论逻辑,文化作为上层建筑,是经济基础的反映,人民中心的文化无非是人民中心的经济体系的反映,只有人民中心的经济才能产生和发展人民中心的文化,人民经济决定人民文化,因此为了人民文化的建设,也必须推动人民经济即公有制经济的巩固和壮大;反之,在文化建设领域落实人民中心思想,也有利于在国企改革中落实这一原则。“国有经济改革不同于根植于私有经济市场‘利润需要’的体系,而是根植于国家生产力和‘人民需要’的体系”(贾微晓,2019)。可见,人民的幸福感、获得感、积极性、创造性及人民对先进文化的需求等,都只能得益于贯彻人民中心思想的改革和发展。

(二)基于“三个有利于”历史标准遵循“四个有利于”价值原则落实人民中心思想

更为重要的是,通过科学理解和开展国企的混合所有制改革来落实人民中心思想。如果我们的国企改革必须引进被作为“战略投资者”的各种非公资本,进行“混合所有制”改革,那也只能“坚持有利于国有资产保值增值,有利于提高国有经济竞争力,有利于放大国有资本功能的方针”,在“把国有企业做强做优做大”(习近平,2017e)中,达到放大公有资本功能、增强公有资本活力、提高公有资本控制力和影响力、改善公有经济质量的目的,而不是让非公资本来稀释、攫取、控制以至消灭公有资本。实际上,落实人民中心思想的国企改革,不仅要遵循这“三个有利于”的量化的物的工具性原则——这是客观历史标准,还应该遵循习近平关于“四个有利于”的质性的人的价值性原则,即谋划改革,要“发挥好改革先导性作用,多推有利于增添经济发展动力的改革,多推有

① 《党的十九大报告辅导读本》,北京:人民出版社,2017 年,第 19—21 页。

利于促进社会公平正义的改革，多推有利于增强人民群众获得感的改革，多推有利于调动广大干部群众积极性的改革”（习近平，2017f）。这里鲜明地提出了改革的价值标准，其中人民群众的公正感、获得感和积极性是最重要的。亦可理解为以是否有利于提高人民的主人翁地位，是否有利于发挥人民劳动创造、参与管理的积极性和首创精神，是否有利于造福最大多数人民群众为根本标准；物的标准要服从人的标准，工具性原则要服从价值性原则，客观历史标准要服从人的发展的标准，从内在价值追求上体现社会主义以劳动创造为基础的人民性。

以此为依据，激活国企活力最根本的是激活国企劳动者的活力，因为企业的生产运营要靠劳动者的活劳动来创造财富，而资本属于死劳动，为少数经营管理者所支配，劳动者缺乏制度性地保障他们支配资本的现实机制或路径。因此国企改革的一个重要目标，是建立健全劳动者支配资本以更好创造财富推动国企又好又快发展的体制机制；把激活国企活力的希望寄托在支配资本的少数管理者或企业家身上，这有“以资本为中心”之精英史观的鲜明迹象。因此为落实“以人民为中心”的唯物史观，我们建议，微观上加强国企党组织建设、充分发挥职工代表大会的作用，并在此基础上强化党组织最高改革决策功能；同时，宏观层面在全国人大常委会下常设公有经济监管委员会或将国资委转移至人大常委会[①]，每年“两会”期间直接向全国人大作关于公有经济发展状况的报告，供人民代表和政协委员们审议监督，以此确保公有制经济的社会主义性质及“以人民为中心”思想的真正落实。

（三）通过推进国有企业的立体化“混改”来实践人民中心思想

党的十八届三中全会关于全面深化改革决议和习近平总书记关于做大做优做强国有经济的系列指示，都勾勒了立体化地把握混合所有制改革的理念轮廓：国企“混改”，不仅要引进战略性非公资本来放大国有资本功能、强化国有资本控制力和影响力，而且“允许国有资本参股甚至控股私人企业（特别是那些在市场竞争中面临巨大困难的私企）”（刘国光，2015），使其产权多元化，并由此加强国有资本对于各种非公资本的控制力、影响力，进而使之更大范围、更高程度地形成与国有资本的紧密联系，从而切实使之自觉不自觉地为人

① 习近平主持召开十九届中央全面深化改革领导小组第一次会议，审议通过的《关于建立国务院向全国人大常委会报告国有资产管理情况的制度的意见》，“对于完善中国特色现代国有企业资产监管制度具有重要意义”，“明确人大国资监督内容、落实国有资产终极所有者权利才是完善中国特色现代国有企业资产监管体制和成功推进国资国企改革的核心和基石”，因此，“我国应尽快建立健全各级国有资产监管机构定期向各级人大报告国有资产运营情况并向其负责的制度，全国人大则应成立专门的国有资产委员会负责相关事宜，这是落实国有资产终极所有者权利的重要体现和根本保障”（参见罗虎：《全国人大应尽快成立国有资产委员会》，昆仑策网，http://www.kunlunce.com/gcjy/jjjs/2017－12－23/121843.html）。余斌认为，“可以设立直接对全国人民代表大会负责的部门接替国务院下属部委行使国有股权”（参见：余斌，2018，《中国特色社会主义政治经济学》，北京：人民日报出版社，第228页）。

民服务、为社会主义服务。从战略意义上说，公有资本对非公企业的“混改”，可以参股或控股一些战略性非公企业或其关系国家安全、国计民生的战略性业务板块；鉴于中小微非公经济极易受市场冲击而破产，及一些非法非公企业倒闭“跑路”等，公有经济要适时收购面临破产的非公企业资源和业务，吸纳由此失业的大部分劳动力，以避免不必要的资源浪费和失业扩大，防止社会经济动荡及民生威胁。这些措施和办法，将为进一步提高公有化程度、提升公有经济质量而逐步夯实基础、铺平道路。我们认为，只有这种“双向混改”的思路才符合中国共产党十八届三中全会精神，才符合党的远大理想和共同理想。如果宪法上认定混合所有制就是体现中国特色社会主义经济制度属性的“现代企业制度”的基本所有制形式，那么不仅公私并存，而且是公私相混，也不仅是国有企业，而且各种非公企业都要朝着这个方向去改革和完善，绝非目前片面理解和扭曲执行的国企单独、单向地被非公资本所“混改”。为此，在引导各种集体经济组织逐步实行全体员工公平持股的同时，应逐步引导各种非公企业实行员工持股，使之朝着股份合作化和集体化的方向发展。无论公有资本如何虚拟化，必须“坚持底线思维”（习近平，2017g），“无论如何都要守住公有制为主的底线和国有资本控股的底线”（刘国光，2015），确保国有企业的持续存在和发展壮大，使之成为党和政府能够像军队一样召之即来的一支强大经济力量，同时在直属全国人大的公有经济监管委员会指导下，依法确保公有资本（股份）之于经营者的信托关系及其在企业中的绝对主体地位和主导作用；在所有经济实体组织中，均依法建立党组织领导下的职工代表大会制度和维护工人群众切身利益的工会组织，赋予并加强工会和职代会参与企业管理和监督公有资本状态的经济和政治功能，确保散布于各种经济实体组织中的公有资本保值增值、听党指挥、为社会主义服务、为人民服务。这也是以人民的力量来规制资本，充分体现“以人民为中心”的经济思想和发展理念。

五、规制资本以更好落实人民中心思想

（一）国有资本承担规制非公资本的政治使命以落实人民中心思想

既然我们的基本经济制度规定了公有制主体、国有经济主导，那么，国有企业就必须发挥影响和调控、引导和规范其他非公经济的作用；既然“两个毫不动摇”中不仅有支持、鼓励非公经济发展的内容，而且还有引导其发展的要求，那么非公经济也就有接受被引导的法定义务。而引导非公经济，在市场经济条件下，政府的直接介入当然不可取，而最佳的市场化引导方法正是通过国有企业的介入，通过国有资本的渗透、控制和影响来实现。因此，国有企业具有不仅驾驭公有资本以为人民服务及巩固共产党执政地位和国家社会主义性质的内在使命，而且也有规制和驾驭其他一切资本的社会责任和政治义务；特

别是通过引导非公经济发展，把各种资本关进社会主义制度和人民利益的笼子里。这是社会主义经济的应有之义，是国有资本的政治使命，当然更是国有企业改革落实人民中心思想的关键。

与“规制资本”最为接近的是孙中山在100多年前就提出来的“节制资本”理念。现今人们难以理解，在当时中国资本主义极不发达的情况下，作为资产阶级革命家的他何以提出“节制资本”的口号？他宣称民生主义就是要平均地权、节制资本，使“耕者有其田”，节制私人资本、发达国家资本；他说“民生主义盖防止富人以其富专制毒害贫民”，他对当时“美国资本家以买空卖空为手段，以十万元之股票吸收人民数百万元之现金，致人民不能聊生”的“资本家以毒害人民之法”（孙中山，2006a）深恶痛绝，并极为忧虑和警惕：“如果我们中华民国从存在之日起就不去考虑如何防止资本主义在最近将来的孽生崛兴，那么等待我们的就是比清朝专制暴政还要酷烈百倍的新专制暴政”（孙中山，2006b）。因此，国共合作后，他重新阐释三民主义，在民生主义中依然坚持了这两条原则，并强调“由国家经营管理银行、铁道、航路等大企业，使私有资本不能操纵国民之生计”（于幼军，2011）。而在100多年后共产党执政的社会主义国家里，没有任何理由对“节制资本”失去自觉和自信，更不能比一个资产阶级革命家对待资本的态度愈加退步！此处所谓“规制资本”不过是在节制资本之前加一个“规范”的含义，即通过譬如国有资本市场化引导等方式把各种非公资本纳入国家法律和社会伦理的规范轨道之中，使之受到法制、道德的约束，从而不至任性妄为，同时给它列出负面清单和红色底线，使之永远不能触及，否则即可通过适当的经济和法治手段收归公有。

（二）社会主义国家规制资本具有必要性、合法性和可行性

首先，规制资本是必要的。目前我国的非公资本规模相当之大①，如果引导不当、规制不力，必将导致国家经济陷入周期性经济危机而造成社会发展不必要的曲折。更重要的是，一些不法资本的极端图谋必须予以高度警惕，譬如，一些资本集团对于社会方方面面特别是媒体和思想舆论领域乃至意识形态话语权的操控，或者规模化地生产假冒伪劣毒产品、坑蒙拐骗害死消费者的严重性；一些不法金融资本对我国金融市场的买办式操控及其所引起的巨大金融风险，一些私人资本对于共产党领导干部和国家公务员队伍及军队的严重腐蚀效果，一些资本集团的知识代言人对于党和国家理论及政策的肆意曲

① 全国工商联主席王钦敏说：非公有制经济税收贡献超过50%，GDP所占的比重超过60%，就业贡献超过80%。如果从新增就业来看，它的贡献达到了90%（参见：《全国工商联主席：非公有制经济GDP所占比重超60%》，中国财经，http://finance. china. com. cn/news/special/lianghui2013/20130306/1315268. shtml)；统计显示，“私人企业用40%的资源创造了60%以上的GDP，50%以上的税收，70%以上的技术创新和新产品开发，以及80%以上的就业岗位”（参见张军：《中国急需智慧处理经济增长与收入分配不均矛盾》，昆仑策研究院，http://www. kunlunce. com/gcjy/zhilijianyan/2017—12—03/121318. html)。习近平总书记在2018年11月民营经济座谈会上也引用了类似数据，表明民营经济的发展规模及其重要地位和作用。

解;一些资本集团颠覆性地渗入省级人大和党政系统所彰显的某种政治图谋,甚至资本势力对于司法的强烈干扰;加之我国远超国际警戒线的表征贫富差距的基尼系数,等等[①],难道我们还能安之若素地认为,资本仅仅是一种生产要素、经济资源,它天然就是一种推动社会进步乃至服务社会主义实现人民利益的积极力量吗?单纯就社会主义市场经济的正常运行而言,如果不能有效地规制资本,就无法同时有效地发挥市场决定性作用和政府调控作用,因为放纵资本、任由资本操控市场乃至政治,既会使市场信号扭曲失真,又能使政府决策和调控措施走样变形。正面而言,规制资本,对于共产党来说,是驾驭资本进而驾驭市场经济、提高执政能力的重要内容;对于社会主义制度来说,是防止资本无度泛滥对社会主义制度基础造成侵蚀甚至颠覆;对于社会主义国家来说,是确保意识形态安全、政治安全和政权安全的重要举措;对于社会主义国家主人来说,就是实现人民根本和长远利益、奔向共同富裕的根本举措。可见,为资本这匹野马套上缰绳、戴上橛子,关涉到共产党执政地位、人民民主专政的国家政权及社会主义制度的前途命运,不得不重视!否则,资本失控而成为脱缰野马,必然加重两极分化,葬送共同富裕前景,因而也必然釜底抽薪式地摧毁共产党的执政基础和社会主义大厦的根基。

其次,规制资本是合法的。中华人民共和国宪法规定,我们的社会和国家是共产党领导的、劳动人民当家做主的社会主义社会和国家;同时,规定我国的社会主义经济制度以公有制和按劳分配为主体。显然,这规定了,我国资本发展的底线是,社会和国家不能由资本或其集团来控制,非公经济和其他分配方式无论怎样发展不能威胁公有制和按劳分配的主体地位,劳动人民不能重新被雇佣、被剥削、被压迫、被奴役。一个人民被奴役、绝大多数劳动群众被雇佣、受剥削的社会,绝不可能是社会主义社会。因此,规制资本是我党依宪执政、确保我国社会主义性质不被颠覆的决定性举措。

第三,规制资本是可行的。我们有社会主义宪法,有以共产主义为最高理想的共产党的领导,有一支宣誓为人民服务的党政干部和公务员队伍,以及听党指挥的强大的人民军队,更重要的是有最广大人民群众的衷心拥护和支持,规制资本就具有雄厚的社会基础和力量支撑。我们需要做的是在宪法指导下,出台相应的引导和规制资本的方针和政策举措,特别是法律和制度规范,强化国有资本引导规范非公资本的经济政治权能,以法治、经济、道德和政治、文化等方式厉行节制资本。

(三)围绕人民利益依法规制资本

首先,规制资本不是消灭资本,其实质是把资本关进社会主义制度和人民利益的笼子里。说透了,就是要引导和约束资本,使之为人民服务、为社会主

---

① 近些年媒体相继报道了不少事实案例,可以支撑此处所论;限于篇幅,不一一举证。

义服务。现在甚至相当长时间内的中国社会，都还需要资本，也还不具备彻底消灭资本的条件。规制资本就是让资本至少不伤害、不侵蚀、不削弱公有制经济，并把它纳入社会主义公有制经济发展的轨道上，使之与社会主义社会相适应，使私人和外国资本服务于社会主义公有制的发展，服务于人民的根本利益，而力避其自发或自觉地走向资本主义，从而颠覆社会主义制度、损害人民利益；在为人民谋利益的同时谋取自己的合法利益，而不能以假冒伪劣、坑蒙拐骗等浪费资源、破坏环境及掠取国有资产损害人民利益的方式来攫取暴利。特别是在非公经济和雇佣工人都占到80%以上份额时，具有阶级斗争性质的社会矛盾和冲突便具有必然性，而在我国社会主义现代化建设时期，如果不能将阶级斗争纳入法治轨道，势必影响社会稳定和民族复兴历史进程。为此，建议加大力度落实人保部关于推进民营企业民主管理的措施，赋予工人阶级参与规制资本的民主权利，探索规制资本的民主法治方式；进而建议在宪法层面完善工人权利条款，赋予工会维护工人利益的权利，并通过具体法律引导他们与不法资本进行合法有序合理有利的斗争；在劳资冲突时，共产党人要自觉站到工人阶级立场上，落实共产党一向强调的“全心全意依靠工人阶级”的方针①，对资本侵犯劳动者利益、侵吞社会公共利益、破坏生态环境乃至颠覆国家政权的违法行为展开严肃的斗争，通过维护工人阶级利益来巩固工人阶级在国体中的领导地位，巩固共产党的领导和社会主义制度。当然对于工人阶级中的不法分子也同样依法处置，维护国家稳定大局。因此，在党的领导下，依法通过工会斗争，既能合理规制资本，又能合法维护工人阶级根本利益，二者是高度统一的。

其次，发挥公有资本主体功能，通过市场化经济手段规制资本。在具体方式上，除了严格的法治监管、中华儒商的道德引导②和以上合法民主手段之外，通过公有制经济的主体地位和国有经济的主导作用来实现对种种非公资本的影响、引导、规范和控制等都是非常必要的。那种认为各种所有制资本完全平等及所谓“所有制中性”的观点是不对的，这不仅违背我国《宪法》关于社会主义基本经济制度中公有制主体的规定，也不符合基本经济制度中关于国有经济主导的规定；否则就等于说：各种所有制经济，没有谁主谁辅、谁主导和

① 参见《习近平谈治国理政》第2卷，北京：外文出版社，2017年，第177页。习近平主持审议通过《新时期产业工人队伍建设改革方案》时，指出：“工人阶级是我国的领导阶级，产业工人是工人阶级的主体力量。要从巩固党的执政基础的高度，从促进我国经济社会持续健康发展的高度，加快产业工人队伍建设改革，坚持全心全意依靠工人阶级的方针”（参见：《习近平主持召开中央全面深化改革领导小组第三十二次会议》，新华网，http://news.xinhuanet.com/zgjx/2017－02/07/c_136036857.htm）。

② 2017年9月25日《中共中央国务院关于营造企业家健康成长环境弘扬优秀企业家精神更好发挥企业家作用的意见》颁布，我们认为，这实际是借鉴我党思想建党的优良传统，力行思想上建企业家队伍（当然也有相应的政策、法律、制度等措施），应该属于我党规制资本、驾驭资本的伟大创举。同时国学界倡导儒商文化，以苏州固锝、东莞泰威等民营企业为榜样，面向企业家群体大力推广学以致用、知行合一的儒商道统，也能产生很好的效果。

被主导的问题，也就等于自动放弃了“公”与“非公”的区别，取消了公有企业的社会主义性质及其对各种非公经济的主体地位和主导作用，既不符合市场经济的实际，也不符合其自身的理论逻辑，更不符合中国特色社会主义的本质要求和发展方向，是自相矛盾的，因而不是社会主义经济制度和“社会主义市场经济”。十多年前，程恩富就提出中国特色社会主义经济制度是“四主型经济制度”，即“公有主体型的多种类产权制度”、“劳动主体型的多要素分配制度”、“国家主导型的多结构市场制度”和“自力主导型的多方位开放制度”（程恩富，2016）。迄今看来，这一主张依然具有重大现实意义。共产党人要有这种经济的清醒、政治的智慧和历史的自觉，要在这些问题上坚守马克思主义常识、维护社会主义制度底线，坚持这种“主—辅”经济制度结构，否则极可能犯下颠覆性错误。

第三，要在理论上确认，规制资本也是一种特殊形式的“伟大斗争”，是体现人民民主专政国家性质和发挥国家机器作用的一个重要方面。正如邓小平所说，“更重要的是政权在我们手里”（邓小平，1993a），因为“依靠无产阶级专政保卫社会主义制度，这是马克思主义的一个基本观点”，“运用人民民主专政的力量，巩固人民的政权，是正义的事情，没有什么输理的地方”（邓小平，1993b）。我们的宪法确认，阶级斗争已不是主要矛盾但并没有消失，有时候还会激化，那么我们就要有理有节、有力有利地以法治手段去跟资本特别是不法资本或有政治企图的资本及其代理人进行斗争，规约范导非公经济朝着有利于社会主义和人民利益的方向发展——这应该成为新时代“伟大斗争”的重要内容之一；否则我们的鼓励、支持会被错解成软弱和放纵，不仅不会招来资本的“善心”，反而可能误致其更加傲慢与狂妄。

最后，必须确认，规制资本是国企改革落实人民中心思想的重要途径。这主要是因为，如果在国企改革中放纵各种非公资本的“自由”本性，必然导致国有资本一点点被侵蚀，最后全部化公为私，社会主义制度和共产党执政的经济基础便会轰然倒塌；而且，也只有规制资本，给资本套上缰绳、戴上橛子，把它框定在社会主义制度和人民利益的笼子里，它才不至于成为侵害人民利益的“害群野马”。也就是说，推动以人民为中心的国企改革，离开在党的领导下依法有序地规制资本，是不可能成功的。改革中缺乏规制资本的政治自觉、历史眼光、经济机制、法律范导、文化自信，便必然犯下威胁政治和制度安全的颠覆性错误。

总之，既然我们一贯主张改革是社会主义制度的自我完善和发展，国企“混改”不是要搞私有化、走资本主义道路，那么我们就必须确认：国企改革的使命是要不断巩固和壮大社会主义制度基础，亦即巩固和壮大共产党的执政基础、增强共产党真正全心全意为人民服务的执政和领导能力。因此，国企改革必须真正落实人民中心思想，真正全心全意依靠工人阶级、服务工人阶级，为人民谋幸福。为此,国企改革就必须在人民中心思想的逻辑框架内,通过市场化方式及"立体化"实施的"混合所有制改革"来规制资本、驾驭资本,以在逻辑上与新时代中国特色社会主义政治经济学的人民中心思想连贯一致,在实践上坚守人民中心原则,实现人民共同富裕的根本利益,推进中华民族伟大复兴中国梦的顺利实现。

参考文献

[1]程恩富,2010,《程恩富选集》,北京:中国社会科学出版社。

[2]程恩富,2016,《中国模式:当代中国特色社会主义模式》,中国红色文化研究会,北京:北京日报出版社,第 42—45 页。

[3]程恩富、李立男,2019,马克思主义及其中国化理论是软实力的灵魂和核心,《马克思主义文化研究》,第 1 期。

[4]邓小平,1993a,《邓小平文选》第 3 卷,北京:人民出版社,第 373 页。

[5]邓小平,1993b,《邓小平文选》第 3 卷,北京:人民出版社,第 379 页。

[6]贾微晓,2019,论国有经济"做强做优做大"的哲学和经济内涵,《海派经济学》,第 1 期。

[7]郝书翠,2018,《让中国特色社会主义文化在当代世界文化百花园里吐蕊争芳——访全国政协常务委员、民族和宗教委员会主任王伟光》,北京:社会科学文献出版社,第 8 页。

[8]李北方、白钢,2016,共享经济是通往社会主义的桥梁,《南风窗》,第 18 期。

[9]刘国光,2015,关于当前马克思主义理论的一些问题,《马克思主义研究》,第 4 期。

[10]孙中山,2006a,《孙中山全集》第 2 卷,北京:中华书局,第 409 页。

[11]孙中山,2006b,《孙中山全集》第 2 卷,北京:中华书局,第 326 页。

[12]习近平,2017a,e,《习近平谈治国理政》第 2 卷,北京:外文出版社,第 175 页。

[13]习近平,2017b,d,f,《习近平谈治国理政》第 2 卷,北京:外文出版社,第 103 页。

[14]习近平,2017c,《习近平谈治国理政》第 2 卷,北京:外文出版社,第 102 页。

[15]习近平,2017g,《习近平谈治国理政》第 2 卷,北京:外文出版社,第 382 页。

[16]于幼军,2011,《社会主义五百年(第三卷),社会主义在中国(1919—1965)》,广州:广东教育出版社,第 52 页。

[17]余斌,2018,《中国特色社会主义政治经济学》,北京:人民日报出版社,第 66 页。

[18]中国红色文化研究会,2016,《中国需要什么样的市场经济》,北京:北京日报出版社。

Taking the People as the Center and Correctly Promoting the Reform of State-owned Enterprises

Wu Wenxin

Abstract As a people's enterprise owned by the whole people, socialist state-owned enterprises naturally have the nature of relying on the people and serving the people, and planning of following the objective law of socialized production, which is the basic system of its socialist nature. Therefore, the reform of state-owned enterprises must solve the problem of the absence of the people, earnestly abide by the principle of the people's center, fully respect the position of the working people as masters, and give full play to their work and initiative mind, and "rely on the working class wholeheartedly", and really benefit the working people. By improving the people's initiative and creativity, acquiring the sense of feeling and cultural needs, we can promote the implementation of the people's central principle, follow the "four favorable" value principles and implement the people's central principle on the basis of "three benefits". Through the promotion of three-dimensional state-owned enterprises, "mixed ownership reform" to achieve the principle of the people-centered. One of the key measures to implement the central principle of the mixed transformation of state-owned enterprises is to regulate capital, which is not only necessary, legal, but also feasible. Through the guidance and leadership of the public economy, put capital in the cage of socialist system and people's interests.

Key words People-centered Reform of State-owned Enterprises Respect Labor The Main Body of the People Regulated Capital

国有企业党组织内嵌到公司法人治理结构的学理阐发及其实践路径

陈晓华　刘新刚

内容提要　"党的领导"内嵌到"公司法人治理结构"是新时代国企改革发展的一个关键问题。以新自由主义经济学的"理性经济人"为研究起点,会得出两者不兼容的结论,这带来国企改革中理论和实践上的混乱。以马克思主义政治经济学关于"人是社会关系总和"的观点考察这一问题,能够发现,所谓"董事—监事—高管"制衡意义上的现代法人治理结构能够使企业最好地运行,是一个基于特定研究起点上才能成立的结论,在现实中并不成立。这一治理结构在现实中会带来如下问题:企业治理中的制衡思维使企业推进重大改革时的领导力不足;忽视人的社会性建设从而带来人的担当意识不足;无法打破利益藩篱识别出"奋斗者"从而造成企业发展动力不足等。以马克思主义政治经济学的"利己和利他经济人"为考察起点,我们应该将党组织内嵌到公司法人治理结构中,让"党组织"和"公司法人治理结构"发生"化学反应",以解决公司法人治理结构在现实中的问题,实现企业高质量发展。对这一问题的理论阐释及其在实践中的应用,将为人类解决企业问题提供中国智慧和中国方案。

关键词　国有企业　党组织　公司法人治理结构　马克思主义政治经济学

中图分类号　F271.1

习近平总书记在全国国有企业党的建设工作会议上强调:"坚持党对国有企业的领导是重大政治原则,必须一以贯之;建立现代企业制度是国有企业改革的方向,也必须一以贯之。"[①]这就是指导新时代国企改革的著名的两个"一以贯之"的论断。为实现两个"一以贯之",习近平总书记指出:"中国特色现代国有企业制度,'特'就特在把党的领导融入公司治理各环节,把企业党组织内嵌到公司治理结构之中,明确和落实党组织在公司法人治理结构中的法定地

收稿日期:2019—10—24

作者简介:陈晓华(1974—),武汉大学法学院博士生,中国葛洲坝集团股份有限公司党委书记、董事长,教授级高级工程师,主要研究方向为新时代国企治理的理论与实践;刘新刚(1978—),北京理工大学马克思主义学院副院长、教授、博士生导师,主要研究方向为新时代国企治理的理论与实践。

① 习近平,坚持党对国有企业的领导不动摇 开创国有企业党的建设新局面,《人民日报》,2016年10月12日,第1版。

位，做到组织落实、干部到位、职责明确、监督严格。”[①]这进一步将国有企业改革发展的关键问题聚焦为“国有企业党组织内嵌到公司法人治理结构”这一理论与实践问题。习近平总书记提出关于国企改革的这一新要求之后，理论和实务界对这一问题进行了深入的研究和探索，取得了较大的突破。但是因为无法反思到西式公司法人治理结构的“研究起点”层面，从而始终无法在学理上真正实现“党的领导”与“公司法人治理结构”之间的实际“兼容”。理论上，这一“卡脖子”的问题带来了实践操作中两者融合不够的问题。有鉴于此，我们对国有企业进行了深入的调查研究和学理探讨，对于西式“公司法人治理结构”反思到了其赖以建立的总根据——“理性经济人”起点上，从中国企业“理论自信”角度而不是从中国企业“理论防御”的角度去展开阐发，来深度落实习近平总书记在十九大报告中谈到的为人类贡献“中国智慧和中国方案”的理论创新号召。

一、“理性经济人”起点上的公司法人治理结构的本质与不足

进入市场经济时代，一直有两大经济理论谱系并存：马克思主义经济理论和古典主义经济理论。古典主义理论及继承其核心观点的新自由主义理论思考市场经济的起点是“理性经济人”，其核心内涵包括：每个人具备进行追求自己利益的理性计算能力；每个人追求自己的利益在客观上刚好能够达到整体利益最大。这种观点显然是将人的“社会属性”全部抽掉了，只留下没有任何社会属性的受经济利益和理性计算支配的既“不好”又“不坏”的“理性经济人”。所谓“不好”，主要是指人本质上没有超出成本收益考量的利他倾向；所谓“不坏”，主要是指人不会动用欺诈等不合理手段来谋利，因为理性告诉他们在良好市场制度下这种行为追究成本大于收益。不难判断，把人的社会属性都抽掉去研究经济管理问题，显然建立起来的理论都是想象中的理论，都是错误的。正如马克思对这种错误研究起点的批判：“被斯密和李嘉图当作出发点的单个的孤立的猎人和渔夫，属于18世纪的缺乏想象力的虚构。”（马克思、恩格斯，2009a）而马克思在《关于费尔巴哈的提纲》中给出了正确的研究起点：“人的本质不是单个人所固有的抽象物，在其现实性上，它是一切社会关系的总和。”（马克思、恩格斯，2009b）基于马克思的这一观点，新马克思经济学综合学派提出了“新理性经济人”论，即“利己和利他经济人假设”，认为经济活动中的人具有以下特征：第一，“有利己和利他两种倾向或性质”；第二，“有理

---

① 习近平，坚持党对国有企业的领导不动摇 开创国有企业党的建设新局面，《人民日报》，2016年10月12日，第1版。

性与非理性两种状态”;第三,“良好的制度会使人在增进社会利益最大化的过程中实现合理的个人利益最大化”(程恩富,2007)。可见,古典主义理论谱系赖以为起点的“理性经济人”在现实中是不存在的,其只是在想象中才存在。从这个意义上说,古典主义理论显然把社会简单化了,这种简单化在使其理论架构变得简洁、自洽的同时,也与复杂的现实社会越来越远,其得出的人类终结于资本主义的结论,自然也是把问题想简单了,从而不符合现实历史规律。而马克思主义谱系作为起点的“新经济人”,即以社会关系总和为其本质的人,是现实中的人,这个起点是对的。

但是,历史充满偶然性和曲折性,这使得在特定历史阶段,正确的理论的际遇未必好,错误的理论的际遇也未必不好。以“理性经济人”为起点的理论,将人简单化,进而将社会运行理想化,认为市场运行“均衡”和企业治理“制衡”,社会就会达到完美状态。但这一庸俗的理论近代以来容易有好的际遇,原因主要有以下两个方面。一方面是认识论上的,近代以来以“牛顿力学体系”为代表的自然科学理论的成功,使得人们逐渐把“自然科学”和“科学”模糊等同起来,把适用于自然领域的科学在未经足够反思的情况下不自觉地运用到自然界之外的其他领域,进而把自然科学泛化,形成强烈的“科学主义”倾向。而“均衡”和“制衡”思维又都非常符合自然科学思维,符合“自然科学”思维往往就容易被认为是对的而被广泛认同接受。另一方面是利益上的,基于抽象“理性经济人”的理论实际上是把市场和社会简单化、理想化了,只要信奉这一套理论,人类在实践中自然就会更多采用自由放任的模式。这对强势的国家和国际垄断资本非常有利,他们可以利用政治、经济、金融等优势,盘踞有利的经济分工地位,无阻地攫取剩余价值。所以,利益集团就愿意不遗余力地推广这一理论。因为这两个原因,基于“理性经济人”的理论经常得势并将人类的思维认知带入误区。20世纪70年代末,以这一理论为核心的新自由主义再次蔓延全球,很快成为全球企业管理理论的主流。其认为与企业相关的大部分事情,通过市场的“均衡”力量就基本解决了,只有一小部分事情需要交给企业内部的治理机构来解决。而这很小的需要交给企业内部来解决的一部分,也只需要防止企业管理者力量膨胀,用“制衡”思维制衡住就可以了。

如果人类是没有任何社会属性的“理性经济人”,那么新自由主义关于企业治理的判断就是对的。但是现实社会中的人毕竟不是抽象的理性经济人,以理性经济人为起点考察企业管理的时候,由于忽视了人的社会属性而往往不进行精神文化引导教育,这种情况下,贪婪、短视、欺诈等社会属性就会尤为强烈地表现出来,导致普遍的人性状态比由成本收益严格决定的理性经济人还要差。在普遍比理性经济人还差的人性状态下,运用所谓“制衡”框架,企业治理中会带来如下现实问题:(1)制衡机制成为推脱的理由,缺乏开拓进取的核心引领力量,难以“独立自主”展开奋斗,企业始终在市场的迟滞调节中随波逐流，从而无法奋力进取到高质量发展环节；(2)理性经济人成为疏忽企业精神文化建设的借口，忽视企业精神的塑造和员工的社会属性建设，使得担当意识缺乏；(3)以企业出资人、管理者和员工之间的力量是均衡的为由，不主动调整出资人、管理者和员工之间的关系，从而利益分配不均，无法识别出“奋斗者”，使得企业人员缺乏奋斗激情。由于以上几个原因，当全球再次被古典主义谱系的企业理论“绕”进来之后，“制衡”的治理框架被企业广泛迷信，经过几十年的发展，出现了经济发展质量和人的社会属性状况的双下滑，带来了经济发展中的脱实向虚，并将全球带入系统性风险之中。在这一过程中，一些国家开始对外转嫁矛盾，这引发了全球的经贸摩擦、科技摩擦和金融摩擦，使得整个世界进入习近平总书记所谈到的“百年未有之大变局”的时代。正是在这一大背景下，企业治理理论也面临大变局。因此，今日我们的企业治理理论不是中国企业治理理论与西方企业治理理论的对抗，而是整个人类与古典主义谱系尤其是新自由主义理论的对抗。

二、以“利己和利他新经济人”为起点建立正确的公司治理结构理论

在庆祝改革开放 40 周年大会上，习近平总书记强调：“必须坚持辩证唯物主义和历史唯物主义世界观与方法论，正确处理改革发展稳定关系。”[①]基于辩证唯物主义和历史唯物主义，我们考察经济社会问题时要以马克思主义政治经济学的“利己和利他新经济人”为起点。基于正确的研究起点，我们认为强调制衡的公司法人治理框架在实践中会造成诸多问题。主要包括上文所谈到的迷信“比较优势”，在分工思维制约下的方向引领力不足；不进行人的社会属性建设，忽视企业精神文化塑造，使得人的担当精神不足；难以破除利益藩篱，无法识别和激励奋斗者，使得企业整体缺乏奋斗激情等。而基于“新经济人”起点的企业治理理论就需要在“董事—监事—高管”的法人治理结构中添加“社会治理因素”。这种社会治理因素，既包括组织因素，也包括制度因素以及文化因素等，核心思维就是通过引入这些因素实现对强调制衡的西式法人治理结构在实际中带来的问题进行有效治理。

第一，应该加入组织、制度、文化因素，推动企业挣脱“比较优势”思维，实现企业向“高质量发展”环节突进。“比较优势理论”是强调企业根据各自的优势选择自己的生产经营环节的理论。如果人类社会是个机械整体的话，这个判断是没有问题的。但是，人是有社会属性的，从而以现实的人组成的企业也同样具有社会属性：一方面，由于贪婪等社会属性，已经占据产业链优势环节

① 习近平，在庆祝改革开放 40 周年大会上的讲话，《人民日报》，2018 年 12 月 19 日，第 2—3 版。

的企业，为了维护和扩大由于产业链优势带来的巨大红利，会采用各种手段设置进入壁垒、排挤竞争对手；另一方面，后发企业要想在产业链中前行，就要面临行业客观障碍和优势企业的打压，由于推脱、安于短期利益、躲避风险等社会属性，这些后发企业就很容易放弃对高端产业链环节和核心技术的突进，使得这些企业处于关键环节和领域被“卡脖子”的境地。所以，企业要想打破这种格局，就要具备相对于“比较优势”思维的“独立自主”思维。华为就是这样的一个典型案例。其通过“虚拟股票制度”这一独特的制度设计，实现了企业能够挣脱被制衡无法做成事情的困境，将企业带到了关键技术领域，在5G标准、芯片和系统软件等领域都取得了突破性的进展。

第二，应该加入组织、制度、文化因素，解决企业人的社会属性的建设问题。习近平总书记在党的十九大报告中提出了“培养担当民族复兴大任的时代新人”的重要论断，就是在强调这个问题。理性经济人起点的法人治理结构认为人是“理性”的，是不好不坏的，只要采取基于成本收益的激励约束机制，就能够实现企业人的最佳状态，因此不需要人性建设，这显然是极为抽象的错误理论。现实中的人是需要社会属性建设的。如果迷信人是理性的而放弃对人的精神文化塑造引领，那么企业就会缺乏核心气质，企业的人就会缺乏自我认同、集体凝聚和价值追求，将企业发展视为与自己无关甚至对立的事情，为了自身利益而钻企业制度漏洞，这样一来，所有组织和制度的初始设计就都会失灵。而且人的社会属性基本遵循这样的规律：一旦建设不力，缺乏约束和引导，就容易滑坡，沦为比理性经济人还差的人。在缺乏社会属性建设的情况下，企业人的精神文化同样会下滑，多拿少做、推诿扯皮、损公肥私、安于现状等负面的社会性因素就会滋长蔓延。所以要将企业推送到高质量发展的环节，必然是建立在企业中的人是具有担当精神的人的基础上的。

第三，应该加入组织、制度和文化因素，解决企业人的奋斗激励问题。有担当精神的人，也需要正确的奋斗激励机制做保障，才能成为有奋斗精神的人。如果有担当精神的人无法对自己的付出形成明确的预期，或者自己的付出只能为他人作嫁衣，企业内部必然无法形成工作力、战斗力，这是在企业层面落实习近平总书记所谈到的“幸福是奋斗出来的”这一要求。企业需要建立机制，识别奋斗者，奖励奋斗者，为企业向高质量发展环节推进提供强大力量支持。“理性经济人”起点上的“董事—监事—高管”的法人治理结构，由于制衡机制以及人的社会属性建设不足很难建立起真正识别“奋斗者”的机制。一方面，管理领导人员缺乏担当和奋进精神，只是注重短期的、个人的、经济的收益，而忽视长期的、企业的、核心竞争力的收益，也就没有动力去识别奖励奋斗者。另一方面，大股东、高管等在企业实际运行中具有优势地位的人，出于对更高收入分配的欲求，难免动用各种手段压榨和侵占普通员工的利益，自然也不可能让渡出足够的利益奖励奋斗者。在这个意义上说，我们需要添加新的组织、新的制度或新的文化来解决这个问题。从某种意义上说，华为添加进来的“虚拟股票制度”解决了识别“奋斗者”的问题。

通过以上的分析，我们能够发现，基于“新经济人”这一正确的分析起点，“董事—监事—高管”的法人治理结构中必须加入组织、制度或文化才能建立真正有效的治理结构。从这个意义上说，中国给人类贡献的不仅是国企理论，更是整个企业理论。只不过国企中加入的“组织、制度和文化”与民企不同而已，从学理层面我们甚至完全能够说明白国企成功和华为成功的内在一致性。有了以上的论述，我们就会发现，国企中加入党组织，在理论上，需要的正确态度不是辩解式的“防御”，而是应该积极为中国企业治理方案和世界企业治理方案提供实践典范和理论借鉴。全球的企业，解决当前的治理问题，实现高质量发展，都需要“加入组织、制度或文化”来建成现实中有效的企业治理框架。而在中国，尤其是国有企业，党组织在解决以上三类问题方面比任何其他组织都更有优势。因此，在国企中，我们对于党组织内嵌到公司法人治理结构应该持无比强大的理论自信。而对这个问题的深刻探索，也将具有巨大的借鉴价值。当然，党组织是解决上述企业治理问题中的最为典型和强大的组织，而不是唯一的形式，其他国家，可能没有共产党组织，但是可以研究考察其他类似“组织、制度或文化”来解决这些问题。所以，问题分析到这里，我们可以理直气壮地探讨“国有企业中党组织内嵌到公司法人治理结构”这一问题。

三、国有企业中党组织内嵌到公司法人治理结构能够实现高质量发展的内在必然性依据

中国共产党在长期建设探索中总结形成了大量行之有效的解决国企治理问题的理论成果与实践方法。其中，与其他组织力量、制度力量和文化力量相比，在国有企业中，党组织内嵌到公司法人治理结构，能够有效解决理性经济人起点上的公司法人治理结构所造成的治理失效问题。

第一，通过党组织的坚强领导力量校准国企发展方向，牢牢扎根主业，解决所在领域的“卡脖子”的问题，习近平总书记多次谈到“大国重器”问题，大国重器的建成，需要强大的领导力量。自由市场框架下，会形成诸多阻碍大国重器建成的对抗性矛盾和反向力量，《资本论》就揭示了极为关键的两点，根据《资本论》的观点，“土地价格……有上涨的趋势”（马克思、恩格斯，2009c）；金融容易脱离实体经济，出现“独立运动”趋势（马克思、恩格斯，2009d）。也就是说，在自由市场下，土地价格有不断上涨的趋势，投资土地市场会获得高额收益，这会将大量社会资源吸引到土地市场。同时，金融的虚拟化意味着其仅靠自循环就能获取高额收益。相比而言，核心技术的创新需要更多经济要素的协调配合，更深刻的市场趋势研判，更长的投入产出周期和更大的风险，这些

特点决定了与自然资源和金融领域相比，市场力量很难自动将企业发展的方向聚焦到核心技术创新的领域。这就需要强大力量的引领，这种力量需要能够与土地市场、金融市场等的高额收益的诱惑做对抗，需要对培育核心竞争优势推动国家经济发展具有强大的担当意识和责任感，而这只有党组织可以完全胜任。习近平总书记在十九大报告中强调了加快建设“现代化经济体系”，提出了“创新驱动发展”、“金融服务实体经济”等要求，并在报告的“民生”部分，强调了“房住不炒”的问题。这些重大决策，可以通过企业党组织的坚强领导力量完成在国企的落实，推动国有企业聚焦解决创新领域“卡脖子”的问题，推动国企实现高质量发展。

第二，通过党组织的党性培养机制，解决国企人的担当精神的培育问题。党性和人民性是一致的，而且在不同的历史时期，由于国家的核心发展战略不同，党性的核心内涵就有所不同，在为中华民族谋复兴的时代，党性更多表现为共产党人对民族复兴的担当精神。中国共产党在长期的革命和建设工作中创新和发展了很多党性培养机制，比如马克思主义理论的学习机制。当前，我们要学好马克思主义理论发展的最新成果——习近平新时代中国特色社会主义思想，这样可以使国企党组织更加深刻地领会当前我们所处的历史阶段和所肩负的历史使命，带动企业其他成员自觉意识到企业在这一民族伟大复兴大业中的使命和责任，培育使命感、责任感和自豪感。再比如批评与自我批评的党性培养机制，这是一种党内同志互相帮助的党性培养机制。国企党组织通过这一机制，可以督促党员不断进行相互监督与自我反省，克服自以为是、自私自利等负面社会属性，培育坦诚待人、实事求是、精诚团结的积极心态，并且感染企业成员形成良好的企业精神气质。当然，还有纪检机制，通过强制力的震慑，保证共产党人的党性养成。国企党组织通过这一机制，可以有效惩治、监察和预防各种损害企业利益、违反企业章程、违反党的决策和纪律的行为，营造企业内部公平、正义的环境。通过上述机制，国企可以通过党组织培育党员的担当意识，辐射和感染企业其他人形成担当意识，最终形成勇于担当、敢于担当、乐于担当的企业气质，从而使国有企业在新时代企业治理的理论创新和实践创新中都具有巨大优势。

第三，通过党组织领导下的制度创新，识别出奋斗者，为新时代国企高质量发展提供有效激励机制。在现实的企业中，董事、监事、高管不能实现有效制衡；出资人、管理者、员工之间的关系也不是市场均衡。这既会使得领导管理者没有足够的识别和激励奋斗者的担当意识和主体责任，又会衍生出诸多利益集团，形成利益侵占和纠葛，从而阻碍对奋斗者的识别。党组织通过自我革命，推动整个企业的“社会革命”，一方面，党组织通过各种党性培育措施，能够使得领导决策者真正以企业利益为重，以发展企业核心竞争力为重，从而在主观上具有积极探索符合企业具体情况的识别和奖励奋斗者的制度机制的责任担当感和价值实现冲动；另一方面，党组织通过党性培育和决策监察等机制，确保企业利益分配的公平，保证企业能够拿出足够的利益份额来激励奋斗者。所以，通过将党组织嵌入国企治理结构，可以有效从思想、决策、利益等方面解决阻碍企业识别和激励奋斗者的障碍，能够真正识别出奋斗者，激励奋斗者，为国企高质量发展提供强大动力。

四、国企党组织内嵌到公司法人治理结构的实践路径

以习近平总书记关于国企改革创新的相关重要论述为指引，结合我们上述对这一重大问题的学理研究，以及葛洲坝集团这些年围绕"强党建就是强发展"理念所推动的改革实践，我们认为，在当前整体条件下，可以从以下三个角度继续推进国企党组织内嵌到公司法人治理结构的实践活动。

第一，深刻学习和研究习近平总书记关于"国企党的领导"和"高质量发展"的重要论述，采取可行措施，形成强大的党的领导能力，将企业推送到"高质量发展"领域。习近平总书记在党的领导领域强调的"全面从严治党"、"党政军民学，党是领导一切的"和在经济等领域强调的"高质量发展"，关键是通过党的自我革命，推动社会革命，实现高质量发展。近年来，葛洲坝集团围绕"强党建就是强发展"理念展开治理，形成一些可借鉴推广的经验。首先，理念上，反复明确和培育"强党建就是强发展"理念。强调各级党组织加强对党建工作的统一领导，推进党建与企业中心工作深度融合，强调切实发挥党委领导作用、党支部战斗堡垒作用和党员先锋模范作用，凝聚把党建工作的政治优势转化为经济优势、竞争优势、品牌优势的共识。其次，管理上，打造将"强党建就是强发展"融入企业运行的工作平台。打造以党委班子、董事会班子、经营班子、监事会班子"四套班子"为核心的公司治理体系，明晰党委会、董事会、监事会和经理层"四套班子"的权责边界、管理关系以及运行规则，完善权责对等、运转协调的决策执行监督机制。针对"总部与子企业之间的治理关系"等具体突出问题，创立"专职董监事制度"，从所属企业"四套班子"配备的角度来考量专职董监事工作，从而更好地发挥"四套班子"的治理职能，提升班子的治理水平。这些都为党组织有机嵌入企业治理理顺了制度环境。再次，考核上，确保"强党建就是强发展"的落实。将"党建工作"及"党建与企业高质量发展"作为核心考核指标，保障党建工作能够做实、落地。以"强发展、促经营"为目标，考核企业将党建与中心工作深度融合，引领改革发展和生产经营，推动企业高质量发展的情况，通过设立相关的考核制度，让思想上转不过弯、行动上还有迟疑的部门和个人，自觉地转到"强党建就是强发展"的轨道上，主动将党建工作融入公司治理的各个环节和生产经营管理的全过程，充分实现党的建设与企业改革发展的深度融合。最后，战略与落实上，基于"强党建就是强发

展”，坚持结构调整、转型升级、改革创新和科技进步，践行习近平总书记的创新驱动发展的重要论述，并用好“三重一大”决策党委会前置程序，确保落实。企业首先要基于国家战略和企业定位明确立业之本，强调立足实业、聚焦主业。协调好主业、实业和投资业务的关系，探索形成“主业”、“实业”与投资业务的协调发展格局，以“实业”的发展为导向，建立审查机制严禁偏离公司发展战略和主营业务的投资活动，实现投资业务促进实体建设，推动金融服务实体经济。

第二，认真学习习近平总书记关于新时代共产党人担当有为的重要论述，挖掘国有企业的红色文化资源完成其新时代的创造性转化和创新性发展，打造新时代国企的担当有为精神。在确定清楚新时代国企发展前进方向之后，最重要的问题是培育出担当有为的新时代国企人。首先，国企要系统发掘和整理“红色基因”及精神文化资源，推动其在新时代的创造性转化和创新性发展。对于我们的既有文化优势，习近平总书记多次谈到要进行“创造性转化和创新性发展”。例如，葛洲坝集团在承建葛洲坝等工程时，形成了丰富的“葛洲坝精神”，这些精神是国企建设的强大精神宝库。这几年来，葛洲坝集团为进一步运用好这一精神财富，正在推动葛洲坝精神宝贵资源抢救、整理和新时代价值系统开发工作。从20世纪70年代开始，葛洲坝人投身中国基础设施建设事业，不仅建成了企业，形成了技术力量，更打造出一批具有“红色基因”的“葛洲坝人”。独特的“葛洲坝精神”指引着一代代“葛洲坝人”承载着治理长江、水电报国的伟大梦想，担负着提升国力、振兴民族的重大使命，在“与国家战略发展同频共振”的过程中形成了丰富的文化宝库。其次，国企要将精神文化资源转化为企业的人才优势和产品优势，推进企业整体的高质量发展。一方面，可以将企业文化注入每个人的精神世界中，用优秀的文化激励人、鼓舞人、涵养人，打造具有独特精神气质的企业人，形成以“文化”为主的管理模式，增强企业的凝聚力和吸引力，降低企业管理成本，并实现人的高质量发展；另一方面，通过人的变化推进产品的高质量发展，发挥“文化”的力量，推动企业“担当意识”的建立，形成敢于“挑大梁”、“啃硬骨头”的精神品质，助推产品质量达到世界一流水平。最后，国企要通过企业独特精神文化和社会主义核心价值观相互协调、印证、促进，使企业精神文化获得汲取养分、自我生长、反哺社会的强大生命力。例如，葛洲坝集团高度重视葛洲坝精神与社会主义核心价值观、中国能建文化体系的协调。强调在新时代，葛洲坝集团要在“主动投身国家经济社会发展大局中实现企业价值”，需形成葛洲坝精神与社会主义核心价值观的相互印证、协调统一的认识。葛洲坝集团隶属中国能建集团，明确坚持在中国能建的文化体系框架下，培育具有时代特征和葛洲坝特色的文化，大大推动了以先进的文化凝聚人心、引领风气、激发活力、塑造品牌。

第三，认真学习习近平总书记关于新时代奋发有为的重要论述，并创立制度，识别奋斗者，让担当者进一步升华为奋斗者，解决发展中的“卡脖子”问题。要在百年未有之大变局中实现中华民族伟大复兴，不但需要担当精神，更需要在担当基础上设立合理的奋斗机制，推动形成奋斗者“井喷式”出现的局面。首先，探索建立完善的考核评价体系，确保企业能够有效识别担当者，培育奋斗者。例如，葛洲坝集团探索运用党委的力量破除人才体制机制障碍，营造慧眼识才、聚才用才、爱才惜才的良好环境，坚持党管人才原则，把服务企业战略作为人才工作的根本出发点和落脚点，科学制定人才发展规划。积极设计出“一体两轴多维”①综合考核评价体系，这一考核机制实现了高质量党建和高质量发展的有机融合，对于激励葛洲坝人的奋斗热情产生了极大的作用，激励葛洲坝人从“担当者”转变为“奋斗者”。此外，对于干部而言，企业要深化干部人事制度改革，推行干部任期制，加大干部交流力度，建立科学的干部考核评价体系，精准考核评价干部，加强考核结果分析运用，实现能者上、庸者下、劣者汰。对于员工而言，企业要深化劳动用工制度改革，完善人才引进、考核、晋升与退出机制，全面实施以合同管理为核心、以岗位管理为基础的市场化用工制度，实现职工能进能出。其次，企业家是企业良好运行、形成竞争优势的关键，企业要抓住“讲政治”这一核心，培育新时代企业家，使其生成“奋斗者”。企业要加强企业家队伍建设，按照“政治家＋企业家”标准，着力培养讲政治的企业家和管企业的政治家，努力将集团内部的企业家培养为能够“从政治角度”治理企业的企业家。

在百年未有之大变局的时代，在国企建设领域，我们应该紧密团结在以习近平同志为核心的党中央周围，形成国企改革发展理论创新和国企改革发展实践创新良性互动的格局，在实现中华民族伟大复兴的过程中为人类贡献企业治理的中国智慧和中国方案。

参考文献

[1]程恩富，2007，现代马克思主义政治经济学的四大理论假设，《中国社会科学》，第 1 期，第 16—29、205 页。

[2]马克思、恩格斯，2009a，《马克思恩格斯文集》第 8 卷，北京：人民出版社，第 5 页。

[3]马克思、恩格斯，2009b，《马克思恩格斯文集》第 1 卷，北京：人民出版社，第 501 页。

[4]马克思、恩格斯，2009c，《马克思恩格斯文集》第 7 卷，北京：人民出版社，第 703 页。

[5]马克思、恩格斯，2009d，《马克思恩格斯文集》第 7 卷，北京：人民出版社，第 529 页。

① “一体”是指将公司各类考核评价有效融合，使考核评价系统化、体系化，建立一套统一的综合考核评价体系；“两轴”是指党建工作和经营业绩两项考核并重，两轴联动、深度融合、相互促进；“多维”是指从党群工团、经营、发展、管理等方面全方位、多维度进行考核评价。

The Theoretical Interpretation and Practical Path of the State-owned Enterprises Corporation Governance Structure with Party Organization Embedded

Chen Xiaohua Liu Xingang

Abstract The embedding of the party leadership in the corporation governance structure is a key problem of state-owned enterprise reform and development in the new era. The Western economics, taking the economic man as the starting point, come up with the conclusion that there exists incompatibility between the party leadership and the corporation governance structure, which causes huge chaos in theory and practice for state-owned enterprise reform. Through the analysis with the viewpoint that "man is synthesize of social relations" in Marxism political economics, we can find that: it is a conclusion based on an imagination starting point that the modern corporation governance structure with the checks and balance among the trustee, supervisor and top management, will lead enterprises' high-performing, which cannot be true in reality. The corporation governance structure will cause those following problems: the inadequate leadership during the enterprise's reform because everyone's balanced; the inadequate sense of responsibility because of the ignorance of man's social nature construction; the inadequate development driving force because of the interest barrier blocking the distinguishing of the strugglers. Starting from the self-interested and altruistic economic man in Marxism political economics, we need to embed the party organization into the modern corporate governance, leading the chemical reaction between them and the enterprise's high-quality development. The theoretical interpretation of this problem and its appliance will offer the world Chinese wisdom and a Chinese approach for the enterprise governance.

Key words State-owned Enterprises Party Organization Corporation Governance Structure Marxism Political Economics

马克思对资本实现自身过程的揭示及其当代意义

汪洪涛 丁 浩

内容提要 资本批判是马克思关注的核心问题之一，由地产向资本的历史性转化揭示出资本实现自身的现实过程。马克思认为，资本实现自身的过程就是资本扩张的过程，在资本的扩张中，劳动的异化和资本的异化会积累劳动的贫困，当资本扩张超越国界的时候，发展中国家的贫困积累就会加重。对此，发展中国家必须予以必要的警惕和高度的重视，特别是对中国而言，如何应对当下由美国挑起的经济贸易摩擦和压力测试，需要从夯实货币主权和实体经济的控制力与提高力出发，来构建一系列的制度体系。

关键词 资本实现自身 当代意义 中国道路
中图分类号 D610，A81

作为一种能够带来剩余价值的价值，资本并非具有一种天然生成性，它是随着社会历史的发展逐渐形成的。对于资本如何实现自身，并达到从“未完成的资本”向“完成了的资本”的历史转化过程的揭示是马克思探索的重要问题之一。

马克思以“私有财产关系”为逻辑起点，通过资本增殖加速的实现、增殖加速性之静态表象、增殖静态加速之异化显现三个层次的逻辑分析，向我们呈现了资本实现自身的历史过程。尽管马克思所揭示的资本实现自身过程的历史境遇与当下世界的发展态势和格局存在着较大的差异，但是，马克思的工作揭示了“资本的价值实现”的本质特征，对于我们正确认识当今时代资本形态的变化及其隐蔽的增殖本性、把握资本增殖的当代方式以及认清当下美国挑起经济贸易摩擦的资本动因具有重要的现实意义。

收稿日期：2019－05－11

作者简介：汪洪涛（1967－ ），同济大学马克思主义学院副教授、硕士生导师，主要研究方向为体制改革与经济发展；丁浩（1995－ ），同济大学马克思主义学院硕士研究生，主要研究方向为马克思主义中国化。

一、资本实现自身的本质依据与逻辑展开

(一)资本实现自身的本质依据

随着人类社会生产力的进步,资本逐渐出现并经历了不同的发展阶段。在封建社会向资本主义社会的转化与突进过程中,“地产”向“资本”的转化构成了资本实现自身的关键节点。对这一关键节点的分析,马克思是以“私有财产关系”为着力点,通过分析“作为劳动的私有财产关系”和“作为资本的私有财产关系”之间内在关系的历史演化,指出劳动与资本的矛盾关系构成了资本实现自身过程的本质依据。

对现实问题的关注是马克思思想视角的重要维度。在对工资、利润、地租进行分析论证的基础上,马克思将其思考重心置于由异化劳动引发的现实问题之上,并以三者之间的关系作为突破口,将研究向“私有财产关系”领域进行了深入。

马克思认为,“私有财产关系”潜在地包含着“作为劳动的私有财产关系”和“作为资本的私有财产关系”两个方面,二者之间存在着密切的内在逻辑关系,“一方面是作为劳动的人的活动的生产”,即现实的人被生产为“具有商品规定的”的劳动人;“另一方面是作为资本的人的活动对象的生产”,这种对象的生产消除了对象的社会规定性,从而成为抽象的、非历史的存在物。在此之中,劳动和资本关系的极端对立使得“它预料到并且准备了这样一个现实的活动:使土地所有者变成极其普通的、平庸的资本家……”(马克思,2000a)马克思随后指出,“无产和有产的对立,只要还没有把它理解为劳动和资本的对立,它还是一种无关紧要的对立,一种还没有从它的能动关系上、它的内在关系上来理解的对立,还没有把它作为矛盾来理解的对立”。换言之,劳动与资本关系的极端对立构成了二者关系的矛盾演进,而正是这种矛盾关系使得土地所有者进化成资本家,“不发达的、不完全的私有财产”演化为“发达的私有财产”成为历史发展的必然。

对“私有财产关系”的分析,为马克思揭示出“劳动与资本的矛盾关系构成了‘地产’向‘资本’转化”这一结论提供了本质依据。在“劳动—资本”矛盾关系的推动下,“地产”向“资本”的历史转化过程主要呈现为三个层次:第一,资本增殖加速性的实现;第二,增殖加速性之静态表象;第三,增殖静态加速之异化显现。基于这三个层次的分析,马克思揭示了一种“完成了的资本”取代了“未完成的资本”,并实现了自身的本质属性的资本运动的秘密。

(二)资本实现自身过程中的资本增殖之加速性

资本的本性就在于无止无休地、不择手段地获取更多的剩余价值。而这种永无止境的、不择手段的加速运动,与海德格尔所描述的“进步强制(Progrssionszwang)”(费迪耶、丁耘，2001)在实质上是一致的。在《1844年经济学哲学手稿》中，马克思通过“懒惰”的“不动”产与“忙碌”的“动”产之间的对比、转化分析，揭示了“资本增殖之加速性”。

马克思认为，“现代资产阶级本身是一个长期发展过程的产物，是生产方式和交换方式的一系列变革的产物”(马克思，2012)。资本主义生产方式的发展，迫切需要将封建制度下的“不动”产“动起来”，“动”与“不动”构成了当时社会矛盾的基本方面，从马克思矛盾论思想出发，可以得出的结论是，封建占有制是资本主义发展的绊脚石，同时也是其进步的垫脚石。

封建社会中，土地作为生产资料和生活资料最重要的体现物，决定了个人、家庭的财富的多寡，并由此决定了个人、家庭的社会地位和政治权利。因此，让土地作为“不动”产保持“懒惰”态势，有利于封建领主以及既得利益者保持其统治地位。

马克思指出，“土地所有者总是喜欢对未曾播种的土地和土地的自然产物进行剥削”(马克思，2000b)。获得垄断地租的土地所有者依靠自身庞大的支配体系，化作躺在土地上的无忧无虑的“食利者”。依靠“土地贵族”的占有，作为“死的物”之土地实现了向“领主的无机的身体”的转化，并凭借“领主的无机的身体”获得了一种“人格化”。封建制下这种固有的、稳定的、因肥力增加而丧失生命的、“死性”般的“懒惰”地产虽是土地所有者财富的源泉，但由于受自身本性制约的极其有限的增殖能力的桎梏，最终会伴随着生产力的进步(特别是工业革命的爆发)而被一种“活的物”取代，这种“活的物”就是资本。

相对于具有“懒惰”本性的封建“不动”产，资本主义“动”产显得富有运动性。资本主义的本质属性决定了“动”产范围的广泛性和拓展性，让要素流动起来，通过再生产过程不断地增殖，是资本的本性使然。马克思指出，“资本一方面确立它所特有的界限，另一方面又驱使生产超出任何界限”(马克思，1995)。

(三)资本实现自身过程中的增殖加速之静态表象

作为资本的历史形式，“不动”产与“动”产各自不同程度地内含着资本之加速性的本质性存在。“不动”的地产以“对自己的本质懵然无知”的方式标榜着自身“财产的贵族渊源”，使其内在加速性的程度弱化并等同于土地肥力追加的速度。在劳动与资本相互关系演进的作用下，“不动”的地产为了实现自身的加速本性，不得不摆脱“自身诗意般的怀旧之情”，以完成向纯粹的、抽象的资本转化的历史性飞跃。然而，在这种实现自身的历史过程中，劳动与资本关系的矛盾驱使资本增殖的加速经常不能被直观地察觉到，而是以一种内涵于自身的静态表象形式向社会展示。这种静态表象在资本增殖加速的视野内，工人仅仅是能够“劳动的动物”及“有最必要的肉体需要的牲畜”，工人的劳动被视为“是空无内容的、异化了的纯粹活动”，资本家对资本增殖的关注点仅仅停留在工人的劳动所创造的“利润”上，无论工人及其劳动的状态发生什么变化，资本(家)对此始终是“视若无睹”的。

作为“活的、贫困的”工人在资本主义体系下被融入生产体系，即使工人的劳动为资本带来了“利润”，工人在此体系中仍没有得到资本的真心关怀。其原因正如马克思所认为的“资本与工人彼此是异己的，从而处于漠不关心的、外部的和偶然的相互关系中”(马克思，2000c)。资本与工人之间之所以彼此内在地表现出异己性，其根源在于资本增殖的加速性。作为一种实现了自身本质的资本必须始终处于运动状态之中，必须着眼于自身利益的加速周转以便获得持续性生存条件，否则，不仅资本难以为继，而且以资本为支撑的整个资本主义社会也将难以为继。在此增殖加速运动中，虽然工人身处由资本所架构的社会形体之中，但其终究不是资本运动范围内关怀的重点。

(四)资本实现自身过程中的静态加速之现实映象

“不动”之地产向“动”之资产的历史转化是资本“摆脱同周围世界的纠结而达到自身”本质的抽象化过程，也是资本增殖之加速实现的关键节点。在资本实现自身的过程中，由于劳动与资本的矛盾关系使得资本增殖的加速性不易被直观察觉，而是以静态表象的形态来逐渐展示其功能的，即资本增殖的加速性本身是以一种内涵于本质的静态表象，即资本对工人贫困及其劳动异化的“视若无睹”来展现的，因而显露为一种静态加速的态势。

资本增殖静态加速在再生产过程中把工人和资本家都卷入进来，同时，资本增殖的静态加速是间接地以工人和资本家双重异化的形态来完成资本逻辑的建构的。

资本增殖静态加速的现实映像之一就是工人的异化，工人异化的具体表现就是工人自我意识的丧失，在作为资本的“动”产的静态加速的裹胁之下，工人的劳动产品和劳动过程都成为“动”产运动的一个组成部分、一种加速工具。工人反过来被其劳动产品支配和统治，劳动产品成为“神性创造物”被工人崇拜，接受工人的臣服，由此，工人被自己所创造的“神”支配，逐渐丧失自我，进而不仅未能在创造财富的过程中感受到自己力量的伟大，反而在自我催眠的过程中彻底地、全面地否定了自己。

不仅工人的劳动产品，而且工人的劳动过程都陷入作为资本的“动”产的静态加速支配之中，在这种“造神活动”中，“人把自己的力量转移给偶像愈多，他自己就变得愈加贫乏，愈加依赖于偶像，乞求偶像允许他赎回一部分他自己原有的东西。偶像可能是上帝那样的人物，可能是国家、教会、人或者财产”。这种“动”产之静态加速使得工人不得不生存于不间断的劳动中，不间断地否定自己，并完成向“异己的人”的进化，进一步否定自己，最终沦为彻底的、抽象的“动”产静态加速的“帮凶”。

资本增殖静态加速的现实映像之二就是资本家的异化，将资本家也异化为“异己的存在”。在马克思看来，作为资本的“动”产的静态加速性使得资本家为了“死钱财”的利润而“奔走效劳”。“资本家利用资本行使他对劳动的支配权力”时，需要为自身存在不断寻找合法性基础，“资本的支配权力支配着资本家自身”。在为剥削工人及其劳动而感到幸福的同时，资本家自身也沦为另一种被剥削的对象。因此，马克思不由自主地感慨“资本家彻底牺牲。他沦为工人阶级……”(马克思，2000d)。

二、资本实现自身的逻辑本性及其危害性

(一)资本实现自身的逻辑本性决定了其深化剥削关系的必然性

资本实现自身过程的三个层次分析揭示了资本与劳动的矛盾性是由资本的基因逻辑带来的，属于资本的先天本性。随着工业革命的爆发，资本主义生产关系的产生和加速定型推动了资本的活跃性，对利润的疯狂追求产生了竞争，竞争是资本增殖加速的主要形式。马克思指出，“竞争经常以其生产费用的规律迫使资本家坐卧不宁……然而尽管如此，资产还是不断想方设法在竞争中取胜……”(马克思，2012)。竞争提高资本的利润，其秘密就在于剥削，在于资本对劳动的剥削程度和剥削技巧的提高，可以说，资本对劳动的剥削是资本增殖运动加速的中心环节。“如果资本不剥削劳动力，资本就会灭亡，而要剥削劳动力，资本就得购买劳动力。”(马克思，2018)作为劳动积累，资本之所以取得加速运动的形式，源于其自身“不可抗拒的购买的权力”对劳动的持续性剥削，凭借这种剥削，资本得以不间断地实现自身的加速性。而这种剥削一旦停止，整个资本的加速运动就会失去自身的“能量库”，化为一堆死气沉沉的“物质”。由于资本的加速运动性，工人的劳动不得不随之“不停歇地”被剥削，以形成一个完整的运动系统，使运动的各方能够相互协调进步。在这种加速运动关系中，资本找到了加速运动的动力源泉，并主导这项无止境运动过程；而劳动也发现并适应了运动规则，并“自由”地将自身抛入其中，不断寻求自身参与加速运动的资格，并获取自身生活之基础。

马克思多次指出，“资本是一个活生生的矛盾”。从马克思的辩证否定观出发，可以得出的结论是，资本的不断自我否定和超越，不断突破自我发展界限(包括从资本“物”的逻辑出发的“自然界限”和从资本“人的关系”逻辑出发的“道德界限”)，才能不断实现自我更新与发展。在资本主义生产方式的上升期，“资本—劳动”关系的嬗变会激烈地催动“不动”产向“动”产的转化，进而进一步深化资本关系的演进。

资本关系的演进，从其完成的历史来看，包含了主体和客体的演进。资本的主体必然是人，必然是“在社会中进行生产的个人”(马克思，1995)，资本的客体则是“单纯的自然对象”或社会成员占有(开发、改造)供人类需要的自然

产品。因此,“资本—劳动”关系的演进历史就具体表现为“不动”产被动或主动地“同他人发生关系”,转化为“动”产的不断加速运动。其中,主体的转化表现为由农奴向工人的转化和由土地所有者向资本家的转化。客体的转化表现为由地产向资本的转化。之所以会发生主客体的转化,是因为人类对生产工具的制造与使用的升级,突破了自然的限制,在智能上超越了其他动物,萌生了主体性的意识,为满足广度、深度和高度不断发展的主体性意识(人类的各种欲望),就会产生各种具有明确目标指向的生产劳动,生产出具有不同使用价值的物质客体,各主体间交换不同使用价值的行为,促进了劳动产品成为商品,资本也由此产生。由此可见,主体从客体中分化出来,是商品与资本产生的条件之一。

“不动”产向“动”产的转化是伴随着资本主义体系的构建而展开的,其实现自身过程的秘密在于财富源泉由“死的物”蜕变为人的劳动。因为相对于“死的物”,人的劳动是一种“活性物”,在其作用之下资本增殖加速的“动”性得以张扬,并获得了充足的活动空间。但是,在资本家眼中,这种“活性物”对于资本来说是“毫无内涵的、对自己的内容无动于衷和完全自为地”存在,是一种抽象的、同一的“死的物”。

对于工人的生活,资本仍然是以“无所谓的方式”进行着规定,工人至多是被当成“自由的劳动的蠢人”,并最终沦落为现实的非存在。生产力的进步进一步加速了资本的运动,而资本的加速运动使得工人的劳动不再属于工人所有,劳动的产物不再归劳动所有,劳动的所属权被“动”产的加速性所掠夺,而这一切都在“动”产追寻自身利润的过程中,被“无动于衷”地呈现出来。马克思指出,这种奴役状态下劳动的目的不是为了满足劳动者的某种需要,而是为“动”产的加速性服务的,是为满足“劳动以外的那些需要”,这使得工人劳动只有以牺牲自身肉体和精神的方式才能谋得其生存发展的条件,同时为“动”产的加速性带来它所需要的一切。

(二)资本实现自身的逻辑本性强化了雇佣劳动者贫困的积累

当今社会,信息技术的发展与运用改变了人类社会的生产和生活方式,资本在其运行过程中以更为隐蔽的方式来实现资本的增殖,但是,无论怎么变,都无法改变资本的剥削本性,相反,科技的进步进一步强化了资本增殖的静态加速性。此外,经济全球化的拓展与深化提供了资本增殖更大的发展空间,使得资本的增殖本性通过更加高级和高效的方式来展开。因此,资本增殖的静态加速性并未因社会科技的发展而受到抑制,反而以一种未曾有过的加速度展现其本质,虽然在一些发达国家,雇佣劳动者所获得的收入可以满足其生存和繁衍后代所需,进而完成劳动的初级修复,甚至于,在当今社会条件下,雇佣劳动者在被雇佣之前和之后可以接受非常完备的、高级教育和培训,成为所谓的“社会精英”和“打工皇帝”,完成劳动的中级修复(丁晓钦、郭艳青,2014),享受到多倍于普通雇佣工人的薪酬，但是，较高的薪酬相对于劳动者（无论是普通劳动者还是精英劳动者）所创造的价值而言，占比是极其低下的，中级程度的劳动修复是现时代技术进步条件下，资本深化其剥削的内涵，推进资本的积累和扩张，将劳动者禁锢在资本的枷锁之下的必要手段。

我们认为，无论科技如何发展、生产力如何提高，资本增殖的天然本性是不会改变的，剩余价值的生产依然是资本存在于世的根本使命。对于剩余价值的生产，马克思认为“绝对剩余价值的生产和相对剩余价值的生产表现为属于资本不同发展阶段的两种不同的生产”（马克思，1995）。在工业资本主义时期，剩余价值主要是通过延长剩余劳动时间来实现的，而社会的信息化发展使得这种“为生产资料所有者生产生活资料”的活动依赖于必要劳动时间的缩短的能力大幅度提高。在社会发展信息化过程中，超高速、大容量的信息传递使得机械化应用、福特制生产、泰罗制分工等血汗工资制能够更有效地展开配合与协调，并且得以更高效地以国际分工的形式来展开运行。因此，对于劳动者而言，与延长剩余劳动时间带来的剥削加强相比，相对劳动时间缩短所实现的有效剥削更具有隐蔽性。换言之，当社会进入信息化时代之后，资本剥削的属性就以更加隐蔽的方式温柔地展现出来，而此时，资本对社会财富的攫取就达到了登峰造极的地步。

从图 1 中可以发现，1917—2008 年 90 年时间里，美国居民收入分配的状态与走势充分揭示了国民收入的分配不公并未随着技术的进步和社会财富的增加而改善，处于社会底层的 90％的人群仅占有 2％的经济增长成果。1980 年以后，收入分配的集中化倾向越来越明显，处于顶层的 10％的人群分得了 98％的经济增长收益，其中，最顶层的人群（占总人口的 1％）所获得的收入超过了全社会 99％人口的收入总和。

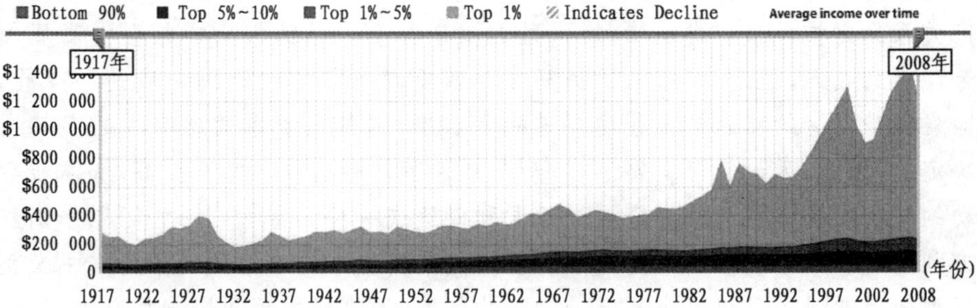

图 1　1917—2008 年美国居民收入分配格局变动

资料来源：美国进步中心研究员 Adam S. Hersh 的 PPT“Political Economy of Growth and Stagnation in the United States”。

从图 1 可以发现，1917—2008 年的 90 年间，美国的平均收入水平提高了

7倍，并且，增加了的收入的绝大部分都被社会最顶尖的阶级攫取了。社会生产总值之所以能够大幅度地增加，是源于劳动者技能和素养的提高，而劳动者生产能力提高的根由则是资本力量的催动，相较于封建社会的劳动者"只满足于生产自身必须的使用价值"，资本主义社会的雇佣关系激励着资本家通过各种形式的管理的改善，进而形成"严格的纪律"来养成雇佣劳动者的"普遍的勤劳"（马克思，2009a），并由此生产出更多的剩余价值，近年来盛行于互联网公司的"996工作制"[①]则是信息化时代高学历、高素质雇佣劳动者工作状态的真实写照，高档写字楼的工作环境和相对较高的工资收入并不能掩盖劳动者作为雇佣工人的本质，"码农"和"金融民工"的自嘲式称呼所印证的只是雇佣工人为了摆脱贫困而不断地提升自身再生产时间，并且雇佣工人不断进行中级程度的劳动修复只能是在有利于资本获得迅速增殖的前提下才能得以实现，究其实质而言，信息化时代下劳动者获得资本的温情对待，不可能是资本（家）良心发现后的善举，只能是符合资本迅速地、安全地增殖的需求之后获得的许可，其结果就是劳动者自身贫困的积累和资本所有者财富的积累。

三、资本实现自身过程的揭示对当下的意义

（一）巩固公有制的主体地位确保"人民性"主张的全面贯彻

自第一次工业革命以来，每一次大的科技进步基本上都会帮助资本突破其追求剩余价值的"自然界限"和"道德界限"，达到从内涵与外延两个方面对"物"与"人"的"穷其力"，西方经济学将这种突破称为"生产可能性边界外移"，因此，我们可以将科技的进步认作为资本的界限突破运动，这一突破的实质就是资本积累的突破，意味着绝对剩余价值和相对剩余价值的生产都突破了原来的"自然界限"和"道德界限"的限制，取得了增殖。在此过程中，资本主义生产关系的对抗性也会进一步加深，虽然由于社会产品的极大丰裕会提高雇佣劳动者的收入，但是，其收入的提高在总财富增加值中的比例一般是下降的，即雇佣劳动者的相对贫困程度会进一步加剧，这是由资本的所有权的归属所决定的，因此，无论社会财富怎样增加、雇佣劳动者的收入怎么提高，资本与劳动的关系在资本主义社会需要进行调和以达成一种和谐——一种可以平衡双方利益的和谐，但是，资本对剩余价值最大限度追求的本性决定了资本主义制度框架下通过劳动修复来彰显劳动者的价值，消除资本负面影响的努力，只能

① "996工作制"是指早上9点上班、晚上9点下班，中午和傍晚休息1小时（或不到），总计工作10小时以上，并且一周工作6天的工作制度，代表着中国互联网企业盛行的加班文化，是一种违反《中华人民共和国劳动法》的工作制度。

达成劳动的初级修复和中级修复,不可能完成劳动的高级修复。[①] 但是,在资本主义社会再生产的制度性框架内,第一,“必要劳动是活劳动能力的交换价值的界限”(马克思,2009b),即必要劳动决定了购买劳动力的可变资本的数量,雇佣劳动者的工资必然要小于他所创造的价值;第二,“剩余价值是剩余劳动和生产力发展的界限”(马克思,2009c),即剩余价值是雇佣劳动者所创造的价值扣除工资以后的余额,它的大小一方面受“自然界限”和“道德界限”的左右,另一方面还受到生产力发展水平的左右。上述两个界限决定了雇佣劳动者的贫困积累是资本积累的必然结果,资本最大限度地吸吮雇佣劳动者和“自然力”的本性与努力必然会加剧被吸吮者的贫困积累。

因此,今天我们搞市场化取向的改革,允许一部分人先富起来,就必须要正视资本的作用和资本积累的作用,正视资本的本质和资本实现自身的逻辑本性,推动社会主义社会的商品经济关系的发展,推动资本发挥其“正面的历史使命”,发挥资本在发展社会生产力并满足社会的需要方面的正面作用,避免资本在其逻辑本性的驱使下“不能利用这些生产力来满足社会的需要”(列昂节夫,1962)的负面影响。为此,就需要注重社会主义整体制度框架下的“人民性”的实现,要发挥社会主义制度的内在要求,即“……资本……不断地驱使劳动生产力向前发展……以致一方面整个社会只需用较少的劳动时间就占有并保持普遍财富,另一方面劳动的社会将科学地对待自己不断发展的再生产过程”(马克思,2009d)。

要发挥社会主义条件下资本的正面作用,首先,需要正视当下中国社会发展所处的阶段,正视当下中国社会的主要矛盾已经从“人民日益增长的物质文化需要同落后的社会生产之间的矛盾”转化为“人民日益增长的美好生活需要和不平衡不充分的发展之间的矛盾”,对于劳动者而言,就是要在社会主义基本经济制度的保障下,能够共享经济繁荣的成果,为此就需要巩固公有制的主体地位,保证公有制经济在社会分配领域的引领作用和示范作用,不断提高工资总额占GDP的比率,实现劳动的高级修复。其次,需要正视所有制改革,一方面,“混改”不能是单向地在公有制企业中引入私人资本和外国资本,更多的是要推进公有资本入股民企和外企;另一方面,公有资本的实现形式则需要以“重新建立个人所有制……在自由劳动者的协作的基础上和他们对土地及靠劳动本身生产的生产资料的公有制上来重新建立”(马克思,2009),因此,做优做强做大各类社会保障基金,安排社保基金入股各类关系国民经济命脉可以

① 丁晓钦的研究认为,要解决资本扩张所造成的劳动异化,促进经济与社会的发展,不仅需要资本修复,也需要劳动修复。劳动修复包括初级、中级和高级三个层次。初级劳动修复可以满足劳动者生存与繁衍后代的需要。中级修复是指满足劳动者教育和培训需要的劳动修复。劳动的高级修复是指劳动者得到全面自由的发展,在劳动者可以获得高级修复的社会里,劳动者将是社会再生产领域的主宰者,社会分化的格局不复存在。

左右全产业链的关键企业,并逐渐控股,是确保“人民主体性”的基础性要件。第三,需要正视资本无限扩张所推动的“泛市场化”倾向改革的泛滥对劳动者权益的侵犯,在保障劳动者生存权、发展权的指导思想下,进行一系列的制度设计与安排,以实现社会公共产品与服务能够被劳动者无障碍地享有。

(二)坚守底线防止资本利用空间扩张转嫁贫困

20世纪90年代的经济全球化浪潮是以美国为首的国际垄断资本为满足其扩张的内在冲动和消化其国内的生产过剩危机而推展的,其目的是为资本积累拓展更多的市场空间和生产基地,提高其全球范围内的资源控制力和产业控制力。发达资本主义国家的资本对外扩张是资本内在增殖性冲动的外在表现,是资本最大限度地追求剩余价值的外在表现。

从私人垄断资本主义的商品输出到国家垄断资本主义的资本输出,究其实质而言,就是资本积累到一定程度之后,实力大增的垄断资本可以操纵国家机器为其实现资本的全球性扩张开辟道路,至此,国家机器沦为了垄断资本特别是寡头资本随意操纵的机器,寡头资本可以随意地依据自身的利益需求在全球化和逆全球化之间转换口号和行动纲领。需要注意的是,现今美国的逆全球化操作手法在本质上还是属于资本扩张的范畴,是利用国家政权来遏制其他国家的发展权利,为美国资本获取全球剩余价值开辟通道的做法。

一般而言,资本的全球扩张有两条路径:一是资本对外输出,以获取相较于国内而言更高的剩余价值,同时为其国内的过剩商品拓展新的市场,为其国内的技术装备更新积累资金;二是建立市场,通过全球价值链的构建来打破资本运动的疆域,为资本的再生产构建极限空间。

资本的全球扩张,必然会带来国际剥削关系,一是消除了对雇佣工人剥削的国别界限,其结果是雇佣劳动者贫困的积累超越了国家疆域;二是处于全球价值链较低位阶的国家的贫困积累进一步加深,这主要是通过两国间商品的不等价交换来实现的。由此,资本的全球扩张的结果就是资本所有国愈来愈富裕,可以通过由其建立的国际中心货币地位来控制全球产业链,并以此为基础来剥削全世界其他国家的剩余价值,获取其他国家的商品和劳务的廉价输入,享受全世界其他国家的资源和劳动的成果。资本被输入的国家则需要通过不平等的交换关系,廉价地向发达国家提供资源、空间、劳动,以及生态环境恶化的代价。这样的国际分工体系运行的结果就是物质贫困向落后国家积累,环境贫困向落后国家积累,人的发展的贫困向落后国家积累。发端于2007年的美国次贷危机并由其带来的2008年国际金融危机,打乱了许多国家的经济发展秩序,也将中国经济带入下行通道,就是由发达国家资本主导的经济全球化格局对发展中国家经济走向进行了强控制的最好解读。

对于已经占领先机的发达国家的资本而言,继续保持先机和优势是其必然的诉求,为此,利用其已经积累起来的资本优势,打压发展中国家的崛起,就成为一种必然。在打压的过程中,制造一些模棱两可的、容易引发误读的新词汇,可以对受打压国家的人民进行误导和欺骗,就成为发达国家惯用的伎俩了。比如,2007年,美国创造了"中美国"(Chimerica)这个概念,对外宣称是"G2",从字面看,好像是由美国和中国共同治理全球秩序,但其实质性内涵则是中美共管中国,并进而控制我们发展的路径和格局,由这一概念衍生出来的具体的管理模式,已经有了现实的应用版本,即"中兴公司模式"——美国派驻全权代表监督中国的发展。因此,我们必须要有清醒的认识,在引进外资的时候,要时刻警惕外资是来配置我们的要素与资源的,要时刻保持清醒的头脑,在标准、核心技术、品牌和控股权方面坚决不能放手,要在总体上坚决做到掌控自主权,提高自身能力,在此基础上以对等开放的心态来对发达国家的资本扩张采取有理性、有方向、有节奏、有把控的制度性应对,积极推进人民币的国际结算货币的工作,以中国特色社会主义"人民性"的底线思维来回击外国资本带来的贫困积累的负面动能,为构建符合道义、公平原则的国际经济新秩序做出负责任大国的贡献。

四、结　语

中国改革开放41年来,取得了巨大的成就,这个成就的取得是我们加入国际分工体系、参与全球价值链活动的结果。在整个融入世界的过程中,我们利用国际资本扩大了经济总量,同时也给外来资本带去了丰厚的回报。2007年美国次贷危机及由此引发的国际金融危机,将贫困积累的恶果带给了我们,并且,为了应对美国自身的危机,发达国家的资本需要固化传统的国际分工格局,抑制后发大国的崛起,这些都是掌握了发展先机的外国垄断资本要求继续实现自身的符合其本性的内在要求,当这些要求得不到合其心意的回应时,各种制裁和摩擦就会接踵而来,这是掌控了发达国家国家机器的垄断资本基于其基因逻辑的必然行为,并将该行为的不断升级当作是"压力测试"而逐次展开,对此,我们要有符合社会主义社会基本原则要求的底线,要以"人民主体性"为基调来采取符合广大中国人民核心利益的对策,不对丧失"道德底线"的国际垄断资本让步,以"对等开放"原则来防止我们陷入"生产力发展困境"和"无产者生存绝境"的陷阱中去。

参考文献

[1]丁晓钦、郭艳青,2014,马克思主义视阈下的劳动修复及其当代意义,《马克思主义研究》,第10期,第81—88页。

[2]复旦大学哲学系编译,1983,《西方学者论〈1844年经济学哲学手稿〉》,上海:复旦大学出版社,第57—58页。

[3]F. 费迪耶、丁耘. 2001,《晚期海德格尔的三天讨论班纪要》,哲学译丛,第52—59页。

[4]列昂节夫,1962,《论马克思的“政治经济学批判”》,北京:生活·读书·新知三联书店,第62页。

[5]马克思,2000a,《1844年经济学哲学手稿》,北京:人民出版社,第63—64页。

[6]马克思,2000b,《1844年经济学哲学手稿》,北京:人民出版社,第32页。

[7]马克思,2000c,《1844年经济学哲学手稿》,北京:人民出版社,第61页。

[8]马克思,2000d,《1844年经济学哲学手稿》,北京:人民出版社,第68页。

[9]马克思,2012,《马克思恩格斯选集》(第1卷),北京:人民出版社,第402页。

[10]马克思,1995,《马克思恩格斯全集》(第30卷),北京:人民出版社。

[11]马克思,2018,《雇佣劳动与资本》,北京:人民出版社,第60页。

[12]马克思,1995,《马克思恩格斯全集》(第42卷),北京:人民出版社,第522页。

[13]马克思,2009a,d《马克思恩格斯文集》(第8卷),北京:人民出版社,第69页。

[14]马克思,2009b,c《马克思恩格斯文集》(第8卷),北京:人民出版社,第97页。

[15]马克思,2009,《马克思恩格斯文集》(第9卷),北京:人民出版社,第137—138页。

Marx's Revelation of the Process of Capital Realizing Itself and Its Contemporary Significance

Wang Hongtao　Ding Hao

Abstract　Capital criticism is one of the core issues that Marx pays attention to. The historical transformation from real estate to capital reveals the realistic process of capital realizing itself. Marx believed that the process of capital realizing itself is the process of capital expansion. In the process of capital expansion, labor alienation and capital alienation will accumulate labor poverty. When capital expansion goes beyond national boundaries, poverty accumulation in developing countries will increase. For this reason, developing countries must be vigilant and attach great importance to it. Especially for China, how to deal with the current economic and trade frictions and stress tests provoked by the United States needs to build a series of institutional systems from the perspective of consolidating currency sovereignty and the control and improvement of the real economy.

Key words　Capital Realize Itself　Contemporary Significance　China Road

新时代中国区域经济战略布局的政治经济分析

王永长 柴巧燕

内容提要 中国特色社会主义进入了新时代。这一重大政治论断,赋予党的历史使命、理论遵循、目标任务以新的时代内涵,为科学制定党的路线方针政策提供了时代坐标和基本遵循。新时代中国区域经济战略布局是在这一重大理论指导下展开的。新时代中国的基本经济制度没有变化,但是我国社会主要矛盾已经发生了转化,我国的政治经济政策必须围绕解决我国的主要矛盾来展开。在政治上要解决我国的主要矛盾;在经济上就是要在新发展理念的指导下,实现经济高质量发展。在习近平新时代中国特色社会主义经济思想的指导下,中国区域经济发展有了"一线三区"的战略布局。但是,为了解决社会经济均衡发展、国防战略、民族问题、脱贫攻坚等问题,还应该实现"一线四区"的战略布局。

关键词 新时代 区域经济 高质量发展 一线四区

中图分类号 D619

引 言

习近平总书记指出:"经过长期努力,中国特色社会主义进入了新时代,这是我国发展新的历史方位。"这一重大政治论断,赋予党的历史使命、理论遵循、目标任务以新的时代内涵,为我们深刻把握当代中国发展的新的阶段特征、科学制定党的路线方针政策提供了时代坐标和基本遵循(习近平,2019a)。"新时代是中国特色社会主义新时代,而不是别的什么新时代。"它既与我国改革开放以来的发展历程一脉相承,又体现了与时俱进的时代特征,内涵丰富,意蕴深远(习近平,2019b)。这些时代特征表现在中国经济的发展上,就是在习近平新时代中国特色社会主义思想指引下,中国特色社会主义经济建设夺

收稿日期:2019—10—27

作者简介:王永长(1968—),上海财经大学出版社副编审、经济学硕士,主要研究方向为中国经济史;柴巧燕(1982—),上海财经大学马克思主义学院博士研究生,主要研究方向为马克思主义政治经济学、社会主义经济理论与实践。

基金项目:本文系丛树海教授主持上海市哲学社会科学规划"新中国成立70周年"重点研究课题(2017DHB006)的阶段性研究成果。

取了一个又一个新的胜利。而新时代中国区域经济战略布局就是在这一政治经济的背景下展开的。

一、新时代中国区域经济战略布局的政治分析

进入新时代中国特色社会主义阶段,我国基本经济制度并没有变化,但是社会主要矛盾发生了新的变化,我国经济发展方式也出现了新的变化。

首先,进入新时代,中国特色社会主义基本经济制度没有变化。党的十八大以来,习近平同志多次对我国基本经济制度作出重要论述,指出实行公有制为主体、多种所有制经济共同发展的基本经济制度,是中国共产党确立的一项大政方针,是中国特色社会主义制度的重要组成部分,也是完善社会主义市场经济体制的必然要求。当前,中国特色社会主义进入新时代,它意味着中华民族不仅站起来了、富起来了,而且还要强起来,要实现这一伟大飞跃,还必须坚持中国特色社会主义初级阶段理论。党的十八届三中全会《决定》指出:“国有资本、集体资本、非公有资本等交叉持股、相互融合的混合所有制经济,是基本经济制度的重要实现形式,有利于国有资本放大功能、保值增值、提高竞争力,有利于各种所有制资本取长补短、相互促进、共同发展。”这是党对我国基本经济制度认识的进一步深化。党的十九大报告再一次强调:“必须坚持和完善我国社会主义基本经济制度和分配制度,毫不动摇巩固和发展公有制经济,毫不动摇鼓励、支持、引导非公有制经济发展。”①这是从历史的高度和发展的角度,继续坚持和完善中国特色社会主义基本经济制度,坚持两个“毫不动摇”的根本表现。

其次,我国社会主要矛盾已经发生了变化。毛泽东同志在其经典著作《矛盾论》中关于主要矛盾有过精辟的论述:“在矛盾特殊性的问题中,还有两种情形必须特别地提出来加以分析,这就是主要的矛盾和非主要的矛盾方面。”事物的发展过程中有许多矛盾,要把握事物的发展规律则必须抓住主要矛盾。我国社会主义建设是一项前无古人的宏伟事业,同样面临着许多矛盾,因此,必须抓住社会的主要矛盾。

习近平总书记在党的十九大所作的报告中指出,中国特色社会主义进入新时代,我国社会主要矛盾也有了新的内涵。“中国特色社会主义进入新时代,我国社会主要矛盾已经转化为人民日益增长的美好生活需要和不平衡不充分的发展之间的矛盾。”②

---

① 《决胜全面建成小康社会 夺取新时代中国特色社会主义伟大胜利——在中国共产党第十九次全国代表大会上的报告》,新华网,http://www.xinhuanet.com,2017年10月27日。

② 《决胜全面建成小康社会 夺取新时代中国特色社会主义伟大胜利——在中国共产党第十九次全国代表大会上的报告》,新华网,http://www.xinhuanet.com,2017年10月27日。

新时代中国特色社会主义主要矛盾发生转化,“没有改变我们对我国社会主义所处历史阶段的判断,我国仍处于并将长期处于社会主义初级阶段的基本国情没有变”(习近平,2017b)。也就是说,虽然社会主要矛盾发生了转化,但是社会主义初级阶段基本经济制度没有变,我们依然要坚持和完善社会主义初级阶段基本经济制度。只有这样,才能满足人民日益增长的、多方面的美好生活需要,才能加快转变发展方式、优化经济结构、转换增长动力,把各种所有制经济的活力充分激发出来,实现高质量发展,推动更平衡更充分的发展,才能确保到 2020 年如期全面建成小康社会,进而开启全面建设社会主义现代化国家新征程。实践证明,基本经济制度是解决社会主要矛盾的根本保证。

二、新时代中国区域经济战略布局的经济分析

进入新时代,中国经济发展的理念有了深刻的变化,概括地说,就是要以新发展理念引领经济高质量发展。只有这样,才能解决好我国社会的主要矛盾。

首先,要解决发展理念问题。“发展是解决我国一切问题的基础和关键。发展理念是发展行动的先导,是发展思路、发展方向、发展着力点的集中体现。发展理念是否对头,从根本上决定发展成效乃至成败。”(习近平,2017c)习近平总书记指出:“发展必须是科学发展,必须坚定不移贯彻创新、协调、绿色、开放、共享的发展理念。”因此,“新发展理念是指挥棒、红绿灯”(习近平,2019d),以新发展理念来推动经济高质量发展,是保持经济健康发展的必然要求,是适应我国社会主要矛盾变化,也是遵循经济规律发展的必然要求(习近平,2019e)。习近平总书记提出的“创新、协调、绿色、开放、共享”五大发展理念,“是关系我国发展全局的一场深刻变革,是我们党认识把握发展规律的再深化和新飞跃,丰富发展了中国特色社会主义理论宝库,成为全面建成小康社会的行动指南、实现‘两个一百年’奋斗目标的思想指引”。

其次,要实现经济高质量发展。“我国经济已由高速增长阶段转向高质量发展阶段,必须在习近平新时代中国特色社会主义思想特别是经济思想指引下,加快形成推动高质量发展的指标体系、政策体系、标准体系、统计体系、绩效评价、政绩考核,创建和完善制度环境,推动我国经济在实现高质量发展上不断取得新进展。”(习近平,2018a)有了新发展理念作指导,才能实现经济高质量发展。“创新、协调、绿色、开放、共享”五个新发展理念是我国经济发展的总体要求。

目前我国经济发展的基本特征,是由高速增长阶段转向高质量发展阶段。所谓高质量发展,主要体现在经济发展要以提高发展质量为中心,体现在经济新常态下的新发展理念。推动我国经济高质量发展,对于我国经济社会发展

全局具有重大现实意义和深远历史意义。“习近平总书记强调，国家强，经济体系必须强。建设现代化经济体系是一篇大文章，既是一个重大理论命题，更是一个重大实践课题，集中体现了转变发展方式、优化经济结构、转换增长动力的迫切要求。要深刻认识建设现代化经济体系的重要性和艰巨性，科学把握建设现代化经济体系的目标和重点，推动我国经济发展焕发新活力、迈上新台阶。”（习近平，2018b）

再次，以区域经济布局来“推动形成优势互补高质量发展”。改革开放以来，经过四十多年的发展，我国区域经济呈现不同的发展特征。在新时代要实现经济高质量发展，必须根据区域经济特征因地制宜地推动区域经济重新定位。习近平主持召开中央财经委员会第五次会议时强调：“要根据各地区的条件，走合理分工、优化发展的路子，落实主体功能区战略，完善空间治理，形成优势互补、高质量发展的区域经济布局。”要围绕“巩固、增强、提升、畅通”八字方针，按照“新形势下促进区域协调发展，要按照客观经济规律调整完善区域政策体系，发挥各地区比较优势，促进各类要素合理流动和高效集聚，增强创新发展动力，加快构建高质量发展的动力系统”①。

总之，新时代中国区域经济战略布局要围绕解决好我国社会主要矛盾为目标，以新发展理念为指导，推动实现区域经济优势互补的经济高质量发展。

三、新时代中国区域经济战略布局的路线图

新时代中国区域经济战略重新布局，是我国基本经济制度和解决社会主要矛盾的必然要求，是新时代以新发展理念引领经济高质量发展的需要，也是新时代中国建设现代化经济体系的必由之路。“积极推动城乡区域协调发展，优化现代化经济体系的空间布局。要培育和发挥区域比较优势，落实主体功能区制度，加强区域优势互补，在协调中拓宽发展空间，在加强薄弱领域中增强发展后劲。统筹推进西部大开发、东北全面振兴、中部地区崛起、东部率先发展。推动津京冀协同发展，高起点、高标准建设雄安新区，推动粤港澳大湾区建设、长三角区域一体化发展，推动长江经济带发展。”（习近平，2019f）

在习近平新时代中国特色社会主义经济思想的指引下，党中央审时度势，区域经济战略布局在总结深圳特区和浦东新区发展经验的基础上，在新的国内、国际社会经济环境下，采取了一系列战略举措。新时代区域经济战略布局主要包括设立雄安新区，把长江经济带、粤港澳大湾区、长三角区域一体化提升为国家战略。它们既有自己的区域优势和特色，同时又相互联系，与我国

① 《推动形成优势互补高质量发展的区域经济布局 发挥优势提升产业基础能力和产业链水平》，《人民日报》，2019年8月27日第一版。

“一带一路”国家战略，共同构成我国经济发展新蓝图。

一是雄安新区。2017年4月1日，中共中央、国务院决定设立雄安新区。这是新时代中国区域经济战略的重大布局，其影响也是深远的、历史性的。“中共中央、国务院印发通知，决定设立河北雄安新区。这是以习近平同志为核心的党中央做出的一项重大的历史性战略选择，是继深圳经济特区和上海浦东新区之后又一具有全国意义的新区，是千年大计、国家大事。”这条消息迅速传遍了祖国大地，而且明确指出“是继深圳经济特区和上海浦东新区之后又一具有全国意义的新区”，是“千年大计、国家大事”。[①] 这一战略高度掀开了区域经济战略布局的新篇章。“设立雄安新区，是以习近平同志为核心的党中央深入推进京津冀协同发展作出的一项重大决策部署，对于集中疏解北京非首都功能，探索人口经济密集地区优化开发新模式，调整优化京津冀城市布局和空间结构，培育创新驱动发展新引擎，具有重大现实意义和深远历史意义。”[②]

2017年2月23日，习近平同志在河北主持召开雄安新区规划建设工作座谈会，强调规划建设雄安新区，要“牢固树立和贯彻落实新发展理念，适应把握引领经济发展新常态，以推进供给侧结构性改革为主线，坚持世界眼光、国际标准、中国特色、高点定位，坚持生态优先、绿色发展，坚持以人民为中心、注重保障和改善民生，坚持保护弘扬中华优秀传统文化、延续历史文脉，建设绿色生态宜居新城区、创新驱动发展引领区、协调发展示范区、开放发展先行区，努力打造贯彻落实新发展理念的创新发展示范区”。雄安新区是在“创新、协调、绿色、开放、共享”新发展理念指导下又一轮改革开放区域经济战略。这从习近平总书记提出的规划建设雄安新区的七个重点任务可以反映出来。

雄安新区建设的功能定位和对全国改革的战略意义无疑是前所未有的。对雄安新区建设的功能定位主要有四个方面：一是“绿色生态宜居新城区。习近平总书记强调指出，雄安新区建设要充分体现生态文明建设的要求，成为生态标杆，坚持生态优先、绿色发展，不能建成高楼林立的城市，要疏密有度、绿色低碳、返璞归真，自然生态要更好。要坚持绿水青山就是金山银山，合理确定新区建设规模，完善生态功能，突出‘科技、生态、宜居、智能’发展方向，创造优良人居环境，构建蓝绿交织、清新明亮、水城共融、多组团集约紧凑发展的生态城市，实现生态空间山清水秀、生活空间宜居适度、生产空间集约高效，促进人与自然和谐共处，建设天蓝地绿、山清水秀美丽家园”。二是“创新驱动引领区。习近平总书记强调指出，雄安新区千万不能搞成工业集聚区，更不是传统工业和房地产主导的集聚区，要在创新上下功夫，成为改革先行区。要坚持实

① 《中共中央、国务院决定设立河北雄安新区》，新华网，http://www.xinhuanet.com，2017年4月1日。

② 同上。

施创新驱动发展战略，把创新驱动作为雄安新区发展的基点，加快制度创新、科技创新，完善创新创业环境，积极吸纳和集聚京津及全国创新要素资源，通过集聚科研院所和发展高端高新产业，打造一批高水平的创新创业载体，吸引高新技术企业集聚，建设集技术研发和转移交易、成果孵化转化、产城融合的创新引领区和综合改革试验区，打造京津冀体制机制高地和协同创新重要平台”。三是“协调发展示范区。习近平总书记强调指出，雄安新区要发挥对冀中南乃至整个河北的辐射带动作用，促进城乡区域、经济社会、资源环境协调发展。要通过集中承接北京非首都功能疏解，为有效缓解北京‘大城市病’和天津、石家庄市区‘瘦身’问题创造空间，促进河北城乡区域和经济社会协调发展，提升区域公共服务整体水平，打造要素有序自由流动、主体功能约束有效、基本公共服务均等、资源环境可承载的区域协调发展示范区，为京津冀建设世界级城市群提供支撑”。四是“开放发展先行区。习近平总书记强调指出，必须适应经济发展新常态，主动顺应经济全球化潮流，坚持对外开放，在更大范围、更宽领域、更深层次上提高开放型经济水平。雄安新区规划建设要积极融入‘一带一路’建设，加快政府职能转变，积极探索管理模式创新，形成与国际投资贸易通行规则相衔接的制度创新体系，培育区域开放合作竞争新优势，打造扩大开放新高地和对外合作新平台，为提升京津冀开放型经济水平作出更大贡献”①。

雄安新区建设对全国改革的战略意义概括起来有以下四个方面：一是“有利于探索解决‘大城市病’新模式。规划建设雄安新区，打造具有相当规模、发展环境更优的集中承载地。一方面，将吸引部分功能在集中承载地集聚发展，有效缓解北京‘大城市病’问题，促使北京实现‘瘦身健体’；另一方面，推动北京非首都功能集中疏解，可以避免零打碎敲、盲目布局，提升疏解效率”。二是“有利于培育全国创新驱动发展新引擎。规划建设雄安新区，是适应经济发展新常态、探索经济发展新模式的重要举措。通过推动创新驱动发展，可以集聚京津冀乃至全国以及国际创新要素和资源，能够打造具有世界影响力、国内领先的科技新城，培育经济发展新亮点。通过推进简政放权、管放结合、优化服务，深化行政体制改革，构建促进创新的体制机制，为全国其他地区作出表率和示范”。三是“有利于调整优化京津冀城市布局和空间结构。规划建设雄安新区，主要承接北京非首都功能及与之相配套的部分优质公共服务功能，将进一步强化要素资源的空间集聚，打造区域发展新的增长极，优化整合现有城镇体系，拓展区域发展新空间”。四是“有利于促进区域协调协同共同发展。河北省与北京市、天津市发展差距悬殊，公共服务水平落差大，是京津冀协同发展亟待破解的难题，也是全国区域发展不平衡、不协调的典型缩影。规划建设

① 《张高丽就设立雄安新区接受新华社记者专访》，新华社，2017年4月14日。

雄安新区，通过集中承接北京非首都功能，提升产业层次、创新能力和公共服务水平，加快提升河北经济发展的规模水平和质量效益，缩小与京津两市的经济社会发展差距，实现区域良性互动，在促进三省市协同发展、协调发展、共同发展上探索新路子”①。2018 年 12 月 28 日，国务院正式批复《河北雄安新区总体规划(2018—2035 年)》。

二是长江经济带。2016 年 9 月，《长江经济带发展规划纲要》发布，确立了长江经济带“一轴、两翼、三极、多点”的区域经济发展新格局，长江经济带正式成为国家发展战略。长江经济带覆盖上海、江苏、浙江、安徽、江西、湖北、湖南、重庆、四川、云南、贵州等 11 省市，共计 40 个城市，面积约 205 万平方公里，占全国的 21%，人口和经济总量均超过全国的 40%，生态地位重要、综合实力较强、发展潜力巨大。②

长江经济带上升为国家战略，是中国新一轮改革开放转型实施新区域开放开发战略，具有全球影响力的内河经济带、东中西互动合作的协调发展带、沿海沿江沿边全面推进的对内对外开放带，也是生态文明建设的先行示范带。③

长江经济带的空间布局提出了“一轴、两翼、三极、多点”的格局。“一轴”是指以长江黄金水道为依托，发挥上海、武汉、重庆的核心作用，以沿江主要城镇为节点，构建沿江绿色发展轴。“两翼”是指发挥长江主轴线的辐射带动作用，向南北两侧腹地延伸拓展，提升南北两翼支撑力。“三极”是指以长江三角洲城市群、长江中游城市群、成渝城市群为主体，发挥辐射带动作用，打造长江经济带三大增长极。“多点”是指发挥三大城市群以外地级城市的支撑作用，以资源环境承载力为基础，不断完善城市功能，发展优势产业，建设特色城市，加强与中心城市的经济联系与互动，带动地区经济发展。④

习近平总书记对长江经济带发展这一国家战略非常重视，举行过两次座谈会。2016 年 1 月 5 日，在长江上游的重庆召开了关于长江经济带的第一次座谈会，强调“长江是中华民族的母亲河，也是中华民族发展的重要支撑；推动长江经济带发展必须从中华民族长远利益考虑，把修复长江生态环境摆在压倒性位置，共抓大保护、不搞大开发，努力把长江经济带建设成为生态更优美、交通更顺畅、经济更协调、市场更统一、机制更科学的黄金经济带，探索出一条生态优先、绿色发展新路子”⑤。

2018 年 4 月 26 日，在长江中游城市武汉又召开了第二次座谈会，再一次强调“推动长江经济带发展是党中央作出的重大决策，是关系国家发展全

① 《河北雄安新区总体规划(2018—2035 年)》，新华社，2017 年 4 月 14 日。
② 《长江经济带发展规划纲要》，新华社，2016 年 9 月 11 日。
③ 《长江经济带发展规划纲要》，新华社，2016 年 9 月 11 日。
④ 《长江经济带发展规划纲要》，新华社，2016 年 9 月 11 日。
⑤ 《在深入推动长江经济带发展座谈会上的讲话》，《人民日报》，2018 年 6 月 14 日第二版。

局的重大战略，对实现‘两个一百年’奋斗目标、实现中华民族伟大复兴的中国梦具有重要意义”①。在这次座谈会上，习近平总书记提出了长江经济带战略要把握的“五个关系”和加大推动长江经济带发展“四个方面”的工作力度。

“五个关系”是指：第一，正确把握整体推进和重点突破的关系，全面做好长江生态环境保护修复工作。第二，正确把握生态环境保护和经济发展的关系，探索协同推进生态优先和绿色发展新路子。第三，正确把握总体谋划和久久为功的关系，坚定不移将一张蓝图干到底。推动长江经济带发展涉及经济社会发展各领域，是一个系统工程，不可能毕其功于一役。第四，正确把握破除旧动能和培育新动能的关系，推动长江经济带建设现代化经济体系。第五，正确把握自身发展和协同发展的关系，努力将长江经济带打造成为有机融合的高效经济体。“四个方面”的工作力度是指：第一，加强组织领导；第二，调动各方力量；第三，强化体制机制；第四，激发内生动力。②

从《长江经济带发展规划纲要》的发布，到习近平总书记两次主持长江经济带发展座谈会，充分反映了长江经济带发展战略对我国社会经济发展的现实意义和深远的历史影响。

三是粤港澳大湾区。粤港澳大湾区是指覆盖“二区九市”(香港、澳门、广州、深圳、珠海、佛山、中山、东莞、惠州、江门、肇庆)、拥有约1亿人口、面积56 000多平方公里、GDP规模约13 000亿美元、年航空客运流量1.1亿人次的区域。2017年7月1日，国家主席习近平在香港出席《深化粤港澳合作 推进大湾区建设框架协议》签署仪式。

建设粤港澳大湾区，是习近平总书记亲自谋划、亲自部署、亲自推动的又一个区域经济发展战略，是新时代推动形成全面开放新格局的新举措，也是推动“一国两制”事业发展的新实践。推进建设粤港澳大湾区，有利于深化内地和港澳交流合作，对港澳参与国家发展战略、提升竞争力、保持长期繁荣稳定具有重要意义。党中央提出粤港澳大湾区建设的战略举措如下：第一，“要强化规划引领，推动大湾区内各城市合理分工、功能互补，提高区域发展协调性，促进城乡融合发展，构建结构科学、集约高效的大湾区发展格局”。第二，“要积极吸引和对接全球创新资源，建设‘广州—深圳—香港—澳门’科技创新走廊，打造大湾区国际科技创新中心”。第三，“中央支持香港建设国际创新科技中心，在香港建立中国科学院院属研究机构，支持澳门建设中医药科技产业发展平台”。第四，“要加快构建与国际接轨的开放型经济新体制，建设高水平参与国际经济合作新平台，构筑丝绸之路经济带和21世纪海上丝绸之路对接融

① 《在深入推动长江经济带发展座谈会上的讲话》，《人民日报》，2018年6月14日第二版。
② 同上。

汇的重要支撑区”。

四是长三角区域一体化。为了更好发挥上海等地区在对外开放中的重要作用,2018年11月5日,习近平同志在首届中国国际进口博览会开幕式上发表主旨演讲,宣布将支持长江三角洲区域一体化发展并上升为国家战略。“将支持长江三角洲区域一体化发展并上升为国家战略,着力落实新发展理念,构建现代化经济体系,推进更高起点的深化改革和更高层次的对外开放,同‘一带一路’建设、京津冀协同发展、长江经济带发展、粤港澳大湾区建设相互配合,完善中国改革开放空间布局。”①

长江三角洲城市群包括上海市、江苏省、浙江省、安徽省三省一市的26个城市,它们是上海市,南京、无锡、常州、苏州、南通、盐城、扬州、镇江、泰州,杭州、宁波、嘉兴、湖州、绍兴、金华、舟山、台州,合肥、芜湖、马鞍山、铜陵、安庆、滁州、池州、宣城。据统计显示,长三角区域的经济总量占我国的20%左右。到2030年,长三角城市群完全有能力建设成同世界五大城市群(美国东北大西洋沿岸城市群、北美五大湖城市群、日本东海道城市群、欧洲西北部城市群、英国中南部城市群)并肩的世界级城市群。

长江三角洲地区是中国经济最活跃的地区之一。其中,上海市更是在新中国成立之后,经济地位举足轻重,作为改革开放之后我国的经济中心和金融中心地位无法撼动,其在长江三角洲地区的龙头地位明显。而江、浙两省的经济总量居于全国前列,经济活跃度高。因此,长三角区域一体化区域战略部署,将在我国经济高质量发展中起着引领作用。

四、结论与政策建议

“实施区域协调发展战略是新时代国家重大战略之一,是贯彻新发展理念、建设现代化经济体系的重要组成部分。”②在习近平新时代中国特色社会主义经济思想指引下,中国区域经济发展战略进入了一个崭新的时代。雄安新区、长江经济带、粤港澳大湾区、长江三角洲区域一体化构成新时代中国区域经济发展战略,它们同“一带一路”建设的国际战略一起共同构成新时代中国经济高质量发展的宏伟蓝图,为实现中华民族伟大复兴中国梦奠定了坚实的经济基础。

目前已经形成的“一线连三区”区域经济布局:长江经济带“一轴、两翼、三极、多点”涵盖了中国大部分经济比较发达地区;雄安新区、粤港澳大湾区、长江三角区域“三区”为中国区域最为发达的地区。围绕“一线连三区”“打造具

① 《共建创新包容的开放型世界经济》,《人民日报》,2018年11月6日。

② 《中共中央 国务院关于建立更加有效的区域协调发展新机制的意见》,新华社,2018年11月29日。

有战略性和全局性的产业链”“支持上下游企业加强产业协同和技术合作攻关，增强产业链韧性，提升产业链水平，在开放合作中形成更强创新力、更高附加值的产业链”①，必将推动形成优势互补高质量发展的区域经济布局。

“一线三区”的区域经济战略布局，涵盖了我国大部分经济比较发达的区域，但是我国幅员辽阔而又欠发达的西北地区，还缺少一个国家级区域经济战略规划，而广大的西北地区对于我国社会经济、国防战略、民族问题、脱贫攻坚等问题又十分重要。因此，笔者提出以下几点建议：

一是尽快梳理有关西部大开发有关文件，重新定位西部大开发的区域经济发展战略，在当前的国内、国际形势下重新制定新的西部大开发政策，使西部大开发上升为国家战略。

二是西部区域经济战略以国家能源安全为核心，因此，可以选择我国新疆地区南部，也就是南疆为核心区域，以提升南疆地区的经济地位为抓手，解决我国南疆地区的发展问题，打通与中亚五国的国际经济交流活动，更好地推动“一带一路”国家战略发展。

三是把雄安新区、长江经济带、粤港澳大湾区、长三角区域一体化的国家战略、西部大开发国家战略——“一线四区”的区域经济战略布局与我国“一带一路”国家战略联系起来，协同发展，共同构成新时代中国特色社会主义区域经济战略布局新蓝图。

参考文献

[1]中共中央宣传部，2019a，《习近平新时代中国特色社会主义思想学习纲要》，北京：学习出版社、人民出版社，第12页。

[2]中共中央宣传部，2019b，《习近平新时代中国特色社会主义思想学习纲要》，北京：学习出版社、人民出版社，第15页。

[3]中共中央宣传部，2019c，d，《习近平新时代中国特色社会主义思想学习纲要》，北京：学习出版社、人民出版社，第109页。

[4]中共中央宣传部，2019e，《习近平新时代中国特色社会主义思想学习纲要》，北京：学习出版社、人民出版社，第111—112页。

[5]中共中央宣传部，2019f，《习近平新时代中国特色社会主义思想学习纲要》，北京：学习出版社、人民出版社，第121页。

[6]中共中央宣传部，2018a，《习近平新时代中国特色社会主义思想三十讲》，北京：学习出版社，第115页。

[7]中共中央宣传部，2018b，《习近平新时代中国特色社会主义思想三十讲》，北京：学习出版社，第142页。

① 《推动形成优势互补高质量发展的区域经济布局 发挥优势提升产业基础能力和产业链水平》，《人民日报》，2019年8月27日第一版。

A Political and Economic Study on China's Regional Economic Strategies in the New Era

Wang Yongchang　Chai Qiaoyan

Abstract The construction of socialism with Chinese characteristics has entered a new era. This major political judgment has endowed the party with new era connotations for its historical mission, theoretical adherence, and goals and tasks, and provided an era coordinate and basic adherence for the scientific formulation of the party's line, principles and policies. China's regional economic strategic layout in the new era is under the guidance of this major theory. In the new era, China's basic economic system has not changed, but the main contradiction in our society has been transformed, and our political and economic policies must focus on solving the main contradiction in our country. Solve the main contradiction of our country politically; In terms of economy, we need to realize high-quality economic development under the guidance of the new development concept. Under the guidance of Xi Jinping thought on socialist economy with Chinese characteristics for a new era, China's regional economic development has a strategic layout of "the first three zones". However, in order to solve the problems of balanced social and economic development, national defense strategy, ethnic issues and poverty alleviation, the "first line, fourth zone" strategy should also be implemented.

Key words New Era　Regional Economy、High-quality Development　Front Line Four Zones

新时代我国金融业推进改革开放和服务实体经济研究

张嘉昕　于　珊　王庆琦

内容提要　金融在新时代经济发展中具有重要地位与作用,金融业要在进一步深化改革与开放的历史进程中提升监管水平和强化风险防范能力,实现金融为实体经济服务的战略目标。基于这一认识,我们先对发达国家金融业的有限开放与保护主义行为进行剖析,然后回顾了我国金融业在对外开放与锐意改革方面取得的重要成绩。在新的历史时期,我们要高度重视金融安全工作,从基本国情出发,提升监管水平和风险防范能力,加强技术创新力度,尤其是循序渐进地扩大金融领域的双向对等开放,并通过深化改革有效地利用金融手段将社会资本引入实体经济领域,从而使金融回归服务实体经济的本源,促进新时代国民经济健康发展,并不断提高我国在世界经济体系中的综合竞争力。

关键词　金融业改革开放　金融安全　实体经济　脱实向虚　风险防范
中图分类号　D619,F830.2

金融是实体经济的血液,金融业要为国民经济运行提供有力支持。2019年2月,习近平总书记在中共中央政治局第十三次集体学习时强调:“经济是肌体,金融是血脉,两者共生共荣。”金融业深化改革必须“以服务实体经济、服务人民生活为本”(习近平,2019)。可见,金融在新时代中国特色社会主义经济建设中具有重要地位与作用,新时期我国金融业要进一步深化改革和对外开放,并在这一历史进程中提升监管水平和强化风险防范能力,从而实现金融业为实体经济服务的战略目标。

回眸历史,我国金融业的锐意改革与对外开放协同并进。1979年,首家外资银行的代表处“日本输出入银行代表处”在北京设立。2001年,我国加入

收稿日期:2019－10－25

作者简介:张嘉昕(1981－),吉林大学经济学院教授、博士生导师,吉林大学劳动关系研究中心副主任,主要研究方向为经济思想史;于珊(1991－),吉林大学经济学院博士研究生,主要研究方向为政治经济学;王庆琦(1993－),吉林大学经济学院博士研究生,主要研究方向为政治经济学。

基金项目:教育部人文社会科学研究青年基金“新常态下我国劳动关系协调机制创新与国际比较研究”(16YJC710050)、吉林大学劳动关系专项研究课题“‘一带一路’沿线国家劳动关系协调模式分类研究”(2018LD016)、国家社会科学基金重大项目“共享发展理念与中国实践研究”(15ZDC005)的阶段性成果。

世贸组织,按照相关协议采取循序渐进地开放金融业。随着对外开放的深入,外国金融资本在我国的影响力逐步扩大。2018年4月,中国人民银行行长易纲在博鳌亚洲论坛上公布了11项金融业对外开放的措施。在新的历史时期,我们需要警惕西方国家金融业的对外扩张,尤其是美国日益强化的对他国金融部门的渗透和控制。历史经验表明,不少发展中国家由于金融业脱离了实体经济的发展水平进而导致国民经济出现"脱实向虚"的局面,引发严重的金融危机。我们应仔细分析此类经验教训,坚持国有金融业的主体地位,进一步加强监管和深化改革,防止系统性金融风险的爆发。

当前,我们面对的是增长速度换挡期、结构调整阵痛期以及前期刺激政策消化期的"三期叠加"状态。面对复杂的国际经济局势,必须清醒地认识到我国正处于并将长期处于社会主义初级阶段,秉持造福人民的发展原则,始终把国家利益置于首位,确保金融业有效地服务实体经济发展,以提升我国在世界经济体系中的综合竞争力(程恩富、翟婵,2019)。党的十九大报告指出,"深化金融体制改革,增强金融服务实体经济能力"(习近平,2017)。2017年5月,习近平总书记在"一带一路"国际合作高峰论坛上指出:"金融是现代经济的血液。血脉通,增长才有力。"同年7月,他在第五次全国金融工作会议上强调,"金融是国家重要的核心竞争力,金融安全是国家安全的重要组成部分,金融制度是经济社会发展中重要的基础性制度"(习近平,2017)。以下,我们对新时代金融业进一步开放和深化改革的相关问题进行剖析,提出促进金融服务实体经济的具体建议。

一、发达国家金融业的有限开放与保护

长期以来发达国家自诩其金融领域高度自由,但它们是在名义上的开放下对外资进行种种限制,看似自由开放的西方世界实际上具有很强的保护主义特征。发达国家政府对本国银行业等金融部门进行严格监管,极大地限制了他国金融机构的进入和业务发展。

(一)美国

美国作为世界头号强国,一方面采取对外开放和拓展外国金融市场的政策;另一方面又不断加强金融监管和提升风险防控能力,并坚持保护主义对国内金融市场的准入权限严格把控。

在银行业方面,美国的保护主义政策明显。图1描述的是2017年美国三大银行(富国银行、摩根大通银行、美国银行)的大股东占比情况:美国富国银行、摩根大通银行以及美国银行持股比例为5%以上的大股东均为美国本土金融集团,并且这三大银行的大股东构成基本重合。放眼全美,美国各大银行的主要股东基本为美资控制的投资基金公司,外资金融机构参股比例较少。

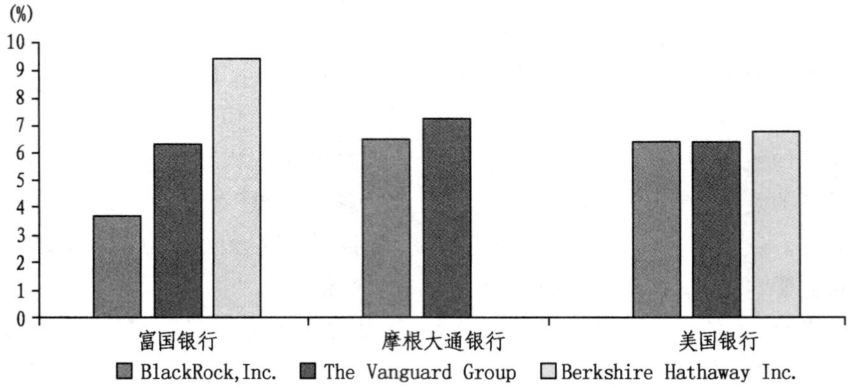

图 1　2017 年美国三大银行大股东占比情况①

资料来源：Wind 数据库。

在股市方面，美国股市市值大多为大型机构所把持。从流量方面看，高频交易占比 56%，各类资金管理机构及养老金占比 17%，散户占比 11%；从存量方面看，无论是美联储统计的美国人投资境外股票，还是各大金融信息供应商提供的持股统计报告，海外投资机构以及散户都不是重要的美股持股主体。盖洛普研究报告显示，超过一半的美国居民持有美国股票，这一比例远超出我国国内水平。

美国债券市场呈现出规模巨大、品种丰富以及美联储日常管控严密的特点。截至 2016 年第二季度，美国债券市场存量规模达 40.7 万亿美元，为 GDP 的 2.25 倍。② 从国债持有人的角度看，虽然在国债投资者中海外投资者的比重为 43%，但基准利率仍然由美联储依据市场行情独立进行调整。

美国金融监管机构的评定标准不透明，它们通过主观的评判方法来裁决外资并购是否在国家金融安全范围之内，外国资本一旦在美国企业持股超过 10%，均会被外国投资委员会审查，而审查结果基本都是不通过。同时，美国又通过信用评级机构间接打压其他国家的金融市场。如 1997 年，美国穆迪公开宣布对日本山一证券降级，直接导致其股价暴跌和倒闭，美国美林公司则趁机对其接管，从而以很小的成本进入日本证券市场。可见，美国掌握国际信用评级的话语权，并通过信用评级手段来维护美国的金融业霸权地位。

回眸历史，美国的金融监管体系构建是一个不断强化的过程。《联邦储备

---

① BlackRock，Inc.：贝莱德集团，是美国规模最大的上市投资管理公司，位于美国纽约。The Vanguard Group：美国先锋集团，是世界上第二大基金管理公司，其前身为威灵顿基金。Berkshire Hathaway Inc.：伯克希尔·哈撒韦公司，是美国一家保险和多元化投资公司。

② 林彩宜：《一文了解美国债券市场》，https://www.sohu.com/a/165375549_556912。

法》(1913)的颁布标志着国家储备体系的建立,并奠定了美联储在整个金融监管体系的核心地位。为应对“大萧条”,政府大力推行国家干预经济政策,金融监管日益受到重视。《格拉斯—斯蒂格尔法案》的颁布(1933 年)和联邦储蓄与贷款保险公司的成立(1934 年),意味着美联储监管权力的增强。随着 20 世纪 90 年代以来金融业国际化趋势显现,美国政府认为外国资本已经威胁到了本国金融系统稳定。1999 年,国会通过《外资银行监管促进法》和《改善联邦存款保险公司法》来加强监管,并通过《金融服务现代化法案》来引导金融创新走综合经营道路,形成了功能导向性的特殊发展模式。2008 年的金融危机暴露了原有监管模式的弊端,政府又颁布了《金融监管改革方案》等法案,强化各层面的监管审慎原则,赋予美联储更大的权利职责,又建立了金融稳定监督委员会。当年,财政部颁布《关于外国人兼并收购的条例》,对外资的进入与并购提出了十分严苛的要求。特朗普上台后,美国的金融监管进一步强化,不断强化外国投资委员会监管权限,对本国金融机构采取保护主义政策,限制境外投资机构的参与机会。《外国投资风险评估现代化法案》(2018)的颁布是这一系列工作的标志性成果。当前,美国已形成“伞十双峰”的金融业监管模式,这一模式既巩固了美联储的核心地位,又引入了商业行为监管局和审慎金融监管局各司其职,以消除监管过程中的疏漏,提高美国金融集团的混业经营能力。

(二)欧盟

现阶段欧盟金融业开放的基本准则是为欧洲一体化目标服务,在欧盟内部推行国际化,对外则采取较强的保护主义政策,并利用高门槛限制其他国家进入欧盟金融市场。

对于银行业,我们选择德国和英国这两个代表性国家的银行业股权结构进行说明。2016 年底,德意志银行公开了其股东情况。2016 年,贝莱德集团(BlackRock)与威尔明顿(Wilmington)两家公司持股比相同,各持 5.95%,派拉蒙服务控股有限公司(Paramount Services Holdings Ltd)和至高无上全球控股有限公司(Supreme Universal Holdings Ltd)分别持 3.05%。中国海南交管控股有限公司在 2017 年持股 3.04%。在德意志银行的全部投资者中,德资占 56%,20%来自欧盟国家,18%为美资。2017 年,德国政府持有本国商业银行股份 15%以上,德意志银行、贝莱德集团持股都低于 5%,其他机构投资者占 45%。下面看英国的情况,2017 年,英国两大商业银行(汇丰控股和巴克莱银行)公布了股东配比情况。由图 2 可见,汇丰控股的两大股东分别为贝莱德集团和平安资产管理有限责任公司,共占比 12.02%,二者为外资;巴克莱银行有四大股东持股比例在 5%以上,共占比 25.95%,均属外资。

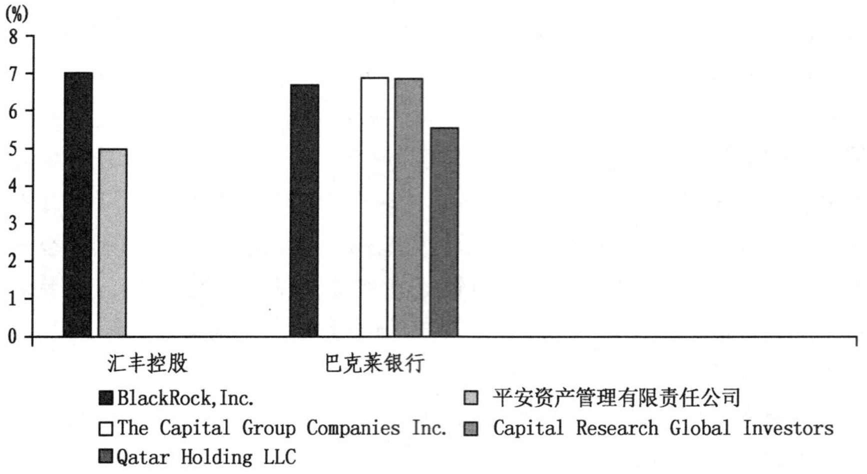

图2 2017年英国两大金融机构大股东占比情况①

资料来源：Wind数据库。

在股票市场，我们以英国作为分析对象。英国股票市场主要分为主板市场、另类投资市场和未挂牌股票市场。其中，最为核心的主板市场拥有完善的监管制度，并服务于国内经济实力强大的本土企业。另类投资市场成立于1995年，主要服务对象是初创公司以及中小企业；未挂牌股票市场成立于1980年，为规模相对较小、未达到上市标准的公司进行融资服务。2017年底，伦敦证交所主板市场共上市1 165家，其中海外公司为221家；另类投资市场共941家，其中海外公司为145家。2017年，英国海外投资者持股比例为53.9%。②

在债券市场，德国的影响力最大。德国债券市场的规模排名世界第三、欧洲第一，其中长期债券已成为欧元区债券市场的定价标准。20世纪90年代，由于德国债券的收益率较高，吸引了大批境外机构投资者。欧洲债务危机又促使更多的外国信贷机构转战至此。数据显示，境外投资机构在德国国债市场的占比从1991年的20%快速上升至2012年的60%，扩大2倍。③ 这促使德国政府高度重视对债券市场的监管和风险防控工作，将市场运行稳定作为首要目标。

从政策层面上来看，欧盟虽承诺遵守WTO的金融市场协议，但仍采取一些“特定保护政策”，诸如：(1)坚持对等开放原则，区别对待本国金融机构与境

① The Capital Group Companies Inc：美国资本集团公司，是一家投资管理公司。Capital Research Global Investors：美国资产管理公司。Qatar Holding LLC：卡塔尔控股。

② 陈肖，《沪伦通来了：关于英国故事，你了解多少?》，https://mp.weixin.qq.com/s/yNetx5Hff6Eq53KE95DuBg。

③ 《德国的国债市场》，《期货日报》，2013年2月18日。

外金融机构，贯彻“非国民待遇原则”；(2)将本国银行业、保险业、证券业等交给国内大型金融财团掌控，严防外资进入本国金融市场；(3)对欧盟外部金融机构的并购行为实行严格限制，采取非对等的市场准入条件。从金融“脱实向虚”现象看，欧盟国家不论是债券市场还是股票市场，都存在明显的金融内部资金过度运转等现象。日前，欧洲经济一体化进程出现了重要波折，发生了英国脱欧、德国牙买加联盟谈判、苏格兰公投和意大利五星运动等事件，说明欧洲内部分歧加剧，利益冲突愈发显现，欧洲的集体行动趋势减弱，各国正在推进对本国金融业加强保护与强化监管。

(三)日本

在经历了 20 世纪 90 年代的困境后，日本银行业正处于金融复苏阶段，随着不良金融贷款率降至 4%的目标接近完成，政府宣称其金融再生计划实现。从历史角度看，由于政府干预经济传统明显，且企业集团与银行业存在密切的关联，日本银行业形成了一种特殊的股权架构情况。

表 1　日本主要银行的股东及持股比例(1996 年)　单位：%

银行名称	金融机构	其他法人	小计	个人	外国企业
日本兴业银行	43.0	50.7	93.7	1.9	4.4
日本长期信用银行	46.3	49.4	95.7	2.5	1.8
日本债券信用银行	63.4	30.7	94.1	4.0	2.0
第一劝业银行	36.4	51.6	88.0	6.4	5.2
北海道拓殖银行	36.9	38.2	75.3	18.1	6.6
东京三菱银行	55.1	33.1	88.2	4.9	6.9
樱花银行	35.8	50.0	85.8	7.3	6.2
富士银行	31.8	58.4	90.1	5.0	4.7
住友银行	30.2	56.8	87.0	5.3	7.6

资料来源：罗清，2000，《日本金融的繁荣、危机与变革》，北京：中国金融出版社。

由表 1 可知，1996 年日本主要的 10 家银行的股东是由金融机构、其他法人、个人以及外国企业四类构成，其中金融机构与其他法人加总的比重超过 80%，个人以及外国企业加总的比重占 15%左右。这一局面持续至今，本土大企业控制了绝大部分银行，通过高度集权的股权模式使银行业按照大企业的利益行事。总之，企业通过股权控制整个银行业，形成了紧密的经济系统。

日本股票市场的国际化程度较高，海外投资者是日股交易的主导力量。如图 3 所示，来自境外的投资金额占比逐年上升，2016 年达 60%以上(股指的衍生品市场占比超过 70%)，境外机构的存量持股占比为 30%。这种高度国际化的安全保障源自政府的严格管控，当局规定上市股票需实行注册制，并且要履行公开原则，进行审查工作的机构应为相对独立的法人。

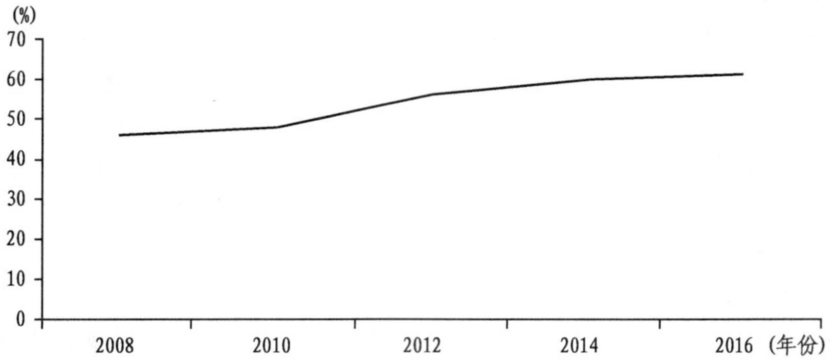

图 3　日本海外投资者占比(2008—2016 年)

资料来源：东京证交所。

日本债券市场规模位居亚洲第一、世界第二，市场流动性在亚洲国家中优势明显。2008 年金融危机后，由于日元的避险属性较强，境外投资机构在日本债券市场的比重逐步上升，但基本维持在 10%这一限度内。而日本央行不断地买入债券，市场上已发行的 5～10 年期现债券中约 65%在央行手中，即政府对债券市场有很强的控制力。这主要基于三点原因：(1)日本政府监管严厉，尤其是国外金融机构在日本政府债券的发行承销份额方面；(2)日本政府的负债率较高，国民经济"脱实向虚"特征明显，当局对此十分警惕；(3)日元汇率逐年走低的态势明显，美元兑日本的汇率从 2009 年 6 月的 95.56 日元上升至 2018 年 6 月的 110.64 日元。[①]

20 世纪 80 年代以前，金融市场监管主要由日本政府直接干预，监管的真空和疏漏较多。80 年代起，日本推动金融监管体制改革，通过建立金融厅替代原大藏省等金融监管机构，并对银行业、证券业、保险业等金融机构进行统一监管。最近几年，《金融商品交易法》经不断完善，强化了对证券公司等金融机构的监管。总之，日本金融业历经几次重大风波之后能够走向稳定，在很大程度上得益于政府强有力的监管政策。

二、我国金融业的对外开放与深化改革

相比于发达国家，我国金融业起步较晚、基础薄弱。在金融业推动新一轮对外开放与深化改革的历史时期，如何实现新时代金融业高质量发展并使之更好地为实体经济服务成为一个重要课题，因此，有必要对我国金融业的发展

① 数据来源：Wind 数据库。

状况进行剖析。

(一)银行业

我国银行业的对外开放与改革可划分为三个阶段。第一阶段为改革开放伊始到加入世贸组织之前,银行业通过引入外资实现了金融服务功能的提升,1981 年起,外资银行可以在我国经济特区建立经营性场所;1982 年,香港南洋银行在我国深圳开展业务;1991 年,美国花旗银行在上海建立分支机构。同时,各地分行的陆续建立、外币业务的不断扩张展现了我国银行业对海外金融机构的欢迎姿态。第二阶段为"入世"后至 2008 年金融危机爆发之前。我国履行承诺,采取了一系列深化开放的政策。2002 年,政府颁布《中华人民共和国外资金融机构管理条例》,取消了部分地区对外资业务的限制。至 2002 年,外资银行在我国共设立 180 家营业性机构,211 家代表处(张嘉昕、王庆琦,2018:8)。第三阶段为 2008 年金融危机至今。为维护金融市场稳定,政府加强了监管力度,重点置于防范方面,银行业对外开放进程有所放缓。由图 4 可见,2007 年在华外资银行总资产占我国银行业总资产的比重为 2.36%,2008 年后开始下降,2009 年降至 1.7%。最近几年,外资银行比重较低,但其资产总额呈上升趋势。如图 5 所示,2015 年外资银行总资产较 2003 年增长近 7 倍。至 2015 年,15 个国家和地区的银行在华共设立 37 家外资银行、2 家合资银行和 1 家外商独资财务公司,外国银行分行数量为 114 家,支行总数多达 580 家(见表 2)。随着我国"一带一路"倡议的实施,截止到 2016 年末,9 家中资银行在沿线国家共设立了 62 个一级机构(朱隽,2017:25a)。

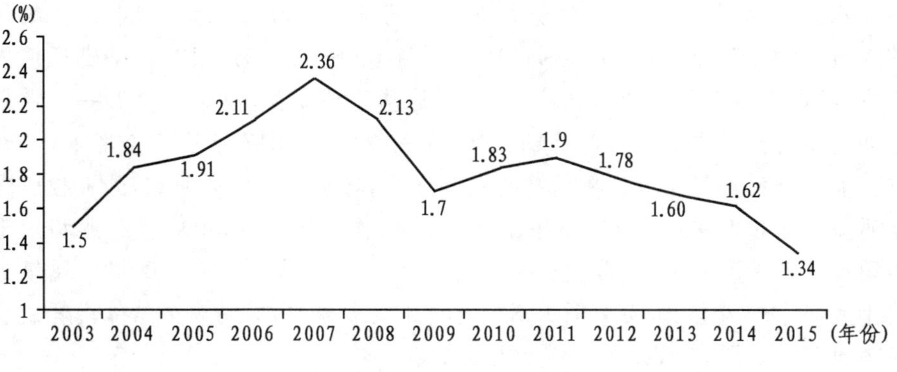

图 4　2003—2015 年外资银行总资产占我国银行业总资产比重情况

资料来源:CBRC 2015 Annual Report。

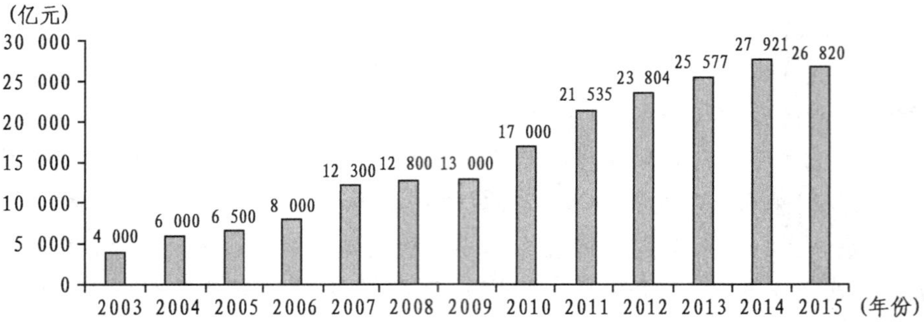

图5 2003—2015年外资银行总资产变化情况

资料来源:CBRC 2015 Annual Report。

表2 我国外资银行机构数目(截至2015年)

	外国银行	独资银行	合资银行	独资财务银行	合计
法人机构总行	—	37	2	1	40
法人机构分行及附属机构	—	306	4	—	310
外国银行分行	114	—	—	—	114
支行	23	542	15	—	580
总计	137	885	21	1	1 044

资料来源:CBRC 2015 Annual Report。

2017年底,我国市场中的银行业总资产突破250万亿元,其中外资银行法人机构39家,直属母行分行121家(董希淼、张涛,2018:19)。就资产规模而言,我国银行业是美国的2倍,比欧盟的总量还要大,位居世界第一。再来看外资银行持股中资银行比例的情况(见表3),至2017年第三季度末,各地方商业银行的外资持股比例保持着较高水平,甚至成为主要股东,外资控股现象明显。通过对中美两国四大银行的股权结构分析发现,中国银行业相对于美国而言开放度更高,且股权分配较为集中。美国排名第一的摩根大通银行前十大股东均为美资,而中国工商银行前十大股东中,香港中央结算代理人有限公司为外资股东①,并且位列十大股东第三名。

① 对于香港金融体系而言,整个管理层或决策层都是外国人。港交所本身就是外国势力控制的,最大的首席执行官是外国人。同时,港交所官方网站并不承认简体中文与繁体中文和英文是同质的。

表3　我国部分地方性商业银行外资持股比例
(截至2017年第三季度末)

中资银行	外资股东	持股比例	股东位次
渤海银行	渣打银行	19.99%	第二
恒丰银行	新加坡大华银行	13.18%	第二
北京银行	荷兰ING银行	13.64%	第一
南京银行	法国巴黎银行	18.63%	第一
宁波银行	新加坡华侨银行	20%	第一(并列)
天津银行	澳新银行	11.95%	第二
齐鲁银行	澳洲联邦银行	20%	第一
成都银行	马来西亚丰隆银行	19.99%	第二
上海银行	西班牙桑坦德银行	6.48%	第二
西安银行	加拿大丰业银行	20%	第一

资料来源:Wind数据库。

我国监管机构在银行业对外开放政策方面发挥了重要作用。2017年3月,原银监会下发文件,提出在风险可控前提下允许外商独资银行、中外合资银行依法投资境内银行机构。同年,根据中美贸易协定,中国将允许外资金融服务机构提供信用评级服务,并采取措施为美国电子支付服务供应商提供市场准入。2018年4月,央行公布了中国金融业进一步开放的12个具体措施,其中一条为"大幅度地扩大外资银行的业务范围"。6月,银保监会决定取消中资银行与金融资产管理公司的外资持股比例限制,实施内外资一致的配比规则。而按此前规定,外资银行单独控股中国银行不得超过20%,联合控股中国银行不得超过25%。9月,商务部外资司对外称正在修订办法,积极引导外国投资者投资境内上市公司。

(二)股票市场

我国股票市场的对外开放与改革划分为三个阶段。第一阶段为20世纪80年代中期至2001年。1984年,飞乐音响成为我国第一只公开发行的股票。1990年上海、深圳证券交易所成立。1992年,B股市场创立,逐步允许海外的机构和散户进行交易。第二阶段为2002—2014年。2002年,外国专业投资机构到境内投资的资格认定制度(QFII)正式出台,并不断扩充和完善,吸引了大批境外投资机构。2005年,中国建设银行率先在香港地区上市。2012年,证监会修改的《外资参股证券公司设立规则》中明确指出外资在本国合资证券机构中的持股比例从 33.3%上升到 49%。[①] 第三阶段为 2014 年至今，随着上交所、深交所的日趋完善，股票市场对外开放的节奏加快，沪港通、深港通的启动以及控股海外交易所等机构的组建是深化开放的标志性成果。2015 年，281 家境外机构取得合格境外机构投资者资格，可进行操作的资金总额为 736.15 亿美元；同时，人民币合格境外投资者全年实际可操作的资金增至 4 365.26 亿元。[②] 2018 年 6 月 1 日，A 股正式纳入美国指数编制公司(MSCI)的新兴市场指数，预示着中国股市新一轮对外开放的开启。

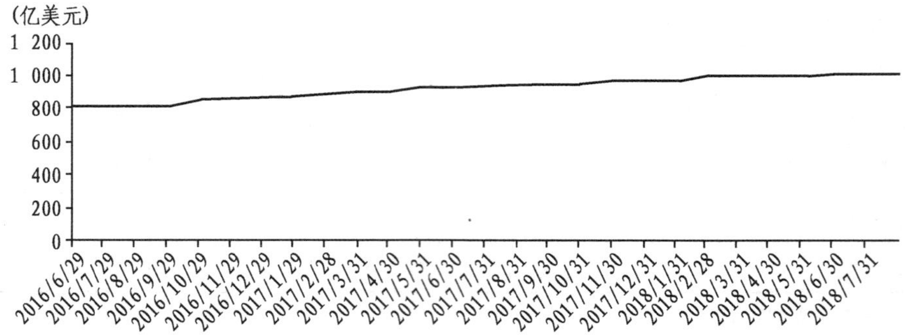

图 6 合格境外机构投资者批准额度投资(QFII)

资料来源：Wind 数据库。

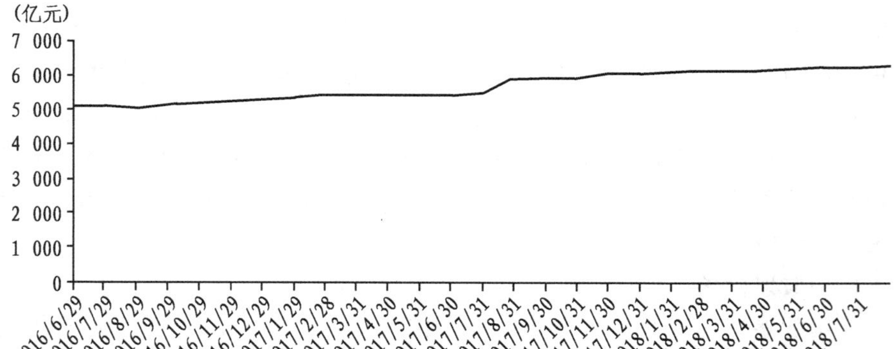

图 7 合格境外机构投资者批准人民币投资额度(RQFII)

资料来源：Wind 数据库。

---

① 王洋天，2018，基于改革开放 40 年的中国金融业对外开放实践和启示，《贵州社会科学》，第 9 期，第 14 页。

② 中国经济改革研究基金会，《"十三五"时期国际金融风险预测与中国金融开放进程选择(研究报告)》，2017 年 6 月。

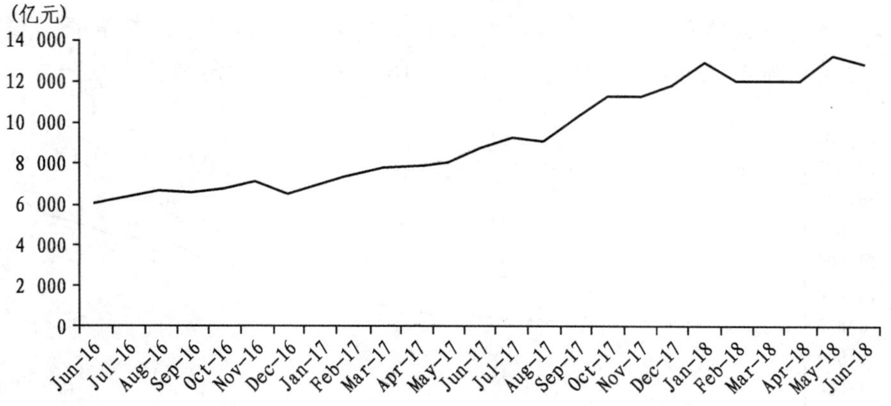

图 8　境外机构和个人持有境内人民币金融资产(股票)

资料来源:Wind 数据库。

从图 6、图 7 和图 8 可知,近期 QFII 与 RQFII 在国内股市增长势头明显,股市"引进来"的规模迅速提升,开启了内外双向投资新模式。同时,境外机构和个人持有的大陆股票总额的数量整体上呈递增走势,2016 年 6 月至 2018 年 6 月,总额增长近一倍。综上所述,我国股票市场在对外开放进程中体现出层层递进的态势。

(三)债券市场

我国债券市场的对外开放与改革可划分为三个阶段:第一阶段为 2005—2009 年,债券市场处于起步阶段。2005 年,亚债中国债券基金和泛亚基金获中国人民银行批准进入中国债券市场,可视为债券市场对外开放的标志。这一时期的开放渠道有限,境外投资者数量规模较小。第二阶段为 2010—2014 年,债券市场的对外开放增速。2011 年,我国正式运行 RQFII 制度,批准人民币合格境外机构投资人开展债券市场投资。银行间的债券市场逐步成为债券市场开放的主要渠道,并且,境外投资机构所持有的中国债券总量已经和开放较早的股票市场的境外持有量相当,境外投资机构在华债券市场已初具规模。第三阶段为 2015 年至今,债券市场对外开放进一步深化。2016 年 5 月,第 8 号公告 8 号文出台,拓宽了债券市场境内机构投资者的类型,并规范了境内投资机构的准入流程。2016 年 10 月,在人民币正式纳入 SDR 货币篮子之前的一段时期内,海外投资者热衷于增持中国债券。截止到 2016 年末,境外发展主体共发行 631 亿元人民币熊猫债(朱隽,2017:25b)。2017 年,香港地区与内地"债券通"上线,资本市场进一步开放。据中央国债登记结算有限责任公司数据显示,9 月境外投资机构增持 410 亿元,总量达 3 859.7 亿元,为前八个月的月均数据 3 倍以上。① 当人民币加入 SDR 之后，境外金融机构继续加大对我国债券市场的投入。如图 9 所示，境外机构和个人持有我国债券总量呈现递增趋势，从 2016 年 6 月至 2018 年 6 月，资产总额扩大近一倍。

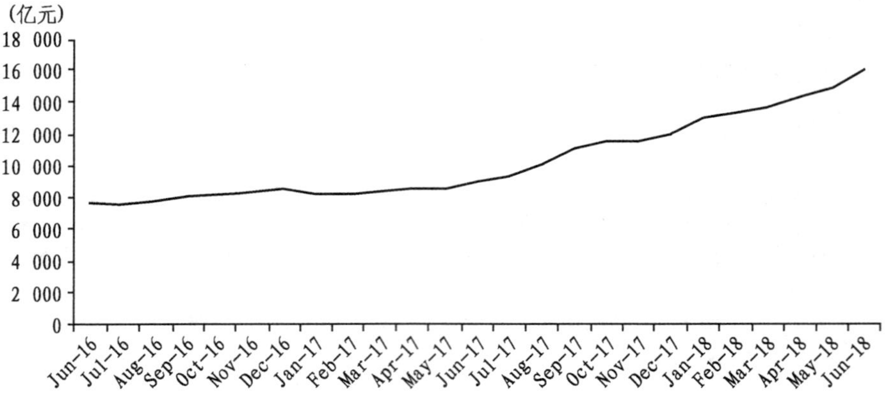

图 9 境外机构和个人持有境内人民币金融资产(债券)

资料来源：Wind 数据库。

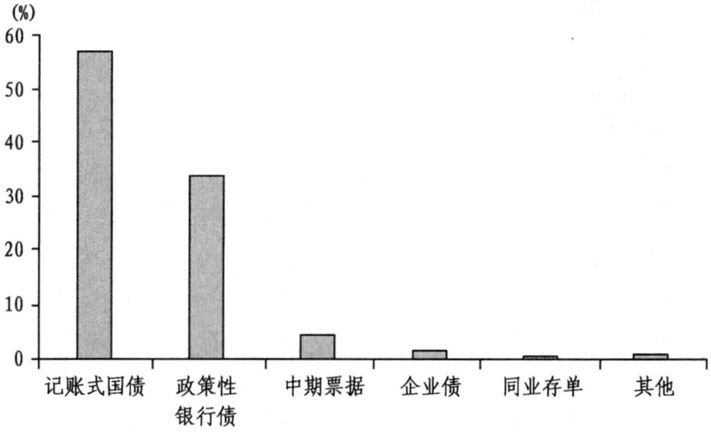

图 10 境外机构债券投资分布情况

资料来源：通过 2016 年下半年境外机构托管数据整理而得。

由图 10 可见，境外投资机构主要进行记账式国债和政策性银行债的交易，两者合计占比达到 90%。2016 年底的债券托管余额为 63.7 万亿元人民币，2017 年底为 73.94 万亿元人民币。从数量上讲，我国债券市场托管位列

① 张振江，《境外投资者创纪录增持中国国债 9 月净增持 410 亿元》，http://bond.jrj.com.cn/2016/10/11120421553447.shtml。

世界第三，仅次于美国和日本；从品种上讲，大量绿色债券涌入市场，如大气污染防治绿色债券、扶贫债券以及专项债券等新型债券的发行说明了我国债券市场的良好发展态势。同时，债券市场的制度建设也日趋完备，《关于支持绿色债券发展的指导意见》、《非金融企业债务融资工具定向发行注册工作规程》等文件的颁布优化了与投资人分层管理相匹配的管理机制，从制度层面规范绿色融资工具的运行。

综上所述，我国金融业在对外开放与深化改革方面成绩显著。但也需注意，金融是经济关系高度集中的领域，金融资本的逐利性可能会使自身脱离实际价值。正如程恩富教授所指出的，如果简单放开我国金融领域的股权限制，那么发达国家就会趁机对我国国民经济造成打压。我们应保持审慎的原则，把国家利益放在首位，持续监控外资在金融部门的控股持股比例。在新一轮金融业改革开放的历史时期，为保证金融服务于实体经济，政府部门应秉持造福人民的原则，从具体的交易环节进行诊断和监控，促进金融业高质量发展。

三、政策建议

金融领域的运行和发展状况直接关系到我国社会主义经济建设的成效。金融是国家重要的核心竞争力。本国金融业一旦被外资操控，极有可能丧失经济发展主动权。党的十八大以来，党中央作出了有关推进金融业改革开放与金融服务实体经济的战略布局，为新时代做好金融安全工作、防止系统性金融风险的发生明确了方向。2019 年 2 月 22 日，中共中央政治局第十三次集体学习会议指出，要完善金融服务、防范金融风险，增强金融服务实体经济的能力。以下，我们提出相关政策建议。

(一)基本思路：维护金融安全与金融服务实体经济

当前，我国金融体系中出现了资金循环超出合理限度、可能发生金融“脱虚”走向的局面。为实现新时代国民经济要高质量发展，需要金融领域的进一步改革开放。我国要放宽银行、证券、保险行业等外资股比限制，就必须要稳步有序地推进金融开放，加强监管和不断深化金融部门体制改革，才能促使金融业真正成为“现代经济的核心”；反之，倘若进行超出实体经济发展水平的金融业开放，很可能引发金融危机。① 例如，泰国于 1989 年实施金融自由化政策，对外资开放本国银行业的业务经营限制和持股比例限制。从当时各类收入水平国家的银行业开放程度数据看，高收入国家人均 GDP 为 23 090 美元，

① 斯蒂格利茨(Joseph E. Stigliz)指出，发展中国家在金融开放过程中基本不符合假设条件，即信息透明化、市场有效性以及充分竞争，因此不能直接将发达国家的发展路径嵌套在本国上，而是应该根据本国的国情实行有序开放。Joseph E. Stigliz，“Risk and Global Economic Architecture：Why Full Financial Integration May Be Undesirable”，*American Economic Review*，2010，vol. 100(2)：388－392.

银行业开放程度为93.5%；而泰国人均GDP仅2 414美元，银行业开放程度却达到97.8%。[①] 这一高度偏离的结果可想而知，泰国在1997年亚洲金融风暴中损失惨重。又如，在新自由主义思潮的影响和世界银行的直接干预下，墨西哥自1990年起颁布了《股票市场法》、《金融集团法》等，为外资进入金融业保驾护航。由于金融业与实体经济快速脱离，墨西哥在1994年陷入金融危机。此时，拥有墨西哥金融资产的外资迅速地进行大规模外逃，加重了金融灾难（王丽颖，2015）。

作为发展中大国，我国人均GDP为8 836美元（2017年），而美国、日本等发达国家都是在人均GDP达4万美元时才实施渐进的金融开放，且监管十分严格。发展中国家如果仅是简单无限制地开放金融业，就很可能使金融市场缺乏约束，导致经济运行发生"脱实向虚"现象和引发经济危机。金融业从本质上来讲是竞争性行业，行业内企业数量庞大、同质产品较多、代替性强，金融业的深化打破了银行、证券、保险等行业界限。从我国改革开放的实践中可以看出，外资的引入的确提高了我国金融机构的效率、产品质量以及国际地位，从侧面也证明了金融业从属竞争性行业。当前，我国国有金融机构的资产总值占总金融资产的一半以上，具有重大战略地位。如果外国资本对国有金融机构持股甚至绝对控股，那么在国企混改上所提出的国资可以独资、全资、绝对控股、相对控股的目标便失去了实际意义，更有可能为经济系统性风险埋下隐患。实体经济是我国国民经济的基础，其发展状态直接影响了我国经济总体实力；金融是现代经济的核心，在国际领域中发挥着至关重要的作用，现阶段我们应避免"钱生钱"、"影子银行"等不正当现象的发生。在新时期金融业深化改革开放的历史背景下，党中央关于金融服务回归本源、服务实体经济工作的战略部署，有助于促进金融系统的有序运行以及金融功能的有效发挥，推进新时代经济发展"稳中求进"基调的落实。因此，我们要坚持金融服务实体经济，建立符合当下金融监管特点的有效框架，使金融业的改革开放秉承金融服务实体经济的原则，在扩大开放的同时秉承程恩富教授所谈的"循序渐进地扩大金融领域的双向对等开放"（程恩富、翟婵，2019），从而维护金融稳定，确保国民经济健康发展。

（二）相关政策建议

1. 市场导向与政府调控并举。金融领域的改革开放应采取以市场导向与政府调控并举的方式进行。一方面，政府要主动作为。当前，以美国为代表的部分发达国家通过金融手段掠夺他国资本。我们应秉持稳定有序、对等互利的金融发展理念，以打造人类命运共同体为终极目标。要积极采取措施推

① 数据整理自吴元作，1998，金融深化过度——泰国金融危机成因探析，《国际金融研究》，第2期，第27页。

进金融业监管改革，正如清华五道口全球金融论坛(2018)所指出的，中国银保监会正在完善《商业银行股权管理暂行办法》以及相关配套制度，同时在保险代理人等方面也会进一步修订监管制度。2018 年 10 月，监管部门提出拟对国内至少 50 家重点金融机构(包括银行、保险机构、证券公司等)纳入重要性金融机构评估系统，旨在保护我国金融机构降低发生风险的可能，这将使金融的流动性监管及抗风险能力大幅提升。

另一方面，要积极发挥市场的功能与作用。市场价格是市场配置资源的有效方式，作为资本的价格，利率会引导资金流动，实现均衡价格。金融业应不断推进利率市场化进程，全方位发展资本市场，加强不良信贷管制。2013 年 12 月，中央经济工作会议强调要不断推进利率市场化，增强金融服务实体经济的能力。2017 年 6 月，全国脱贫攻坚工作会议提出资本市场应关注深度贫困地区的上市企业。程恩富教授提出要“主动建立和完善合理的利率市场化机制”[①]，在推进金融业改革开放的进程中，完善以商业银行为中心的信用制度，提高我国金融机构的整体竞争实力。因此，我们要努力发展多层次、多方面的资本市场，降低直接融资成本，拓宽直接融资渠道，降低中国经济对出口的依赖，充分挖掘国内市场的潜力。

同时，在新时代下金融业对外开放的过程中，政府部门应具备防范风险的意识。处理好金融业开放的程度与速度，实现金融市场促进人民共享与实体经济发展红利的目标。2014 年 12 月，中央经济工作会议指出政府要继续实施稳健的货币政策和财政政策。现阶段，人民币已加入 SDR 体系，按照国际货币基金组织对资本账户的分类，40 项中我国已实现了 35 项可兑换项目。这充分说明我国金融改革成效显著，下一阶段我们要形成底线思维，做好风险化解和金融制裁反制工作。要清醒地认识到我国金融市场是在社会主义的体制下有序进行的，这与发达国家的金融市场有本质上的区别。因此，我们在利用外资和对外投资两方面都要具有危机意识，要多做套期保值业务，减少跟风性的套利行为，避免金融异化以及非本质化现象的产生。另外，我国应逐步推进人民币的区域化与国际化。正如程恩富教授指出的，“我国要迈进世界经济的‘中心’，就需要建立区域性的货币体系”(程恩富、翟婵，2019)。这一论断指出了我国应切实提高国内外市场的综合竞争实力，维护好人民币区域化和国际化的基础性工作，积极推行国外的人民币兑换业务，促使人民币成为更多国家的结算货币。逐步脱离美元霸权的主导权，通过“一带一路”倡议、“亚投行”来加快营造制造强国，稳步推进人民币国际化，进而提高国计民生的安全(刘明国、杨珺珺，2019：38)。

2. 构建“顶层权力”的监管制度。有效的监管制度是保证金融有效服务实

① 程恩富、翟婵，不断提高我国在世界经济体系中的综合竞争力，《人民日报》，2019 年 2 月 14 日。

体经济的关键。2017年7月，全国金融工作会议指出，金融是国家重要的核心竞争力，在金融开放(包括放宽股权限制)问题上要借鉴美国等发达国家做法，在实践中完善外资安全审查等机制。可见，有必要对新时代下金融监管的框架进行顶层设计。在新时代金融监管体系中，降低高杠杆、杜绝泡沫化是目标，避免区域性金融风险为底线，监管模式从分业监管到统筹监管是特点。2018年3月，党中央设立的金融稳定发展委员会以及上海金融法院更是将负责货币政策的有关部门纳入金融监管体系之中，提升了监管部门的权威性与专业性，对"监管套利"和"监管真空"现象进行预警和干预。程恩富教授就曾指出，"要高度重视和改进在开放进程中的金融监管问题"(程恩富、翟婵，2019)。基于对防范系统性金融风险工作的理解，我们从中国的"顶层权力"角度提出建议。

作为现代化市场经济体系的组织架构，我国的经济顶层权利是由"货币发行权"、"资产定价权"和"汇率定价权"组成的。历史经验表明，倘若一国政府丧失了对国家经济顶层权力的控制，便会使其沦为外国资本的工具(张嘉昕、王庆琦，2018：19)。(1)在"货币发行权"方面，央行应大力推行自主货币发行机制。自人民币汇率改革以来，外国币种持续进入我国市场，同时手持美元的外国资本家不断将手中的资金兑换成人民币并作为资本在中国进行投资，进而导致人民币需求量大幅上涨，央行则只能对国内商业银行采取降低贷款额度的政策，同时减少了实体经济的流动资金。因此，我们必须摆脱美国及美元操纵下的货币发行权，推行国内自主货币发行机制与结算机制。(2)在"资产定价权"方面，监管部门应对资本项目加强管制，严密监控外资在我国金融市场的持股比例。在我国，人民币资产价格主要包括股票价格、债券价格以及房地产价格等。例如房地产价格，据2018年5月全国的房贷监测数据显示，全国首套房贷的平均利率高达5.6%，同比增长20%。同时，央行与证监部门并没有在政策上取得一致。一方面，是由于外国资金大量涌入，央行只能将压力转移到国内资本市场；另一方面，为避免股指的局部暴跌而引发的社会不稳定，证监部门又需要通过外资的引入来提高国际资本收益率，长期来看势必影响经济发展水平。因此，应采取必要措施降低外国资本的话语权，坚持对等开放原则，防止金融"大跃进"，让资产定价权服务于国民经济建设。(3)在"汇率定价权"方面，应制定严谨的人民币汇率浮动机制。美元于1971年起成为世界货币。2005年7月，我国启动汇率改革，美国对人民币汇率定价权的影响力开始提升。人民币的持续升值使外币大量涌入，在很大程度上抑制了人民的消费水平。当前，国家黄金储备有600吨在美国。因此，我们应严格监控外国资本的进入比例，在外资和财政税收等方面制定一套行之有效的方案来维护人民币汇率的定价权，努力做到主动引领而非被动还击。

同时，各级监管部门要尽快做好反金融制裁的预备方案。当前，金融制裁是帝国主义的惯用手法，使受制裁方在资金、能源、国防等重要领域逐步瘫痪。

发达国家正是由于其强大的司法和监管力度(譬如美国的“长臂管辖权”),才能向其他国家发起金融制裁。对此,我们应从以下几方面入手制定反金融制裁的预警方案:(1)采取两国协商的方式取代美国单边司法管辖霸道做法,制定保护本国实体经济利益的法条,抑制发达国家通过“非国民待遇原则”与我国进行贸易往来;(2)加快建立人民币的结算体系,尤其在大宗商品和能源方面建立长期的人民币结算体系;(3)针对我国在海外的资产,监管部门应建立起危机预警机制以及资产撤离机制,保证海外资金在发生风险时可以将损失降到最低。

3.推进服务实体经济的金融创新。实体经济是金融的服务对象,要创新发展各种金融服务产品。为把各类金融机构立足于服务社会经济,应不断推出新型金融产品,充分利用各项先进技术来有效提升金融机构的服务水平。2017年7月,央行《中国金融稳定报告(2017)》指出我国金融业内生性创新动能不足。因此,在金融交易创新方面,银行应当与支付宝、微信支付等互联移动支付平台进行长期合作。在金融科技创新方面,加大人工智能在银行业内的应用力度,商业银行应加快数字化转型升级,将人脸识别技术、智能化风险控制、智能客服系统以及网点机器人等技术落实到各网点,推动“无人银行”的建设发展(如中国建设银行在上海设立的全国首家“无人银行”),从产品质量、获取渠道、用户体验等方面提升银行整体业务能力,借助科技创新推动转型升级。2017年7月,全国金融工作会议中指出要加强对小微企业的金融服务。同年12月,中央农村工作会议强调,要不断强化金融服务方式的创新,大力提升金融服务乡村振兴的水平,这一论断与十九大中的“乡村振兴战略”相辅相成,体现出金融创新在现代化经济中的重要地位。目前,“粤港澳大湾区贸易金融区块链平台”正是一个以科技手段为支撑,旨在服务实体经济并有助于降低融资成本的智能平台。相对于传统融资需要2～3周的申请时间,它可以将审批时间压缩至20分钟内,有利于小微企业融资。我国应鼓励绿色金融的产品和服务的创新,学习发达国家绿色金融的运作模式,打造绿色金融生态圈,为探索经济绿色转型提供可行性路径。同时,央行的监管力度不断加大,截至2018年底,银监系统已开出超过1 200张罚单,涉及多家银行负责人。《2018年第一季度中国货币政策执行报告》(2018)指出,央行将灵活运用多种货币政策工具,合理安排工具,有助于去杠杆和降低系统性风险的产生。在与创新性金融工具融合的过程中,央行与各监管部门要坚持防范风险原则,促进金融与实体经济的良性互动。

在金融创新力提升过程中,我们要坚守以下几点原则:首先,减少烦琐的金融手段。复杂化手段只是在形式上较原有的营销过程手段有所区别,但并没有从根本上改变金融产品乃至金融工具的性质。其次,进一步加强信息透明化。金融创新扩大了社会整体财富的积累,而保证信息阳光化法方能使金融创新成为可能,更能为各金融板块发展提供有力保障。最后,造福人民是最终归宿。金融资本追逐超额利润,会带来金融产品的价格脱离其实际价值。当实体经济进入新的增长阶段时,金融垄断资本往往会利用金融市场中个体的非理性心理进行诱导,增强买卖对金融产品的持有信心。而直接导致金融资本获益的因素不是参与了实体经济发展的收益,而是对广大股民的利益榨取。如此往复,会造成社会消费水平下滑,阻碍实体经济发展。我们应坚定不移地贯彻金融服务实体经济的思想方针,通过健康、绿色的金融手段来切实提高广大人民的生活水平(张嘉昕、王庆琦,2018:17)。

参考文献

[1]董希淼、张涛,2018,银行业对外开放历程与深化,《中国金融》,第7期,第19页。

[2]刘明国、杨珺珺,2019,警惕新一轮更为深重的金融危机——美国后危机时代的经济态势分析,《海派经济学》,第1期,第38页。

[3]王洋天,2018,基于改革开放40年的中国金融业对外开放实践和启示,《贵州社会科学》,第9期,第14页。

[4]吴元作,1998,金融深化过度——泰国金融危机成因探析,《国际金融研究》,第2期,第27页。

[5]习近平,2017,《决胜全面建成小康社会 夺取新时代中国特色社会主义伟大胜利》,北京:人民出版社,第34页。

[6]张嘉昕、王庆琦,2018,新时代我国银行业深化开发与风险防范研究——基于程恩富"金融业对等开放"原则,《海派经济学》,第4期,第17—19页。

[7]朱隽,2017进一步扩大金融业对外开放,《中国金融》,第19期,第25页。

China's Financial Industry Promotes Reform and Opening Up and Serving the Real Economy in the New Era

Zhang Jiaxin Yu Shan Wang Qingqi

Abstract Finance plays an important role in the economic development of the new era. The financial industry should raise its regulatory level and strengthen its risk prevention capabilities in the historical process of further deepening reform and opening up, and realize the strategic goal of financial services for the real economy. Based on this understanding, we first analyze the limited opening and protectionism behaviors of the financial industry in developed countries, and then review the important achievements of China's financial industry in opening up and reforming. In the new historical period, we must attach great importance to financial security work, proceed from the basic national conditions, enhance the level of supervision and risk prevention, and strengthen technological innovation, especially the gradual expansion of the two-way reciprocal opening in the financial sector; and through deepening reforms. Effectively use financial means to introduce social capital into the real economy, so that finance returns to serve the origin of the real economy, promote the healthy development of the national economy in the new era, and continuously improve China's comprehensive competitiveness in the world economic system.

Key words Financial Industry Reform and Opening Up Financial Security The Real Economy Off Real to Virtual Risk Prevention

中国高等教育经济功能的演变与绩效

李子联 华桂宏

内容提要 高等教育的经济功能集中表现在高等教育通过促进人力资本积累能够带来科技创新的提升和国民经济的增长。在梳理高等教育经济功能思想演变的基础上,进一步以改革开放 40 年来的发展实践为样本,通过构建向量自回归模型,对高等教育政策演变影响经济增长和科技创新的绩效分别进行了脉冲响应分析。研究结论显示:高等教育带来了显著的"改革红利",即高等教育制度的良性改革能够有效地促进科技创新的提升和国民经济的增长。发挥高等教育在促进经济社会高质量发展中的积极作用,应坚持公平与均衡的发展原则,继续深化高等教育制度改革;应树立人才立校的理念,进一步提升高等教育质量。

关键词 经济功能 思想演变 经济绩效
中图分类号 G640

一、引 言

以发展高等教育来促进人力资本的积累和科技创新的提升,是实现经济社会由高速增长到高质量发展转变的重要渠道。很明显,高等教育的这一经济功能,在人口增长放缓、资源供应紧张和治污成本攀升的新常态下,将随着现代化经济社会体系的全面建成而愈发彰显。因此,尽管高等教育的本质在于通过促进学生的心智发展来实现其身心的"自由"、"解放"和"创新"(巴尼特,2012),但附着于这一终极追求下的经济功能,则同样重要而不可忽视。如从政策上来看,高等教育经济功能的正确认知与定位直接促发了施政纲领由"以阶级斗争为纲"向"科教兴国"、"人才强国"发展战略的转变,既改变了高等教育,又改变了整个社会,是改革开放以来中国教育领域取得的"最大成绩"(顾明远,2008);从绩效来看,1982—2004 年中国高等教育毛入学率平均每年

收稿日期:2019—10—24

作者简介:李子联(1985—),江苏师范大学商学院教授、硕士生导师,主要研究方向为发展经济学;华桂宏(1966—),江苏师范大学党委书记、教授、博士生导师,主要研究方向为发展经济学。

基金项目:本文系国家社科基金教育学青年项目"高等教育质量提升的经济绩效及实现机制研究"(CFA160178)的阶段性研究成果。

增加 1%，将会引致 GDP 增长约 712 亿元(崔玉平，2007)，足见高等教育的经济功能极为显著。那么，在中国特色的高等教育发展实践中，高等教育的经济功能经历了怎样的演变？对应的政策变迁又带来了怎样的经济绩效？

中国改革开放以来高等教育经济功能的演变，按照不同的划分标准呈现出了不同的逻辑脉络。根据目标导向的不同，高等教育先后经历了以“经济建设”为导向的“精英化发展阶段”，以“政府和市场”为双导向的“跨越式发展阶段”和“内涵式”扩张的“大众化发展阶段”(赵红霞、李赛琦，2014)；以制度变迁模式为标准，高等教育制度变迁经历了 1978 年之前的僵滞阶段、1978 年之后政府主导下的强制性制度变迁阶段，以及 20 世纪 90 年代后期开始的高校主导的诱致性变迁阶段(王宝玺，2008)；以改革周期为标准，高等教育改革可以划分为 1978—1984 年的酝酿与恢复发展时期、1985—1992 年的起步与稳步发展时期、1993—1998 年的全面展开与快速发展时期，以及 1999—2008 年的持续深入与质量全面提升时期(石中英、张夏青，2008)；以市场经济体制的建立为节点，高等教育发展经历了 1977—1991 年的拨乱反正和改革开放初期、1992—2009 年的深化改革开放时期两个阶段(陈学飞、展立新，2009)。

客观而言，以如上标准来理解中国高等教育事业发展演变的逻辑，能够相对较为直观而清晰地观测高等教育在不同阶段的发展状况，但要更为全面、深刻而根本地把握高等教育发展及其功能演变的逻辑体系，则应从权威而连贯的、具有“思想发源地”特征的文本表述中进行梳理。很明显，这一文本集中体现在国家主要领导人的讲话和著述中。刘尧(2011)认为与新中国成立后高等教育发展相对应的高等教育思想，集中体现在由毛泽东、邓小平、江泽民和胡锦涛的高等教育思想组成的思想体系中；而习近平高等教育思想作为这一思想体系的传承和创新，同样是理解中国高等教育思想演变脉络的主要“来源地”(杨志成，2017)。基于此，本文以改革开放 40 年来主要领导人的讲话和著述为研究样本，全面梳理中国高等教育经济功能的思想演变，并基于此进一步揭示高等教育经济功能的绩效。

二、高等教育经济功能的思想演变

改革开放以来，从邓小平到江泽民、胡锦涛，再到习近平，他们始终站在时代的高度，以科教兴国和人才强国为基本理念，在推动高等教育大众化、优质化和均衡化中与时俱进，提出了系统的教育辩证发展观和科学的教育发展理念，成为中国特色社会主义理论体系中的重要组成部分，对理解高等教育事业发展和经济功能的演变具有重要的学术意义。

从目标定位来看，高等教育应适应于经济社会发展的要求，并为社会主义现代化建设培养和储备专业人才。面对经济比较落后的基本国情，江泽民同志指出，“我们必须立足于这个实际，深化教育改革，使我们的教育结构和教育体制适应社会主义市场经济发展和社会全面进步的要求”（中共中央文献研究室，2002a），“培养同现代化要求相适应的数以亿计高素质的劳动者和数以千万计的专门人才，发挥我国巨大人力资源的优势，关系21世纪社会主义事业的全局”（江泽民，2006a）。此后，在1998年5月的北京大学百年校庆大会上，江泽民同志又强调，“我们的大学应该成为科教兴国的强大生力军。应与经济社会发展紧密结合，为现代化建设提供各类人才支持和知识贡献。这是面向21世纪教育改革和发展的方向”（江泽民，2006b）。由于高等教育从目标上应适应并服务于经济社会的发展，因此高等教育被定位为“民族振兴、社会进步的基石，是提高国民素质、促进人的全面发展的根本途径，寄托着亿万家庭对美好生活的期盼”①、“事关国家发展、事关民族未来”②，而大力发展教育事业，也就成了“全面建设小康社会、加快推进社会主义现代化、实现中华民族伟大复兴的必由之路”③。具体而言，“高等教育要紧紧围绕实现‘两个一百年’奋斗目标、实现中华民族伟大复兴的中国梦，源源不断培养大批德才兼备的优秀人才”④。由于有此目标定位，因此高等教育人才培养模式不可能脱离经济社会发展需求而“自娱自乐”，而应以培养国家和社会需要的专业人才为目标，不断地适应并服务于经济社会的发展。

从具体使命来看，高等学校应培养服务于人民、服务于国家和服务于社会的高级专门人才。尽管在不同的历史时期，高等学校所培养的人才类型因意识形态、经济背景和社会结构等因素的不同而具有不同的称谓，但就共性而言，都是服务于人民、服务于国家和服务于社会的高级专门人才，而这一指向也就成了高等学校一以贯之的重要使命。在20世纪80年代，高等学校使命在于“造就宏大的又红又专的工人阶级知识分子队伍”，要求“掌握和发展科学文化知识和各行各业的新技术新工艺”、“创造比资本主义更高的劳动生产率”，以“把我国建设成为现代化的社会主义强国，并且在上层建筑领域最终战胜资产阶级影响”（邓小平，1983）。在20世纪90年代，高等学校使命则在于“一方面要为国家培养大批高级专门人才，另一方面又要面向广大农村和基层企事业单位，培养大量急需的各种中级、初级技术人才，经营人才和管理人才”⑤，“要积极面向经济建设主战场，研究解决经济社会发展中的重大理论和实践问题，促进科技成果向现实生产力转化，成为知识创新、技术创新和高新技术产业化的重要方面军”（江泽民，2006c）。进入21世纪后，高等学校使命则在于“把促进学生健康成长作为学校一切工作的出发点和落脚点，全面贯彻

① 胡锦涛，在全国教育工作会议上的讲话，《人民日报》，2010年9月9日，第2版。
② 习近平，习近平致清华大学建校105周年贺信，《人民日报》，2016年4月23日，第1版。
③ 胡锦涛，在全国教育工作会议上的讲话，《人民日报》，2010年9月9日，第2版。
④ 习近平，习近平致清华大学建校105周年贺信，《人民日报》，2016年4月23日，第1版。
⑤ 江泽民，在庆祝北京大学建校一百周年大会上的讲话，《人民日报》，1998年5月5日，第1版。

党的教育方针，坚持育人为本、德育为先、能力为重、全面发展，着力增强学生服务国家服务人民的社会责任感、勇于探索的创新精神、善于解决问题的实践能力，努力培养德智体美全面发展的社会主义建设者和接班人”①。在全面建设小康社会的新征程和新时代下，习近平同志传承和创新了中国特色社会主义高等教育思想的理念，指出高等学校使命在于“努力培养出更多更好能够满足党、国家、人民、时代需要的人才”②，既强调高等教育是“为人民服务、为中国特色社会主义服务、为改革开放和社会主义现代化建设服务的”③，又创新性地提出“高等教育发展方向要同我国发展的现实目标和未来方向紧密联系在一起，为人民服务、为中国共产党治国理政服务、为巩固和发展中国特色社会主义制度服务、为改革开放和社会主义现代化建设服务”④。

从经济功能来看，高等教育是提升科技水平的基础，而科技进步则是促进经济增长、推进现代化和增强综合国力的关键。自改革开放以来，主要领导人在其讲话和著述中均强调高等教育的重要功能在于提升科技水平，或者说，高等教育是科技进步的基础，而发展科技的目的则在于短期内促进国民经济增长、中期内增强综合国力、长期内推进社会主义的现代化。首先，从短期来看，应通过发展教育来提升科技水平，进而促进国民经济的增长。在 1978 年的全国科学大会开幕式上，邓小平同志指出“没有科学技术的高速度发展，也就没有可能有国民经济的高速度发展……科学技术人才的培养，基础在教育”⑤。其次，从中期来看，“我们国家要赶上世界先进水平……要从科学和教育着手”(中共中央文献研究室，1995a)，“要通过大力发展教育事业，努力培养造就数以亿计的高素质劳动者，数以千万计的专门人才和一大批拔尖创新人才，加快转变经济增长方式，坚持走中国特色新型工业化道路，增强我国发展后劲和国际竞争力”⑥，因此，“高等教育发展水平既是一个国家发展水平的重要标志，也是国家发展潜力的重要标志；我们提高高等教育发展水平，就是提升国家核心竞争力”⑦，“中国的未来发展，中国民族的伟大复兴，归根结底靠人才，人才培养的基础在教育”⑧。最后，从长期来看，社会主义现代化这一远景的实现，“关键是科学技术要能上去。发展科学技术，不抓教育不行”(中共中央文献研究室，1995b)，“必须把教育摆在优先发展的战略地位，努力提高全民族的思

① 江泽民，在庆祝北京大学建校一百周年大会上的讲话，《人民日报》，1998 年 5 月 5 日，第 1 版。

② 习近平，在北京市八一学校考察时的讲话，《人民日报》，2016 年 9 月 10 日，第 1 版。

③ 习近平，做党和人民满意的好老师，《光明日报》，2014 年 9 月 10 日，第 1 版。

④ 习近平，把思想政治工作贯穿教育教学全过程 开创我国高等教育事业发展新局面，《人民日报》，2016 年 12 月 9 日，第 1 版。

⑤ 邓小平，在全国科学大会开幕式上的讲话，《人民日报》，1978 年 3 月 22 日，第 1 版。

⑥ 胡锦涛，在全国教育工作会议上的讲话，《人民日报》，2010 年 9 月 9 日，第 2 版。

⑦ 习近平，把思想政治工作贯穿教育教学全过程 开创我国高等教育事业发展新局面，《人民日报》，2016 年 12 月 9 日，第 1 版。

⑧ 胡锦涛，在全国优秀教师代表座谈会上的讲话，《人民日报》，2007 年 9 月 1 日，第 1 版。

想道德素质和科学文化水平”(江泽民,2006d),因此,“高等教育的发展程度和发展质量,不仅影响整个教育事业,而且关系到社会主义现代化建设的未来”①。“大力发展教育事业,是发挥我国人力资源优势、建设创新型国家、加快推进社会主义现代化的必然选择”②。毋庸置疑,以邓小平、江泽民、胡锦涛和习近平同志为代表的这些讲话和著述,对改革开放以来不同时期高等教育事业的发展及其经济功能的具体发挥,起到了决定性的引领作用。

从方针政策来看,为了发展高等教育事业,应坚持科教兴国战略和教育优先发展战略。首先,科教兴国战略是在我国经济发展相对落后的基本国情下,在科学判断科学技术对经济社会发展具有内在而持久推动力的基础上,党和政府高瞻远瞩所制定的一项发展大计。按照江泽民同志在1995年全国科技大会上的阐述,“科教兴国,是指全面落实科学技术是第一生产力的思想,坚持教育为本,把科技和教育摆在经济、社会发展的重要位置,增强国家的科技实力及向现实生产力转化的能力,提高全民族的科技文化素质”(中共中央文献研究室,2002),而“实施科教兴国战略,高等教育是非常重要的一环。大学办得好不好,直接影响社会主义现代化建设”,因此高等学校是“科教兴国的强大生力军”③。其次,以科教兴国战略为支撑的教育优先发展战略,是在科学判断教育经济功能和精准定位教育基础地位的前提下,党和政府从顶层出发所提出的大力发展教育事业的正确方针。“教育是发展科学技术和培养人才的基础,在现代化建设中具有先导性全局性作用,必须摆在优先发展的战略地位”(江泽民,2006e),“坚持把教育摆在优先发展的战略地位,是我们党和国家提出并长期坚持的一项重大方针”④,要求“在整个社会主义现代化建设过程中,教育优先发展的战略地位必须始终坚持,不能动摇”,否则“就会丧失时机,贻误大事,就要犯历史性的错误”(中共中央文献研究室,2002b)。因此,坚持科教兴国战略和教育优先发展战略,从国家经济社会整体发展的角度重视高等教育发展,增加对大学的投入,是促进国民经济增长、增强综合国力和推进社会主义现代化建设的重要保障。

三、高等教育经济功能演变的绩效分析

从国家主要领导人的高等教育思想来看,高等教育的经济功能集中表现在高等教育通过提升科技水平和促进经济增长而带来了经济社会的长远发

① 江泽民,江泽民参加四所交通大学负责人座谈会的讲话,《光明日报》,1996年3月28日,第1版。

② 胡锦涛,在全国优秀教师代表座谈会上的讲话,《人民日报》,2007年9月1日,第1版。

③ 江泽民,考察北京大学时的讲话,《人民日报》,1998年4月30日,第1版。

④ 胡锦涛,在中央政治局第三十四次集体学习会议上的讲话,《人民日报》,2006年8月31日,第1版。

展，具有短期和长期并存的经济效应。那么，这一机制是否能够得到中国改革开放 40 年来发展实践的验证呢？以实证检验高等教育经济功能的绩效为主题，本文拟运用向量自回归模型（VAR）的脉冲响应函数来分析高等教育对科技创新和经济增长的影响。

（一）变量、模型与数据

之所以选用 VAR 模型，主要是因为这一方法可以在不考虑控制因素的情况下直接分析自变量和因变量之间的相互冲击效应，这就有效地规避了自变量设置不足而带来的内生性问题，或是自变量设置过多而带来的多重共线性问题（李子联，2016）。此外，VAR 模型在变量之间缺乏经典理论支撑的情形下也具有较强的分析适用性。很明显，对于高等教育经济功能的研究，尽管已有文献稍有涉及，但大多停留在高等教育发展所带来的经济效应这一层面的理论或实证研究中，因而也就并未形成可供借鉴同时也得到广泛认可的经典理论，这为我们使用 VAR 模型进行脉冲响应分析提供了研究空间。具体而言，本文所构建的 VAR 模型拟使用全国时间序列数据来考察高等教育冲击经济增长和科技创新的时间效应。受数据可得性的影响，经济增长和科技创新的研究样本分别为 1977—2017 年和 1987—2017 年。结合下文的各类检验，VAR 模型的具体形式设置如下：

$$pgdp_t = \alpha_1 her_{t-1} + \beta_1 pgdp_{t-1} + C \tag{1}$$

$$ppt_t = \alpha_1 her_{t-1} + \beta_1 ppt_{t-1} + C \tag{2}$$

在上述模型中：第一，因变量或目标变量包括经济增长和科技创新两个变量。其中对于科技创新变量的度量，本文借鉴 Griliches et. al.（1986）和范红忠（2007）等的方法，以专利授权数量作为替代变量，且分别以经济增长率和专利授权数量增长率作为量化值，分别设为 $pgdp$ 和 ppt。第二，自变量为与高等教育经济功能相关的政策变迁。由于此变量并没有量化的统计数据，因此本文拟对其做虚拟化处理，其取值以当年是否制定和实施相关法律、规定和规划，是否召开重大会议并形成重大决定为赋值依据，如所列事件发生，则该年的高等教育政策变迁取值为 1，若为发生则取值为 0，该变量记为 her，取值见图 1。变量经济增长率和专利授权数量增长率的原始数据均来源于全国相应年份的统计年鉴，高等教育政策改革事件则来源于相关文本以及党和政府的官网统计中。

图 1 所示的反映高等教育政策变迁及其经济绩效的动态图显示：自改革开放以来，我国高等教育能够不断顺应经济社会的快速发展，能够及时响应经济社会发展过程中所出现的问题及对人才培养所提出的具体要求，不断推陈出新，通过制定和实施一系列法律、法规和深化教育改革，有效地推动了高等教育事业的发展。总体而言，在 1977—2017 年，总计有 25 次与改革有关的会议、文件或法规出现，表明我国高等教育改革的事件发生率相对较为频繁。进

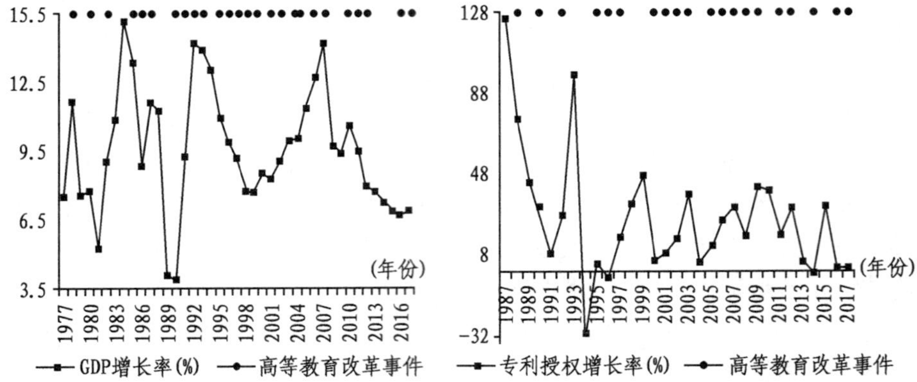

(a)高等教育政策变迁的增长效应　　(b)高等教育政策变迁的创新效应

注:图中标示圆点处即为高等教育改革事件发生的年份,未标则代表未发生。

图 1　高等教育政策变迁及其经济绩效

数据来源:GDP 增长率和专利授权增长率根据 2017 年《中国统计年鉴》及 2018 年《中国统计公报》的相关数据整理计算而得,高等教育改革事件根据相关文本、党和政府的官网披露整理而得。

一步地,若以十年为间隔进行分段统计,则在 1977—1987 年、1988—1997 年、1998—2007 年和 2008—2017 年分别有 6 次、8 次、6 次和 5 次改革事件,表明相对于其他时期,20 世纪 90 年代的高等教育改革较为密集。之所以出现这一现象,极有可能是因为在这一时期,随着改革开放的不断推进和市场经济体制的逐步确立,社会分工变得更加广化和深化,这就要求高等教育应培养越来越多和越来越精的高级专业人才来适应这一形势的变化,而这种要求则内生性地引致了高等教育制度的改革。

从高等教育政策变迁所带来的经济绩效来看,在 1977—2017 年,尽管中国经济增长的波动较为频繁,但却取得了高于世界其他任何国家的增长速度,平均增速达到了 9.5%,部分年份如 1978 年、1983—1985 年、1987—1988 年、1992—1995 年、2003—2007 年和 2010 年的增速甚至高于 10%。仍以十年为间隔进行分段统计,在中国高等教育改革事件相对较为密集的 1988—1997 年,中国的平均经济增长率为 10%,而 1977—1987 年、1998—2007 年和 2008—2017 年的平均增长率则分别为 9.9%、10%和 8.3%,大致符合“高等教育改革能够带来经济增长”的施政基础。与此相似,反映科技创新水平的专利授权增长率也表现出了与高等教育改革相同的变化方向。在所考察的样本范围内,1987—1997 年、1998—2007 年和 2008—2017 年的专利授权量增长率分别为 36.14%、22.12%和 18.68%,这一增速下滑的趋势与高等教育改革事件减少的趋势相吻合。因此,与高等教育经济功能相关的政策演变能够带来国民经济的增长和科技创新的提升,这一结论至少在统计上是显著的。

(二)脉冲响应分析

应当看到,统计检验只能粗略地反映高等教育政策演变与经济增长和科技创新之间的同向变化关系,若要更为精确地揭示变量之间的数量关系,则应进行进一步的脉冲响应分析。对上述各变量进行平稳性检验后发现变量 *pgdp*、*ppt* 和 *her* 经 ADF、LLC 和 PP 检验后均为零阶平稳,表明各变量的原始序列均可作为 VAR 模型的检验变量。运用 LogL、LR、FPE、AIC、SC 和 HQ 方法,对滞后阶数进行逐一递增式的试探性检验后发现,两个模型均为 1 阶滞后。① 基于此,对 VAR 模型进行脉冲响应分析后,得到了如图 2 所示的冲击结果。

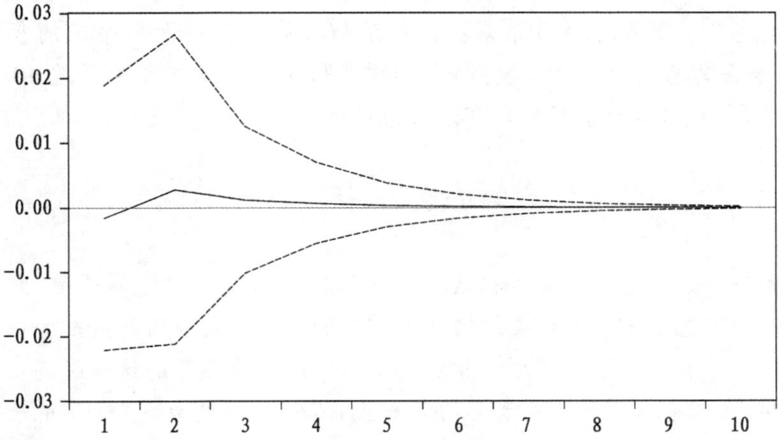

(a) *her* 冲击 *pgdp*

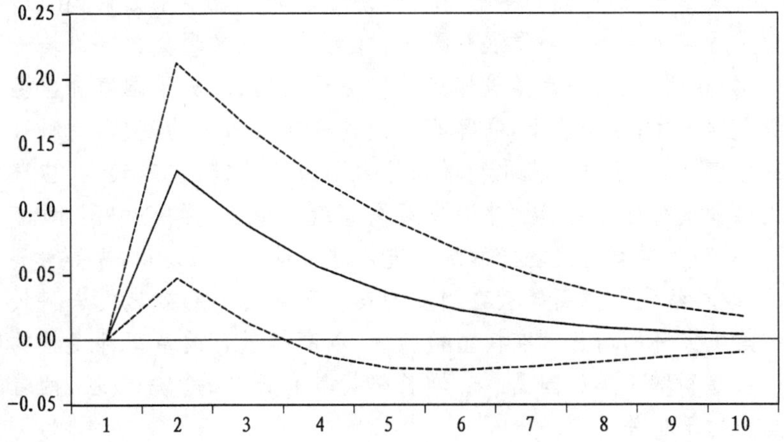

(b) *her* 冲击 *ppt*

图 2　高等教育经济功能的脉冲响应分析

① 受篇幅所限,各变量的平稳性检验结果和 VAR 模型的滞后阶数检验结果未予展示。

在高等教育改革 *her* 冲击经济增长率 *pgdp* 和专利增长率 *ppt* 的 VAR 模型中，给定 *her* 受到一个单位的正向冲击，*pgdp* 将因此而受到先增强后减弱的同向冲击，这一冲击效应表现为前 2 期逐渐增强，然后则开始逐渐减弱且直至第 6 期完全消失，见图 2(a)，这一结果表明高等教育改革对经济增长率具有显著的正向影响，或者说，高等教育改革促进了国民经济的快速增长；与此相似，高等教育改革对专利增长率也具有正向的冲击效应，表现为在给定 *her* 受到一个单位的正向冲击后，*ppt* 也因而受到先增强后减弱的同向冲击，不过这一冲击效应直至第 10 期才开始减弱到近乎为 0，见图 2(b)。因此，高等教育改革对专利增长率也带来了积极影响，或者说，高等教育改革促进了科技创新的进步。高等教育改革对国民经济增长和科技创新所带来的积极作用，既符合高等教育经济功能发挥的传导机理，又符合中国改革开放 40 年来的发展实践，基本达到了高等教育改革的目标与要求。

四、结　语

高等教育是促进人力资本积累和提升科技创新能力的重要渠道，发展高等教育对于促进国民经济数量的增长和质量的提升以及全面建成社会主义现代化强国都具有十分重要的理论和现实意义。以高等教育的这一经济功能为研究主题，本文在梳理其思想演变的基础上，进一步以改革开放 40 年来的发展实践为样本，通过构建向量自回归(VAR)模型，对高等教育改革影响经济增长和科技创新的机制分别进行了脉冲响应分析。

从思想演变来看，中国高等教育的经济功能表现在四个方面：在目标上，高等教育应适应于经济社会发展的要求，并为社会主义现代化建设培养和储备专业人才；在使命上，高等学校应培养服务于人民、服务于国家和服务于社会的高级专门人才；在功能上，高等教育是提升科技水平的基础，而科技进步则是促进经济增长、推进现代化和增强综合国力的关键；在政策上，应坚持科教兴国战略和教育优先发展战略以发展高等教育事业。结合中国 40 年来的改革实践，对高等教育经济功能的绩效进行进一步检验后发现：高等教育带来了显著的"改革红利"，即高等教育制度的良性改革能够有效地促进科技创新的提升和国民经济的增长。在模型检验中，以高等教育改革事件度量的制度改革对授权专利增长率和国民经济增长率均具有正向的冲击效应，两者之间存在着显著的正相关关系。

上述结论对发挥高等教育在促进经济高质量发展中的积极作用的启示在于：一方面，应继续深化高等教育制度改革。既要在理念上继续把高等教育事业摆在优先发展的重要位置，又要在实际中加大经费投入和加强政策支持以切实推进高等教育事业的优先发展；应推进高等教育的公平发展和均衡发展，应在侧重发展优势大学、优势学科和优势专业的基础上，打破高等教育发展中的地区歧视和学科歧视，以做到真正的公平与均衡。另一方面，应树立人才立校的理念，进一步提升高等教育质量。优惠的政策是引进优质人才的制度保障，而其核心在于为不同层次的人才提供快捷的发展通道和丰厚的报酬待遇。应摒弃“论资排辈”的固化思维，应拥有“不拘一格”的自信与勇气，切实推进“绿色通道”的建设；应放眼未来、立足长远，加大人才投入在经费总支出中的比重，并为教师使用各项经费提供必要的便利，以使其在获得职业尊严的过程中为高等教育质量的提升做出更大的贡献。

值得一提的是，本文尽管关注高等教育在中国经济社会发展中的重要作用，但并不是坚持高等教育“唯经济论”的价值观。相对应地，中国改革开放以来先后提出的一些政策命题或口号，如“教育是基础”、“教育先行”、“百年大计，教育为本”、“科教兴国”和“人才强国”等，也不能简单且极端地理解为是经济发展导向的高等教育观。或许，这些战略更应理解为是政府为了促进高等教育和经济社会的发展而采取的一种施政策略。正如石中英和张夏青(2008)所指：将高等教育的经济功能制定为国家发展战略的“命题”或“口号”，有助于说服和动员各级政府高度重视高等教育改革与发展，有助于大幅增加对高等教育的公共财政投入，为全面提高教育质量创造更好的思想、物质与舆论条件。

参考文献

[1]Griliches, Z. , Ariel, P. and Bronwyn, H. H. , 1986, “The Value of Patents as Indicators of Inventive Activity”, *NBER Working Paper*, No. 2083, 1—30.

[2]陈学飞、展立新，2009，我国高等教育发展观的反思，《高等教育研究》，第 8 期，第 1—26 页。

[3]崔玉平，2007，教育规模扩大对长期经济增长的引致贡献，《教育与经济》，第 2 期，第 43 页。

[4]邓小平，1983，《邓小平文选(1975—1982)》，北京：人民出版社，第 101 页。

[5]范红忠，2007，有效需求规模假说、研发投入与国家自主创新能力，《经济研究》，第 3 期，第 33—44 页。

[6]顾明远，2008，解放思想，30 年教育成就斐然，《中国教育学刊》，第 6 期，第 80 页。

[7]江泽民，2006a，《江泽民文选》(第 2 卷)，北京：人民出版社，第 1 页。

[8]江泽民，2006b，《江泽民文选》(第 2 卷)，北京：人民出版社，第 123 页。

[9]江泽民，2006c，《江泽民文选》(第 2 卷)，北京：人民出版社，第 335 页。

[10]江泽民，2006d，《江泽民文选》(第 1 卷)，北京：人民出版社，第 233 页。

[11]江泽民，2006e，《江泽民文选》(第 3 卷)，北京；人民出版社，第 562 页。

[12]李子联，2016，收入与生育：中国生育率变动的解释，《经济学动态》，第 5 期，第 37—48 页。

[13]刘尧，2011，新中国高等教育思想变迁，《山东科技大学学报》，第 3 期，第 87—95 页。

[14]罗纳德·巴尼特著,蓝劲松主译,2012,《高等教育理念》,北京:北京大学出版社。

[15]石中英、张夏青,2008,30年教育改革的中国经验,《北京师范大学学报》,第5期,第22—32页。

[16]王宝玺,2008,改革开放三十年高等教育制度变迁分析,《黑龙江高教研究》,第12期,第5—7页。

[17]杨志成,2017,中国特色社会主义教育学理论体系发展的新境界,《中国教育学刊》,第5期,第1—8页。

[18]赵红霞、李赛琦,2014,政府、市场与大学自治,《高等农业教育》,第11期,第16—20页。

[19]中共中央文献研究室,1995a,《邓小平论教育》,北京:人民教育出版社,第29页。

[20]中共中央文献研究室,1995b,《邓小平论教育》,北京:人民教育出版社,第25页。

[21]中共中央文献研究室,2002,《江泽民论有中国特色社会主义(专题摘编)》,北京:中央文献出版社,第232页。

[22]中华人民共和国教育部、中共中央文献研究室,2002a,《毛泽东邓小平江泽民论教育》,北京:中央文献出版社、人民教育出版社、北京师范大学出版社,第250页。

[23]中华人民共和国教育部、中共中央文献研究室,2002b,《毛泽东邓小平江泽民论教育》,北京:中央文献出版社、人民教育出版社、北京师范大学出版社,第247页。

A Study on Evolution and Performance of Economic Function of Higher Education in China

Li Zilian Hua Guihong

Abstract Higher education promotes innovation of science and technology and high quality development of economic and society, through increase human capital. Based on revealing the evolution of thoughts in higher education, this paper builds VAR models of time series to analyze the performance of higher education to economic growth and innovation of science and technology in 40 years since the Reform and Opening-up. Conclusion is drawn basing on the impulse-response analysis: higher education produces obvious "reform dividends", which shows that institution reform of higher education can effectively promote innovation of science and technology and economic growth. To play the economic performance of higher education effectively, we should further to deepened the reform of higher education institution and promote the quality of higher education.

Key words Economic Function Thoughts Evolution Economic Performance

新中国成立以来我国家庭文化的演变路径与发展对策研究

李笑野　刘红梅

内容提要　新中国成立以来文化的发展方向是从根除旧的封建文化向建设新文化转变的,在新文化建设过程中,家庭文化从伦理本位向现代个体本位变革,起到了重要的推动作用。本文辨析了新中国成立以来,家庭文化从彻底根除封建文化到改革开放后个体家庭文化确立,再到新时代个体家庭文化新发展的演变过程;从现代性发育和市场经济建设的时代背景出发,阐述了当前家庭文化面临的三重困境,并且从社会结构转型、个体自我觉醒和西方文化的涌入等角度分析困境产生的原因;最后提出了新时代中国特色社会主义家庭文化建设的政策建议。

关键词　家庭文化　演变路径　困境　建设对策
中图分类号　D610

家庭文化是社会整体文化的一部分,家庭文化领域的变化从微观层面反映出文化的变迁面貌。新中国成立以来,在家庭文化领域彻底解构了存在两千多年的封建旧文化,积极构建以马克思主义理论为指导的符合社会主义本质要求的崭新家庭文化内容。同时,在文化结构的深层改造中实现了个体、社会、国家面貌的焕然一新,推动了社会的大变革和大发展。随着社会发展处于不断变动中的家庭文化,面对时代和社会发展的需要以及各种外部挑战,新时代家庭文化建设必然要做出与时俱进的新回应。本文尝试梳理新中国成立以来家庭文化演变的路径及其取得的成果,为解决当前家庭文化出现的困境和建设新时代家庭文化做出积极新探索。

一、我国家庭文化发展的演变路径

如果用最简洁的指标来观察新中国成立以来家庭文化的构建与变迁对社会的改造和对文化建设的深刻影响,那么其中最集中的展现就是反映不同时

收稿日期:2019—10—20

作者简介:李笑野(1955—),上海财经大学人文学院教授、博导,主要研究先秦文学与文化哲学;刘红梅(1990—),上海财经大学人文学院博士研究生,主要研究马克思主义哲学与文化哲学。

期家庭文化内涵的《婚姻法》。在这一具有法治意义的"硬件"建设中，既展示了根除封建文化、建设全新文化的思想探索，也表达了家庭文化随着社会发展不断与时俱进的新内涵、新生命。

(一)彻底根除封建文化——新中国成立初期的成就

新中国成立后的家庭文化建设是彻底根除封建旧文化的质变时期，在中国文化发展中它具有伟大而深刻的历史意义，而推究渊源则是对五四和延安时期以来家庭文化探索的历史总结。这一思想总结的历史转折意义，是以1950年颁布的第一部《中华人民共和国婚姻法》为标志。

《婚姻法》从"原则、结婚、夫妻间权利与义务、父母与子女间的关系、离婚、离婚后子女的抚养、离婚后财产和生活、附则"(中共中央文献研究室，1992)等方面，以国家法律的形式全面阐述新中国成立后的婚姻家庭样态，它旨在以家庭为立点实现人的解放与平等，尤其是对女性的解放。它使自进入文明史以来女性在家庭、社会中所遭受的神权、政权、族权、夫权等全方位的捆缚与压迫中解放出来，女性全面获得了权利与自由，获得了作为人的价值与尊严，开启了女性人格独立的崭新历史。

这一文化成就的渊源，始于五四时期倡导的新文化、新思想运动。科学与民主是五四的旗帜，反对"旧礼教、旧道德、旧思想、旧文化"是五四新文化运动具体的社会改革内容，其中矛盾最为集中、最为本质的问题之一是旧社会的基础家庭文化。面对这一问题，五四时期，在理念上深刻剖析旧家庭文化，积极探讨改造的方法，倡导建立平等与独立新式家庭文化，从根本上瓦解封建制度与封建文化。继承五四精神，中国共产党在延安时期把它付诸具体社会实践。为了从实践中真正改造旧的家庭文化，先后在社会改造实践范围所及的解放区，颁布了《中华苏维埃共和国婚姻法》(1934年)、《陕甘宁边区婚姻暂行条例》(1939年)等具体法规。但受到当时实践条件的限制，这一新思想、新法只是在解放区发生影响，全国范围内的陈旧的家庭文化并没有被完全瓦解。新中国成立后，1950年《婚姻法》以国家政权组织和法律制度的形式确立了新式家庭文化的合法性，彻底改造了封建旧家庭文化，保障了五四以来家庭文化探索成果的实施。

新中国《婚姻法》的颁布，对改造旧文化和建设新文化具有重要的变革意义。

首先，新家庭文化的探索实现了旧家庭文化改造与人的解放的结合。在包办和金钱婚姻家庭中，旧的家庭文化建立在男尊女卑不平等基础上，女性从人身到精神都依赖于男权统治，男女双方都是家庭之间资源置换的砝码，婚姻和个体处于被束缚的非自由状态。倡导"一夫一妻"制平等家庭文化，从根本上打破了旧家庭文化对人的否定状态，为人的自由和解放提供新的文化保障。其次，家庭文化理念的转换推动新的社会文化形成。《婚姻法》明确废除和禁止包办、纳妾、重婚等封建主义旧文化，提倡权利平等、自由自愿的新式家庭文化。在家庭文化中，男女个体自由、意志独立、价值平等，男女获得同等的参与社会生产和政治生活的机会，真正享有国家赋予男女双方的平等权利。家庭文化上的变革必然推动社会整体文化的变革，成为塑造社会新文化的积极建设力量。换句话说，新式家庭文化是塑造自由平等的全新社会文化的基础。再次，新式家庭文化的探索是社会文明建设的支撑点。社会文明是一个社会整体发展水平的反映，而文明水平主要取决于社会主体所拥有的权利和自由，也就是个体自我价值的实现程度。新的家庭文化代表了社会文明发展水平的新高度，它从人的主体性方面打破了旧传统的束缚，为个体自我价值实现提供了保障。

(二)个体本位家庭文化的确立——改革开放中的探索

新中国成立后家庭文化变迁的第二个节点是1980年第二部《婚姻法》的颁布，它标志着家庭文化探索进入改革时期的个体本位家庭文化确立阶段。

个体本位家庭文化是在新中国成立后第一次家庭文化探索的经验和成果基础上，结合改革开放和社会主义市场经济建设的时代背景做出的新探索。个体本位家庭文化是与以往家庭群体本位文化相对的一个概念，家庭的模式走向以夫妻为核心的小家庭形式，家庭的目的摆脱群体利益的束缚转向实现个体幸福。1978年开始的改革开放是中国发展的二次革命，是历史的转折点，是百废待兴的历史新阶段，是人民迫切需要通过经济建设满足人民对物质和精神需要的新起点。市场经济的竞争、开放、平等原则促使禁锢社会发展的社会关系和文化理念分崩离析。这一阶段社会发展的最大变化是坚持物质文明建设的同时，开始注重精神文明建设，开始实施“两手抓，两手都要硬”。可以说，改革开放真正开始了中国特色社会主义文化建设的新阶段。

改革开放、社会主义市场经济建设、中国特色社会主义文化建设，使得人们头脑中的思想观念不断解放，经济关系、价值利益、财产权利、权利与义务等个体文化开始成为生产、生活中的主导思想，人们不再被动接受新的事物，而是主动积极地接受新的文化理念，自觉摒弃陈规陋习，自觉以《婚姻法》作为武器捍卫个体的婚姻家庭的权利。婚姻家庭正式从父母等他者权利还归于男女双方本身，家庭文化从单向的责任转向幸福本身，注重个体价值与情感价值平衡，家庭文化逐渐趋于个体理性化。

改革开放中的个体本位家庭文化探索具有重要意义。首先，个体本位的家庭文化与社会主义市场经济建设的文化需要相一致。改革开放和社会主义市场经济建设带来更加开放、自由的社会环境，需要个体文化打破人身依附的血缘文化的禁锢束缚，需要理性个体去遵循市场经济规律，参与市场的公平竞争。个体本位的家庭文化和平等自由的个体是以男女的独立和解放为前提的，而以血缘亲情为主导的关系本位文化更注重长幼尊卑，更注重情感联系，是与现代化建设高度理性化的主体需要不相适应的。其次,个体本位的家庭文化是与中国特色社会主义文化建设相一致的。江泽民同志在建党70周年时提出建设"有中国特色的社会主义文化",十五大又明确指明"在当代中国,发展先进文化,就是发展有中国特色社会主义的文化,就是建设社会主义精神文明"(江泽民,2006)。中国特色社会主义文化和精神文明建设需要社会主义先进文化引领,去打破旧道德、旧文化中非民主观念,积极建设民主式的现代新文化。二者在目标和内容上是互相补充、互相支撑的。再次,个体本位的家庭文化是女性解放文化的具体实现。女性在历史上一直处于被统治阶层,属于不具有独立人格的人。这一时期的女性在政权和法律保障下获得社会和经济独立,真正从男权统治下解放出来。女性可以自主选择婚姻家庭,选择工作,获得社会尊重,真正从各种关系束缚中解放出来,成为撑起社会的"半边天"。因此,女性的解放只有在改革开放的全面建设和新的个体家庭文化中得到实现。

(三)现代个体家庭文化的新探索

2001年4月颁布的第三部《婚姻法》是市场经济建设发展到一定阶段后,现代个体家庭文化探索的新阶段。社会主义市场经济建设和个体本位家庭文化经过二十多年的发展,个体公民意识经历了觉醒到主导的过程,家庭关系更加平等化,社会文化氛围更加包容开放,中国特色社会主义先进文化更加体系化。财产权利、责任和义务、妇女权益、婚姻质量成为该时期个体家庭文化探索的新内容。

2001年新《婚姻法》的颁布,是进入新世纪家庭文化对家庭形式和内容做出的新调整,是家庭文化建设的指向标。首先,以财产权利为基础的现代家庭文化探索是对市场经济产权明确需要的积极回应。市场经济模式强大的物质生产能力和资源配置功能,在推动社会物质发展和精神文化丰富的同时,也促使男女开始自觉关注财产的所有权利问题。在市场经济以前,家庭财产的归属毫无疑问属于男性,归男性支配。但现代社会男女各自拥有工作、创造财产,也就产生财产支配权。这种强烈的家庭财产意识,只有在市场经济建设的物质和文化发展到一定程度后才能产生。其次,以爱情为基础的现代个体本位家庭文化探索是社会主义"以人为本"精神的彰显。在马克思看来,是否基于爱情缔结婚姻是现代家庭文化与旧家庭文化的分野,虽然"男人对妇女的关系是人对人最自然的关系"(马克思、恩格斯,2009a),但只有将"一切附加的经济考虑消除以后"(马克思、恩格斯,2009b),这种最自然的主体精神才能成为婚姻家庭的唯一动机因素,才能体现现代社会"以人为本"的主体意志,而消除"经济考虑"的前提也就是女性全面进入社会生产。因此,男女之间最自然的主体性关系只有在以人为本的新世纪全面生产中实现。最后,婚姻家庭高度的自主性体现了社会主义精神文明的新水平。社会文明水平体现在有形的物质上，但更体现在人的全面发展上，体现在个体自我价值的实现上。婚姻家庭的高度自主性体现了社会文明水平的新高度。

二、当前家庭文化建设面临的困境及其原因分析

从起源上说，文化是人的本质力量客观对象化凝结成的物质和精神成果的总和，是人在实践中不断理性地将“人”与“自然”区分的结果。人在变革客观世界的过程中创造出文化，也生产出一个人为的意义世界，人在文化世界中受到熏陶和教化，不断被“文化”化。家庭是个体人的长养之地，家庭的产生本身就具有人类文化的意义，而反映家庭实践的具体家庭文化，是作为维护个体和社会存在的第一道屏障存在的，一旦出现文化困境，必然使生活其中的人茫然无措，影响社会整体发展。

（一）当前家庭文化建设面临的困境

改革开放和社会主义市场经济建设在推动中国融入世界的进程、加快中国现代化和全球化的程度的同时，也促使综合国力、国际话语权和文化软实力稳步提升。但也在社会结构转型、新旧动能转换和市场经济文化主导中，使得原有的文化影响开始式微，甚至瓦解，出现普遍的文化困境，尤其是在家庭文化中。

第一，价值观困境。袁贵仁教授在文章中指出，“文化的最深层次是价值观，这是文化的核心”（袁贵仁，2005）。也就是说，文化困境最核心的是价值观困境。价值观是个体认知和行动的准则，是整合社会群类的黏合剂。价值观困境意味着国家、社会和个体失去精神支柱，文化发展失去前进方向。当前价值观困境一方面表现在普世价值、历史虚无主义、功利主义、新自由主义等价值观的侵入，造成价值信仰迷失，陷入价值困顿状态；另一方面表现在意义的缺失上。文化是使人在实践中自觉到自我意义和价值的表现方式，是人主体自觉追求的产物。人不断实践，不断将主体力量对象化的“文化”过程，是人自觉确认自我存在意义的过程，是价值自我确证过程。一旦意义缺失，人与外界的关系也就失去了变革世界的意义。而家庭价值观困境，在当下主要表现为对家庭存在意义的质疑和否定，对以追求幸福为目的的家庭“共同体”理念的淡化和不断物质利益化的家庭关系上，家庭及其文化存在失去了秩序和维护作用。

第二，道德伦理困境。家庭道德伦理困境产生于旧的道德传统已经瓦解、新的道德尚未建立的夹缝时期。表现在两方面：一方面表现在道德伦理的模糊性和“真空”状态。道德伦理的模糊性是指由社会结构变革导致的新旧道德伦理斗争状态产生的“真空”状态。鲍曼曾指出“道德模糊性”，给我们“提供了以前未享受过的选择自由，同时也把我们抛入了一种以前从未如此令人烦恼

的不确定状态”(鲍曼,2003)。道德的“模糊性”和“真空”感与新旧道德的“夹缝期”状态有关,也与尼采和福柯等人对权威确定性的清算不无关系。他们对权威消解的本意是彰显主体性的人,使个体人复活,探索人的存在价值,但客观结果将以往社会形成的道德崇高感和伦理秩序的神圣性消解殆尽。因此,产生了道德伦理的模糊和真空困境,也致使个体成为无所遵循的“原子式”存在状态,产生无力的焦虑和“被抛弃感”。另一方面表现在道德伦理的异化状态,这是“模糊性”和“真空”状态的必然结果。由于道德上的无所依附、市场和资本文化的主导,人与人之间的关系异化成简单粗暴的金钱竞争关系,赤裸裸的金钱关系成为主导关系,抛弃了伦理道德对人际关系的调节和关怀作用。体现在家庭文化中是对亲情观念淡漠,不再遵循家庭伦理文化形成的秩序关系,不再接受伦理道德对人的束缚。

第三,教育困境。教育是一个理性化、社会化的不断使人完善的过程,可以与“学以成人”相互诠释。家庭教育是家庭文化重要的组成部分,家庭教育的目的是帮助个体获得基本的生活技能和培养个体的独立人格,为个体融入社会做好准备和铺垫工作。但当前教育困境表现在,一方面是教育过程中父母“缺位”。父母是子女教育的第一任老师,作为子女出生后学习和模仿的对象,但现在父母更愿意将教育子女的责任以付钱的形式交给学校和各种培训机构,转嫁父母在家庭教育中的责任,造成家庭教育过程中父母忽视对子女的情感和人格的培养。另一方面是教育的功利化倾向。家庭教育将内容窄化在考试的知识范围内,以考试的成绩作为教育好坏的标准。人是独立全面的存在,知识教育只是全部教育的一部分,仅有知识不能成为合格现代人。尤其是在人工智能时代的今天。知识技能本身有被人工智能代替的趋势,“围棋人机大战”的机器胜利体现了这一趋势。同时,西方工具理性造成的人与自然、人与人、人与自身之间的矛盾,已经证明仅注重知识的教育只会给社会带来灾难性后果,失去“学以成人”的教育培养目的。

(二)家庭文化困境的原因分析

家庭文化困境是家庭领域内出现的个别现象,但却具有一般性的普遍意义,影响社会文化建设的整体水平。在现代性发育和市场经济建设时期,家庭文化困境的产生既有社会结构转换的主体性原因,也有个体觉醒后的主体性原因,还有西方家庭文化涌入的外部原因。因此,家庭文化困境是多方面原因相互作用的结果。

第一,社会结构转换是产生困境的主导原因。马克思曾说:“在一切社会形式中都有一种一定的生产方式决定其他一切生产的地位和影响,因而它的关系也决定其他一切关系的地位和影响。”(马克思、恩格斯,2009c)这种起决定的生产方式在传统社会是典型的农耕生产方式,它决定了传统文化必然具有农耕文明的特性。农耕生产方式以农业和手工业为主,以自给自足为生产特点，以男耕女织为基本分工形式，生产水平整体低下。生产水平低下和个体生产能力的有限，使得人们选择依据血缘缔结人身依附关系，也就是选择以家庭为单位的群居生活。家庭最初是作为生产单位存在的，生产目的主要用于满足成员的生存需要。在此基础上产生的是以宗法等级和血缘亲疏为基础的伦理文化。在机器大工业生产的今天，生产的全球化，商品的时空脱域性，工厂化智能化生产，已经瓦解了以家庭为生产单位的小农社会结构，人们进入现代商品社会。商品生产的交换价值取代使用价值，商品中凝结的人的价值本质力量被货币价值所掩盖，人的存在意义被商品价值彻底无视。在一切成为商品，一切以商品价值、货币价值作为衡量标准的现代社会，商品文化逐步消解伦理文化的笼罩作用。个体从传统的家庭人身依附关系和权威统治文化中解脱出来，个体人在享受个体文化自由的同时却又被商品、货币文化捆绑。这是社会结构转换时期产生文化困境的主导因素，也是“社会存在决定社会意识”的具体展现。

第二，个体自我意识的觉醒是产生困境的主体性原因。个体觉醒的意义具有两面性。一方面，个体自我觉醒是个体从人身依附关系中解放出来的过程，是社会进步的体现。在资源匮乏和人身依附紧密的前现代社会生存是唯一重要的问题，以家庭为单位的集体生产是以满足生存为目的，人与人之间是相互依附的关系。近代工业生产带来的物质财富和人身自由，使个体存在成为新的时代主题。加之，文艺复兴和启蒙运动等封建旧文化改造，笛卡尔“我思故我在”的主体性思想的确立，霍布斯、卢梭、孟德斯鸠等政治思想家对法权和民主的宣传，使得人从封建的人身束缚、群体本位文化中解放出来，开始以独立的个体存在。朱静君评价中国封建社会时认为：“中国的封建社会长达数千年，有达官贵人、布衣小人，而无独立平等的个人，当然谈不上有主体意识。”（朱静君，1995）个体主体意识的觉醒是对以往“人的依赖性”关系和对个体存在价值的肯定，人获得了自由及自我支配和选择的权力。另一方面，个体觉醒后“物的依赖性”使得人们逐渐被橱窗里和货架上琳琅满目的商品所诱惑，开启了人性欲望的闸门。人们在追求物质、追求享受、追求自由的过程中，在追逐物质生活中迷失，人成为物质的生产工具，也被物质产品支配。换句话说，主体性觉醒赋予现代人自由选择权利的同时，也使得个体在无所依附的现代社会走向自我否定的反面。

第三，西方文化的进入是产生困境的外部原因。“海纳百川”式的“包容性”和“协和万邦”的“和合”精神是中国文化的深层次基因，它决定了中国文化以开放平和的心态对待外来文化的品质。西方文化的涌入给本土文化注入新鲜血液的同时，也给原有的文化带来文化价值理念上的冲击，尤其是在文化性质和文化精神理念存在差异的情况下。西方文化是典型的个体文化，强调个体权利与义务对等，属于契约法权文化。因而，家庭文化具有强烈的法权契约思想和民主平等色彩。西方个体家庭文化是以个体人格独立为基础，以自由竞争为背景，以法律规定的权利和义务对等为保障。当新中国成立后，尤其是改革开放后国门的打开，西方个体文化的进入强烈地吸引被禁锢在家庭伦理文化中的个体人。一方面，西方文化的涌入加快了向现代个体本位家庭文化的转向，在凸显个体权利的过程中消解家庭伦理文化对个体自由的束缚；另一方面，造成西方个体家庭文化的过度发展。西方式的个体家庭文化过度强调自我的权利，强调个体的主观感受，而忽视个体对家庭和家庭本身承担的伦理责任，使得处于社会制度和个体素质尚未健全时的当下社会，个体享受文化极度突出，家庭稳定性和幸福感下降，产生家庭文化困境。

三、新时代家庭文化建设的对策研究

中国特色社会主义文化是时代精神和民族精神的表达，是国家和民族最深层的本质。家庭是社会机体的有机细胞，是社会稳定的压舱石，家庭和睦则社会和谐，而家庭文化则是家庭健康的保障和依据，是中国特色社会主义文化的构成基础。习近平曾指出："无论时代如何变化，无论经济社会如何发展，对一个社会来说，家庭的生活依托都不可替代，家庭的社会功能都不可替代，家庭的文明作用都不可替代。"（习近平，2017a）在新时代的历史方位下，探索具有中国特色的社会主义家庭文化具有重要意义。

（一）新时代家庭文化建设需要把握三重原则

首先，以习近平新时代中国特色社会主义思想为理论指导原则。习近平新时代中国特色社会主义思想是在历史积淀与现实实践相互作用下产生的智慧结晶，是当代马克思主义理论中国化在新时代的最新理论成果，是党领导人民进行社会主义建设和改革开放的经验总结，是中西方文化交流互鉴的最新产物。它立足当代实践，立足新的历史方位，立足当代社会主题，具有深厚的理论思想价值和现实指导意义。新时代中国特色社会主义家庭文化建设要想探索出符合时代需要的新内容，必须顺应时代发展与时代需要相一致。习近平新时代中国特色社会主义思想作为时代趋势的最新成果和行动指南，只有将其作为理论指导原则并脚踏实地地坚持和贯彻，才能真正探索出人民满意、时代需要的中国特色社会主义家庭文化。

其次，以社会主义核心价值观为价值导向原则。习近平在北大师生座谈会讲话中指出"对一个民族、一个国家来说，最持久、最深层的力量是全社会共同认可的核心价值观"（习近平，2014a）。社会主义核心价值观体现了社会主义本质要求，是当前社会主义价值体系的核心精神所在，是个人、社会、国家在价值层面形成的最大公约数，既传承发展了中国优秀传统文化中的精髓，又吸收了世界文明中的优秀先进成果，是历史与现实价值理念的最新表达形式，集中回答了新时代社会发展中的价值取舍和行动选择问题。社会主义核心价值观具有最大化凝聚社会共识、整合群体力量、维护发展秩序的作用，可以为实现中国梦、为全面建成富强民主文明和谐美丽的现代国家建构起系统的价值认同机制，营造出价值认同的社会环境，培育出价值认同的主体。中国特色社会主义家庭文化建设说到底，是探索一种最大程度上被社会全体人民认可和肯定的新时代家庭理念和价值取向标准。这样的家庭文化必然要以社会主义核心价值观为价值导向原则。

再次，以实现美好生活需要为目标原则。“美好生活需要”不是空洞无物的概念，它是与人民衣食住行、医疗卫生、工作教育等相关的具体生活，是人民对幸福生活的向往和期盼，是人民切实的幸福感的来源，也是实现人民幸福的内在要求。在十八届中央政治局首次中外记者见面会中，习近平郑重强调“人民对美好生活的向往，就是我们的奋斗目标”，并在十九大报告中将其表述为当前社会的主要矛盾——“是人民日益增长的美好生活需要和不平衡不充分的发展之间的矛盾”（习近平，2017b）。因而，“美好生活需要”既是奋斗的目标，也是时代赋予的责任。美好生活属于全体人民，人民既是美好生活的享有者，也是实现美好生活的奋斗者，以“人民为中心”是它的出发点和落脚点，实现全体人民的幸福是其终极目标，人民性是其本质特征。新时代家庭文化建设的目的是为了更好地保障家庭和睦、实现社会和谐，其终极指向是幸福美好生活。家庭文化的建设不以“美好生活”作为建设的目标，也就偏离了中国特色社会主义文化，偏离了社会主义文化本质，也就不能承担时代赋予的时代使命和责任。

（二）新时代家庭文化建设需要具有三重维度

第一重维度是处理好与传统家庭文化的关系。钱穆先生在《中国文化精神》中指出，文化是一种生命现象，自然存在时间上的延续性，有传统与现代之分。作为生命存在的文化与万物一样有“常”与“变”的生命变化。钱穆先生认为“生命没有不变，时时在变，但生命本身则不变，变了，这生命也完了”（钱穆，2011）。这里的生命是指一事物的“是其所是”，是该事物得以保持自身的本质。家庭文化作为文化的一种，作为人类本质对象化的结果是不变的，变了家庭文化的生命也就不存在了。传统家庭文化产生在自然经济基础上，维护的是传统家庭和社会存在形式，反映的是传统社会的价值理念，它展现的是家庭文化生命在传统社会的生命样态。在现代化的今天，与传统家庭文化相适应的社会存在已经发生改变，家庭文化生命必然在外界刺激下做出相应的改变，以适应家庭文化生命的现代化发展。但作为生命存在的家庭文化在时间上的前后延续，传统与现代是无法割舍的。传统家庭文化中的有益成分依然作为文化生命的养料发挥作用，新时代家庭文化只有在继承传统家庭文化的精髓基础上才能生命力繁盛。因此，以“扬弃”的态度对待传统家庭文化，才是家庭文化创新发展的关键。

第二重维度是处理好与西方家庭文化的关系。家庭生活作为人类共同选择的生活方式，产生其上的东西方家庭文化在本质上具有普遍相通性，生活方式的差异是产生家庭文化独特个性的基础。但东西方家庭文化的差异性绝不是所谓"文化优越性"的依据，而是文化多样性的证明。习近平指出："文明因交流而多彩，文明因互鉴而丰富。文明交流互鉴，是推动人类文明进步和世界发展的重要动力。"（习近平，2014b）在与西方家庭文化的交流中，其有益成分要积极吸收并转化成自身家庭文化发展的因素，但前提是保持自身家庭文化的主体独立性。唯物史观强调在事物发展中内因永远是决定因素，因而，新时代家庭文化建设的根本在于自身家庭文化内在生命力，西方文化只能是作为一种外在辅助因素。

第三重维度是处理好与社会主义先进文化的关系。社会主义先进文化代表社会主义发展方向，是社会主流文化的核心，也是社会主义本质和发展规律的观念表达。相比家庭文化作为私人领域的内容，社会主义先进文化具有社会整体性。家庭文化作为社会主义先进文化应有内容，必然要与社会主义先进文化的要求相一致，实现个体领域的家庭文化建设与整体的社会主义先进文化相融合。只有二者相互作用，个体领域的家庭文化发展才会有方向，个体家庭文化才能为社会主义先进文化建设提供基础保障。因此，新时代的家庭文化必须与社会主义先进文化统一起来，使二者在价值取向和建设方向上一致。

（三）新时代家庭文化建设的探索路径

第一，以完善家庭文化的载体家庭为基石。家庭作为产生和承载家庭文化的有形载体，家庭的存在样态和关系模式决定了家庭文化的具体内容。家庭从古代的群婚制家庭发展到文明时期的一夫一妻制家庭，家庭权力从权威家长制统治到夫妻平等对话，家庭规模从大家庭缩小到以夫妻为核心的小家庭，家庭目的从直接的保存生命实现种族的繁衍，发展到今天的以主体幸福，作为承载家庭文化的具体载体，家庭每一次的变革都与社会实践、与时代需要联系在一起。家庭在每一时期的存在样态直接决定了家庭文化形式。新时代家庭文化建设的探索在关注家庭文化本身发展的同时，更应该完善家庭本身，只有家庭这一载体建设好、完善好，才能建设好新时代中国特色社会主义家庭文化。

第二，以整合各种家庭文化资源为基础。文化的多元共存是世界文化景观独特性的证明。每一种文化资源都有自己的独特之处，有自己文化的优点。在全球一体化的今天，各种文化之间资源互鉴成为文化发展的一大特点。新时代的家庭文化建设要想引领时代发展，要实现各种家庭文化资源之间的整合，实现资源互鉴。不论哪种家庭文化样态，都是对家庭生活的反映，是人们对家庭理性认知的凝练,是人们智慧的体现,具有重要的理论和实践意义。资源整合的目的是为家庭文化的发展提供各种参考资料,以进一步完善家庭文化建设。文化整合的实现需要明确以下原则。首先,明确家庭文化整合的主体。家庭文化资源的整合不是没有主体目的性的将各种文化资源的简单拼凑,资源整合需要明确整合的主体,也就是明确文化整合中的主体和客体。文化整合需要从整合主体的实际需要出发,主动积极地整合其他家庭文化资源中的有益成分,而不是以其他家庭文化资源去变革自己已有的家庭文化。其次,家庭文化的整合要以新时代需要和人民认同为标准,否则家庭文化的整合就失去了存在的基础。再次,家庭文化整合方式不是武力的强制,也不是非平等的同化侵蚀,而是在平等对话交流中实现相互的借鉴吸收,实现互利共赢。最后,家庭文化整合的内容,要在继承和吸收已有传统家庭文化伦理精神的合理基础上,积极整合西方家庭文化中的自由平等精神,将传统的价值理性与当下的个体理性有机结合起来,以适应新时代文化建设的需要。

第三,以培养新时代家庭文化建设的时代新人为关键。在新时代的今天,时代新人是指适应现代化发展和承担建设现代化社会责任的时代新人。唯物史观强调人是现实的存在,受各种关系的制约,是特定历史条件下的产物,人的生存状态和精神价值是对一定时期社会发展状况的反映。马克思说:“手推磨产生的是封建主的社会,蒸汽磨产生的是工业资本家的社会。”(马克思、恩格斯,2009d)人被社会存在决定,也变革社会存在。文化建设的承担者是人,个体人具有什么样的品质,也就决定了文化的品质。因而,在建设现代化社会的今天,商品经济和市场秩序需要具有独立人格和现代公民意识的时代新人,去主动承担新时代社会发展的重任,去引领时代的发展。

综合上述分析可见,新中国成立以来家庭文化领域发生了深刻的变革,对家庭生活和社会文化产生了重大影响。随着社会结构的转型、外来文化的涌入,呈现了多元文化、价值观念,传统的家庭文化必然要应对新情况、新探索。在这一发展过程中,面对挑战、出现困境是必然的,只有将经历了历史检验的符合人、社会、民族需求的合理要素融入时代发展,因时求宜,探索符合时代需要的中国特色社会主义家庭文化,家庭文化困境才能得到消解,新时代家庭文化建设才能实现。

参考文献

[1]鲍曼著,张成岗译,2003,《后现代伦理学》,南京:江苏人民出版社,第24页。
[2]江泽民,2006,《江泽民文选》第3卷,北京:人民出版社,第276页。
[3]马克思、恩格斯,2009a,《马克思恩格斯文集》第1卷,北京:人民出版社,第185页。
[4]马克思、恩格斯,2009b,《马克思恩格斯文集》第4卷,北京:人民出版社,第95页。
[5]马克思、恩格斯,2009c,《马克思恩格斯文集》第8卷,北京:人民出版社,第31页。

[6]马克思、恩格斯，2009d，《马克思恩格斯文集》第 1 卷，北京：人民出版社，第 602 页。

[7]钱穆，2011，《中国文化精神》，北京：九州出版社，第 33 页。

[8]习近平，2014a、b，《习近平谈治国理政》第 1 卷，北京：外文出版社，第 4 页、第 168 页、第 258 页。

[9]习近平，2017a，《决胜全面建成小康社会 夺取新时代中国特色社会主义伟大胜利》，北京：人民出版社，第 11 页。

[10]习近平，2017b，《习近平谈治国理政》第 2 卷，北京：外文出版社，第 353 页。

[11]袁贵仁，2005，关于价值与文化问题，《河北学刊》，第 1 期。

[12]朱静君，1995，市场经济与主体意识的觉醒，《现代哲学》，第 3 期。

[13]中共中央文献研究室，1992，《建国以来重要文献选编》第 1 册，北京：中共中央文献出版社，第 172—177 页。

The Evolution Path of Chinese Family Culture Since the Founding of New China

Li Xiaoye Liu Hongmei

Abstract The development of Chinese culture in the 70 years since the founding of the People's Republic of China has changed from eradicating the old feudal culture to building a new culture. In the process of new cultural construction, the family culture has played an important role in promoting the transformation from the ethical standard to the modern individual standard. This paper analyzes the evolution of family culture from the eradication of feudal culture to the establishment of individual family culture after the reform and opening up, and the new exploration of individual family culture in the new century. Starting from the background of modern development and market economy construction, this paper expounds the three dilemmas facing the current family culture, and analyzes the causes of the dilemma from the perspectives of social structure transformation, individual self-awareness and the influx of Western culture; it puts forward the policy recommendations for the construction of socialist family culture with Chinese characteristics in the new era.

Key words Family Culture Evolution Path Dilemma Construction Countermeasures

基于价格形成机制的沉香产业发展问题研究

刘继云　陈海东

内容提要　沉香产业伴随收藏热而悄然兴起,5 年内将达到千亿产业规模,价格机制是决定沉香产业能否健康发展的关键。沉香产品价格主要取决于需求和供给,与其他产品相比,沉香产品具有药用需求、宗教需求、收藏需求和日常需求,需求量大且具有多样性;沉香产品供给受到生产过程、地域限制和环保制度的限制,供给数量有限且缺乏价格弹性。由于沉香产品供给和需求的巨大缺口,导致沉香产品价格飙升,造假行为猖獗。建议加大种植基地建设,通过人工结香关键技术创新、建立行业标准、加强国际合作以及建立不同层次的沉香品牌等方式,促进沉香产业的健康发展。

关键词　沉香产品　需求　供给　价格形成机制
中图分类号　F062.9

近年来,我国香文化逐步回归,沉香的文化和稀缺价值也被重新发现和挖掘。天然沉香已经属于珍稀野生资源,有着极高的综合价值。由于沉香特殊且复杂的形成机理,当前的存世量非常稀少,但其用途却非常广泛,不管是在香文化领域还是在加工入药等方面,都呈现出供不应求的态势。据预测,5 年内我国将形成上千亿元沉香产业规模,研究沉香产品价格形成机制,对促进沉香产业健康发展、做大做强沉香产业具有重要意义。

一、沉香行业景气度不断提升

过去 5 年,随着我国老百姓的收入不断增长,全国各地对沉香投资也逐渐兴起,收藏价值不断被挖掘,导致价格连续攀升,上涨的速度和幅度相当惊人。在近些年,由于国内老百姓收入水平的增长较快、市场对沉香产品价值的挖掘,沉香产品的藏家逐年增多,带动沉香产品价格上涨较快,从而吸引了一些

收稿日期:2019—10—27

作者简介:刘继云(1970—),东莞理工学院经济与管理学院院长、教授,经济学博士,主要研究方向为产业经济学;陈海东(1980—),东莞理工学院经济与管理学院讲师,主要研究方向为产业经济学。

基金项目:本文系广东省人文社科重点研究基地"珠三角产业生态研究中心"(2016WZJD005)项目阶段性研究成果,本项目由东莞理工学院质量与品牌发展研究中心资助。

资本市场的投机资本推波助澜，带动了沉香产品的价格连续出现两位数以上的增长，而上好品相的品种则连续多年以超过30.0%的幅度增长。品质较好的沉香产品，市场价格早已超过万元每千克，最高的甚至可达到20万元/千克，折合每克产品的价格已经和每克黄金价格相差无几。有些极品沉香的价格甚至比黄金价格高出数百倍，达到收藏级别的沉香原料每千克价格动辄以百万元人民币计价，沉香摆件在拍卖会的价格甚至高达几千万元人民币。在这样的形势下，就连普通的用以制香为主的越南沉香在过去的15年时间里价格都上涨了20倍左右。沉香产品大多按“克”计价，在收藏界早已形成共识。随着沉香及衍生产品价格的不断上涨，使得整个行业的景气度不断提升，行业内的众多企业也跟着受益。以一家新三板的上市公司海南沉香(834155)的营收为例，该公司主营沉香树种培育、种植以及沉香制品的研发、生产和销售，99.8%的业务属于沉香养生产品，过去5年主要关键财务指标都在沉香行业的复苏下增长迅猛，营业收入年复合增长率超过200.0%，利润总额由亏损变成大幅盈利，销售毛利率也不断增加(见表1)。

表1　　海南沉香近5年的关键财务指标情况

类别 年份	营业收入(亿元)	利润总额(万元)	净利润(万元)	销售毛利率(%)	营业利润率(%)
2014	0.07	−40.64	−61.99	−49.6	−6.1
2015	0.48	1 103.25	980.17	20.7	22.9
2016	0.90	1 867.46	1 575.37	18.7	20.7
2017	1.12	1 948.37	1 562.27	14.4	17.4
2018	1.36	2 987.24	2 511.8	21.3	22.0

资料来源：东方财富行情资讯。

二、沉香产品价格形成机制

沉香产品昂贵的价格与其特殊的价格形成机制有关，价格的形成受多种因素影响，其中最重要的是产品的需求和供给，与其他产品的需求和供给相比，沉香产品需求和供给具有独特性。沉香产品的价格形成机制基本遵循了竞争市场的均衡价格形成机制，主要是由需求、供给双方互相作用合力下形成的过程。沉香产品需求量较大，而供给有限，供给与需求之间存在巨大缺口，决定了沉香产品价格水平较高，且处于持续快速上升的状态。

(一)沉香产品的需求分析

市场需求是决定产品价格的关键因素，与其他产品相比，沉香产品具有直接和间接的多种用途，既可以作为成品消费(一般来说，主要用途有加工入药、作为高档化妆品和高级香料的重要原材料),也有很多人喜欢将其作为收藏品进行投资。整体来看,沉香的市场需求多样性特征较为明显。而近年来,由于各方面因素的共同作用,市场对沉香的需求量增长较为迅速,成为沉香价格上涨较快的主要原因,这些需求主要包括以下几个方面:

1. 宗教需求

沉香与宗教关系极为密切,除了在我们国人较为熟悉的佛教、道教祭祀和庆典仪式中被认为是敬奉神灵的至高形式外,其他的宗教,如基督教、天主教、伊斯兰教等都认为沉香是稀世珍宝。沉香尤其在佛教中的地位极高,大型礼佛活动一般都会首选沉香,高级别奇楠沉香甚至被视为礼佛圣物。佛教将沉香末、片广泛应用于参禅修炼或相关诵经法事活动中,通过熏坛、洒净、燃烧等形式以达到人心宁神静、修身养性的功效;也可制成念珠等参禅悟道的工具,通过在念经打坐时拨动念珠,沉香受体温加热,散发出特有的香气以沉淀敛致。近年来,随着全世界范围内宗教的复兴,预计沉香的宗教需求还将稳步增长。

2. 药用需求

沉香是传统珍贵中药,入药的历史悠久。《神农本草经集注》、《名医别录》、《海药本草》、《本草纲目》、《大同药物学》等中国的医药典籍均有对沉香药用疗效的记载,从中药四气的角度看,沉香的药性微温,味道一般辛、苦,在中药中属于入药的上品。入药后有助于人体的气运行顺畅,对脾胃虚寒引起的呕吐有较好的治疗效果,近代中国南方沿海民众下南海一带出行期间多会使用沉香在行囊中备用。对于治疗呼吸短促咳喘、腹胀、胃寒、肾虚的疗效显著。目前,沉香是160多个中成药的组方原料,《中国基本中成药》中使用沉香的中成药达47种,常用的有时疫救急丹、大活络丹、沉香化滞丸、沉香化气丸、理气舒心丸、小儿奇应丸、十香返生丹、清心滚痰丸、妇宁丸、妇科通经丸、沉香养胃丸、八味沉香片等,民间应用沉香的验方更是多达数百种。随着国内外对沉香化学成分的不断研究,整个医学界对沉香临床应用、药用价值的认识越来越深入:有研究表明,海南、广西等产地的国产沉香,通过煎剂处理后,能够对人型结核杆菌有完全抑制作用;伤寒和福氏志贺氏菌患者通过沉香煮水服用,对抗菌有显著作用,沉香挥发油成分被证明能麻醉、止痛和放松肌肉,沉香镇静、止喘,对中枢神经系统有抑制作用。除此之外,针对一些高血压、心律失常、心肌缺血、风湿等症,沉香在临床治疗上都有较好的表现。由于沉香在我国药用需求非常广泛,保守估计,我国在未来10年,沉香的药用需求量每年可达百吨以上的规模。

3. 收藏需求

早在中国的魏晋南北朝时期,上层人士把玩沉香就开始流行,随后很多朝代都将其作为名贵工艺品最上乘的原材料。唐宋以来,由于制香、合香的技术有了很大的飞跃，皇室则热衷于将沉香用于文房器物，后来逐渐成为被历代王公贵族、达官显贵用于聚会品鉴、把玩的佳品。过去几十年的时间里，我国由于历史原因和人民价值观转变的因素，沉香产量较少，沉香资源变得尤为稀缺。由于近些年人民生活水平的提高，对沉香物件的收藏需求再度兴起，使得沉香成为收藏市场上的热点和新时尚。高档的沉香收藏品大多以雕件、摆件、珠串类的形式呈现，由于沉香结香难度高、时间长，沉香木雕特别是野生沉香木雕极为珍贵。沉香的稀有特性产生的良好投资效益，使得收藏家们持续地看好沉香收藏品。收藏者特别青睐含油多的高端沉香，号称沉香极品的奇楠被认为是最有收藏价值的，堪称“霸主”。另外，由于沉香珍品的价格越来越昂贵，沉香粉末、线香也开始被一些收藏爱好者青睐，成为沉香收藏的新方向。

4. 日常生活需求

除了在宗教、药用和收藏方面的需求，沉香在人们的日常生活中也应用广泛。研究表明，沉香在人们日常的身体保养中具有良好的功效，散发的香气通过鼻孔吸入后让人迅速感受心神宁静，对人体大脑实现良性休息颇有裨益，配合气息调理，能够对人体的血液循环状态有所改善，调节神经系统。如果将心稍加沉静再闻香的味道，人们会感觉身心舒畅、心旷神怡。古人常以沉香做牌状配在身上，一则以辟邪，二则以备不时之需，亦能消除疲劳。沉香可通过食疗、药膳等方式滋养人们的身体，使身体恢复健康。沉香可以养气。沉香的香味在空气中的渗透力比较强，上好沉香做成线香点燃后的香气可以弥散至40～50平方米的范围，有助于改善不良的环境和气味。有研究证明，沉香的熏香有一定的干燥作用，如果室内有发霉的地方，通过熏香熏过之后可以保持较长一段时间不再发霉。同时，沉香也被认为能对空气进行有效洁净，是天然高效的空气洁净剂。现代科学证实，沉香通过燃烧或者通过精油挥发的香气可以针对多种致病菌、病毒有很强的灭活作用，因而能净化空气，对人体有防治疾病的作用。尤其在传染流行季节和室内使用效果更佳，能起到天然灭菌的效果。

综上所述，市场对沉香产品的需求旺盛，且持续快速增长。粗略统计，按当前全世界较广泛使用沉香产品的国家和地区的沉香需求发展趋势，未来10年每年对沉香的需求大约能达到2 000吨以上水平，而中国台湾地区早在10年前就有报告表明，该地区平均年消耗沉香约680吨以上。当前，我国大陆地区对沉香产品（不包括衍生品）的年需求量就已经超过500吨，但这其中80%的需求量仍需要依靠进口国外的沉香产品和原材料来满足。

（二）沉香产品的供给分析

相对于沉香越来越大的需求而言，沉香供给具有稀缺性，其生长环境要求的严苛和生产制作过程的复杂导致沉香产品供给明显缺乏弹性，都不同程度地限制了沉香产品的市场供应数量。

1. 沉香产地局限导致供给有限

沉香结香于沉香树，沉香树对结香的生长环境的要求较特别，其最佳生长温度一般在19℃以上、34℃以下的温度范围，需要充足阳光的照射，却又不能被长时间日光直射。研究表明，沉香树生长较好的土壤一般呈微酸性，但如果单纯成片种植并不能够很好地符合前述光照条件，只有在大型阔叶乔木株植的间隙中并伴有充足水分的生长环境，才能够较好地满足其生长要求。满足这些要求的地貌一般是大型的山地雨林或常绿季雨林中。世界上比较符合这些生长条件的区域主要分布在东南亚诸国热带雨林或海岛性热带雨林，如越南、印度尼西亚等国。在中国，主要分布在南方的广东、广西、海南和台湾等地。总体上，沉香树种在世界上的种属类别不超过 10 种，又由于沉香树的弱阳性树种属性，使沉香树幼树周期需要庇荫的生长环境，将近 10 年左右的树龄后才会较快生长，符合沉香产出的成树数量则更加稀少。由上所述，能够出产沉香原料的沉香树，天然环境要求较多，土壤、温度和湿度等条件也要求较为苛刻，满足这些条件的产地具有天然的局限性，这是导致沉香供给量有限的重要原因。

2. 沉香生产过程复杂、周期长

沉香原材料需要一定树龄的沉香树才能形成，具体来说，沉香并不是普通人普遍认为的一种木材，它是一定树龄的沉香树由于受到雷击、火烧、动物损害甚至人为破坏等外力影响导致受伤后，分泌出树脂状的物体自我修复伤口，而在一定的条件下，外力破坏的伤口处被真菌侵入寄生从而结成香脂，然后再经过较为漫长而复杂的结香过程才形成的。结香物体表面看类似固态凝聚物，简单来说是混合了油脂(树脂)成分和沉香树木质成分，具体成分比较复杂，因为不同的沉香树结出来的沉香成分并不完全相同，也并非所有的沉香树都可以凝结成香。可见，沉香需要在外力破坏、温度、湿度、细菌群和沉香树分泌物等一系列的共同合力下才能形成，这些因素稍有不同，则能结出品质层次不一的沉香。如果一棵野生沉香树要自然结香，也许要达到百年以上的树龄，在偶然经历自然外力的情况下，再经过数十年甚至百千年才能凝结出品相上好的沉香，所以野生沉香有“木中钻石”的说法。虽然目前沉香的人工种植技术并不难，但从树苗种植到能够达到结香标准一般需要 10 年左右的周期，生产周期长，不确定性高。即便可以结香的沉香树，产量也不高，每棵树一年的沉香产量才大约在 50 克左右，且被采香后的树木容易死亡，远不能满足市场需求。因此，目前沉香产品特别是优质产品或原材料的供应量还处于明显的稀缺状态，供求矛盾较为突出。

3. 沉香树的保护导致供给受到限制

过去的几十年间，人类的工商业活动引致的砍伐和自然原因(自然繁殖率低下、虫害等)，沉香树的生存环境遭受到了较大的破坏，导致野生沉香在世界各生长地仅存一些零星散生分布，野生沉香树则濒临灭绝，成为世界性濒危物种。早在20世纪90年代中期，国际上就已经将沉香树纳入保护名单。这样就直接导致世界很多国家对沉香产品的进出口贸易进行严格的管制，直接限制了沉香产品的供给数量。而我国对于沉香树的保护则更早，1987年，土沉香就已经被列为国家珍稀濒危三级保护植物，1992年《中国植物红皮书》指出土沉香属于易危的品种，1999年被国务院批准为国家二级重点保护野生植物。由于受到国际和国内的保护，沉香产品供给受到严格限制，导致市场供给量更为稀缺。

4. 沉香产品供给的价格弹性低

供给弹性是供给量相对价格变化的敏感程度，产品周期和自然条件是影响供给弹性的重要因素。由于沉香产品产出的自然条件较为苛刻，沉香树只能在全球少数地域范围内种植，且结香周期长、产香率低，使沉香产品供给缺乏弹性，虽然近年来沉香产品价格上涨较多、变化较大，但供给弹性的缺乏使得沉香产品特别是上好品相的产品供给基本无法明显增加。另外，一般市面上认为的四大香产品主要有檀香、沉香、麝香和龙涎香，这些不同香产品的香味和功能各不相同，尤其是在药用功能方面更是相差甚远，造成了在香产品中沉香产品的替代性并不明显，这些原因也造成了沉香产品供给的价格弹性低。

由于上述沉香生产地域的局限性、生产过程的艰难性以及沉香供给受到国外和国内政府管制的原因，导致沉香不仅供给量少，而且供给弹性低，远远不能满足市场的需求。

三、高价格和沉香产品标准缺乏导致产业发展存在问题

沉香的价格昂贵、真伪难辨，且收藏的专业性高，供给弹性又较为缺乏，直接吸引了很多的不良商贩为获取超额利润而造假。由于沉香形成机理的复杂性，很容易形成信息不对称的现象，进而使得沉香产业发展存在各方面的问题：

(一)消费者对沉香的认识仍然不够

对大部分消费者而言，对于沉香的认识还停留在这是木头的层面，并不真正了解沉香的由来。即便对沉香产品有所理解，在鉴别沉香的真假方面，只是通过市面上流传的所谓闻味道和看产品颜色的表面鉴别，甚至很多的商家本身对沉香也只是一知半解。

(二)权威的沉香鉴定缺乏

目前，国内尚未成立专门的沉香鉴定机构，即便有这样的鉴定机构，由于沉香结香机理的复杂性，也很难形成较为统一的植物学鉴定标准。因此，市场上，对于如何去辨别沉香的真伪，更多还是靠玩家、行家对沉香的人为鉴赏辨

别为主。这种人为鉴赏的方式，很大程度上与鉴定人接触沉香的经验、立场密切相关，甚至能够出现同样的沉香在不同的鉴定人处得出截然不同的结论。究其原因，主要是由于目前市场上缺乏权威的行业标准和级别评定、透明的信息源以及监管措施所致。

(三)市场充斥造假行为

国家针对这方面的法律法规是空白的，相关执法部门对沉香产品或原材料缺乏相应的鉴别知识和检测手段，这就为市场中沉香赝品制造者提供了可乘之机。沉香产品价格的连续走高，导致大量的假沉香在市场中出现，以假乱真、以次充好、哄抬价格现象广泛存在。据估计，沉香市场上 90%为假货和劣质货，暴利催生下的沉香市场更趋畸形，对沉香产业发展造成较大冲击。

四、基于价格形成机制的沉香产业发展对策

为促进沉香产业的健康发展，针对当前沉香产业存在的各方面问题，提出以下几个方面的发展对策：

(一)扩大种植面积，形成优势沉香树供给源

在适合沉香种植的地区，当地政府部门可以加大宣传力度，开展沉香树种植资源收集与评价，通过相关权威报告确立沉香种植区域的地位，采取政府与市场相结合的手段，促进植物科院所对沉香的科学研究成果应用，从沉香树的种苗繁育上就开始实行标准化、专业化的运作，进而推动规模化、商业化的繁育。通过生态种植示范基地以及人工结香技术示范基地等推广沉香种植和人工结香技术，进行沉香树种植基地规划布局，推进沉香树种植品种结构调整，从源头上扩大沉香供给。在符合国家法律法规的前提下，适当考虑对沉香树的其他经济价值开发利用，以缩短沉香树种植的回报周期，提高市场参与主体对沉香树种植的积极性。

(二)加快沉香产业技术创新，扩大沉香产品供给量

沉香供不应求，野生沉香资源奇缺，大力发展人工沉香势在必行。沉香木自然结香产生沉香的概率较低，而通过人工培育和采集的技术，也有一定的门槛要求。特别是使用较为传统的人工结香技术难度更高，因此，通过推广人工结香技术、对人工栽培和结香的技术创新值得进一步探索。目前，海南省一些公司研究成功了“打钉法”、“打洞法”、“打洞＋菌药法”等人工选香新技术，“打洞法”选香已在人工选香基地大面积试验，尤其是“打洞＋菌药法”是在常规打洞法基础上的突破性创新方法，可使白木香早结香、多结香和结好香。接下来，可以考虑进一步加快沉香产业技术创新，对一些关键性的技术问题实行重点突破，优化人工结香技术，提高沉香产品的品质，普及标准化的生产加工过程，从而达到合理的缩短沉香产品生成周期，进而扩大沉香产量，有效增加沉

香产品供给，缓解沉香产品供不应求的局面，实现供求平衡，逐步降低沉香产品价格，使沉香逐步进入寻常百姓家。

（三）推进沉香产业标准体系建设，夯实沉香市场发展的基础

目前，沉香领域标准体系尚不健全，2018年开始实施的国家林业行业标准LY/T 2904—2017《沉香》是该领域的最高标准，还有《制香用固体沉香制品标准》等企业标准，标准没有覆盖到沉香木种植、沉香产品制作以及沉香产品销售、检验、使用和收藏等各个环节，形成了主要依靠行家经验判断产品真伪和质量好坏的局面，通过专家焚烧沉香之后闻香和沉水等方式加以鉴定，过度依赖行家的主观经验，而专家的鉴定水平良莠不齐，对同一产品鉴别后的结果不尽相同，由此市场上导致以次充好、赝品丛生和哄抬价格等现象频繁发生，劣币驱逐良币，沉香产业实现可持续发展遇到了前所未有的挑战。我国应借鉴日本和中国台湾等国家和地区的先进经验，尽早建立健全沉香产业标准体系以及产品标准和检验检测制度，建设沉香检测公共平台和服务体系，科学评价沉香品质，推动沉香市场按质论价，为沉香市场的有序发展奠定基础。

（四）加大沉香产业国际合作，带动国内市场的规范化

目前，东南亚国家一些沉香产地已经在规范沉香市场方面积累了较为丰富的经验。未来，我国的沉香产业可考虑进一步加大国际合作力度，拓展国际合作区域和领域，通过合作互通有无形成优势互补，扩大国内沉香供给，带动沉香市场的规范化和国际化，使沉香产品价格机制与国际接轨，使沉香产品交易回归理性，让中国的沉香产业能够快速回到规范发展的轨道，对国内沉香及相关产业能够真正为人们提升美好生活品质添砖加瓦。建议国内相关地区的产业协会与国际上一些著名的贸易集散地或对接国际交易平台，通过战略合作协议的方式进行沉香产业的全方位共赢合作。国内科研院所也应该进一步“走出去”，与拥有沉香资源较多的东南亚各国建立长期的科研、繁育、人工结香等技术方面的合作。

（五）借助品牌区分沉香产品档次，形成价格区分机制

针对当前沉香市场存在鱼龙混杂的局面，可以考虑通过品牌建设的方式，使消费者以品牌间接区分沉香品质，而对于不同档次的沉香产品不再通过简单的价格高低来区分档次。通过政策引导、财政支持、品牌宣传等方式鼓励和扶持生产企业、种植合作社或共享农庄等积极去申报自主品牌。联合行业龙头企业建设沉香品牌创建的示范区，从而形成良好的市场价格区分机制。同时，构建企业、行业和司法相互结合的品牌维护、知识产权保护机制，降低沉香产业相关企业的维权成本，缩短维权周期，提高侵权企业的处罚力度，起到良好的打击假冒伪劣行为的作用。

参考文献

[1]黄久香、刘宪宽、叶永昌、刘颂颂、莫罗坚、庄雪影，2014，东莞与邻近地区土沉香居

群的叶形态和遗传多样性分析,《广东农业科学》,第3期,第153—158页。

[2]刘建中,2017,《莞香文化导论》,北京:中国出版集团现代出版社,第3—18页。

[3]李培培,2014,沉香属植物的研究探讨,《内蒙古林业调查设计》,第5期,第116—118页。

[4]雪淞,2012,疑是暗香来,《环境》,第1期,第44—46页。

Mechanism of Aquilaria Industry Development Studies Based on the Price Forming

Liu Jiyun　Chen Haidong

Abstract　Aquilaria industry is rising with hot collection boom, and it will reach hundreds of billions of industrial scale in 5 years. Price formation mechanism is the key factor of healthy development of Aquilaria industry. The price of Aquilaria products are determined by the demand and supply. Compared with other products, the demand of Aquilaria products includes medicinal needs, religious needs, and daily needs. The supply of Aquilaria products is restricted by geographical restrictions, hard production process, and environmental protection system, the supply is limited and lack of flexibility. Based on the above reasons, the price of Aquilaria products is very high, and fraud is rampant on the market. We should accelerate technology innovation, establish industry standards, strengthen international cooperation to promote Aquilaria industry into healthy development way.

Key words　Aquilaria Products　Demand　Supply　Price Formation Mechanism

海派经济学
第 17 卷第 4 期,2019　Journal of Economics of Shanghai School　No. 17,4,2019

基于 AHP-DEA 模型的物流业上市公司财务绩效评价研究

李蓬实　刘冠宏

内容提要　物流企业财务绩效评价是物流企业管理中的重要组成部分。本文以目前我国 38 家上市物流企业的盈利能力、偿债能力、运营能力和成长能力的相关财务指标为依据,运用层次分析法和数据包络分析法相结合的方法,对上市物流企业的财务绩效进行评价分析。该方法能够为物流企业的财务绩效评价提供一种较为完整且合理的评价体系。

关键词　物流上市公司　层次分析　数据包络分析　财务绩效评价

中图分类号　F250

引　言

随着 21 世纪电子信息技术的成熟,以淘宝、京东等为代表的电子商务平台迅速崛起。现代物流业的发展,为电子商务的高效运转提供了保障;国民经济和电子商务的飞速发展,也促进了物流业的蓬勃发展。党的十九大报告中明确指出:"在中高端消费、创新引领、绿色低碳、共享经济、现代供应链、人力资本服务等领域培育新增长点、形成新动能。"现代物流供应链作为经济发展的重要环节之一,必将在未来的经济发展中起到更加重要的作用。而作为我国众多物流企业的领头羊,物流业的上市公司的发展现状可以从某种程度上反映出当前我国物流业发展的特点。截至 2018 年底,我国沪深两市上市的物流企业共有 38 家(申银万国行业类数据)。从具有代表性的物流业上市公司着手,以公司财务绩效为依据,分析相关企业的盈利能力、偿债能力、营运能力和成长能力,以求达到从财务绩效反映企业经营状况,从物流业龙头企业经营状况反映我国物流业发展形势的目的。

收稿日期:2019—10—17

作者简介:李蓬实(1984—),东莞理工学院经济与管理学院讲师,主要研究方向为金融创新;刘冠宏(1996—),澳大利亚国立大学商业与经济学院硕士研究生,主要研究方向为宏观经济学。

基金项目:本文系广东省普通高校人文社科重点研究基地"珠三角产业生态研究中心"(2016WZJD005)和广东省社会科学研究基地"东莞理工学院质量与品牌发展研究中心"(GB200101)的阶段性研究成果。

企业绩效评价运用科学的评价方法，对企业的经营状况进行定性和定量分析，并做出合理评价。对企业财务业绩进行全面、科学的评价需要采用定性和定量相结合的方法。数据包络分析(Data Envelopment Analysis，DEA)是一种常见的决策分析方法，该方法在企业的绩效评价方面具有重要的应用价值。然而 DEA 方法的一个不足之处在于相关评价指标必须是定量形式的数据。层次分析法(Analytical Hierarchy Process，AHP)是将系统工程思想运用到绩效评价过程的方法，该方法可以将决策问题进行层次分析，得到评价指标的权重，进而确定对决策结果影响最大的因素。AHP 方法的特点是可以将定性的属性转化成定量的指标，从而可以进一步应用在 DEA 方法的分析中。将 DEA 方法和 AHP 方法相结合，可以同时兼顾到评价指标中的定性和定量的因素，使得评价结果更加全面、客观。

一、文献综述

DEA-AHP 方法在财务绩效评价方面的应用研究。张惠丽等(2018)采用 AHP 和 DEA 相结合的方法，从盈利能力、运营能力、成长能力、偿债能力、风险控制能力五个方面构建了较为完整的财务绩效评价体系，并应用到农村商业银行的财务绩效评价中。景琦(2017)在系统分析传媒业上市公司财务目标的基础上，运用 AHP 构建评价指标体系，并结合 DEA 构建了上市公司财务绩效综合评价模型。曹文荣(2016)基于 AHP 模型从盈利能力、偿债能力和发展能力等方面选取综合绩效指标，继而利用 AHP-DEA 模型对我国上市银行综合绩效进行评价。王翠森(2015)以 DEA 和 AHP 方法为工具构建财务绩效评价体系，研究了清华紫光并购展讯后一年时间内的财务绩效变化和并购成效。肖华(2013)基于 AHP 和 DEA 评价模型对财产保险公司的企业经营绩效进行实证分析和验证，构建了相关的企业经营绩效评价指标体系。

DEA-AHP 方法在物流企业管理方面的应用研究。Ramanathan(2006)、Veni 等(2012)将 DEA-AHP 方法应用在供应商的选择问题中。Sevkli 等(2007)认为虽然 DEA-AHP 方法更为烦琐，但相比于单纯使用 AHP 方法而言，DEA-AHP 方法能够做出更加科学、全面的决策。李爽等(2017)将基于 DEA 和 AHP 的混合模型应用到物流培新中心的选址研究中，他们的研究结果表明新方法比传统物流选址方法具有更强的可行性和实用性。陈飒(2016)分析了物流成本、配送质量等与物流配送相关的因素，建立了结合 AHP 和 DEA 方法的药品零售连锁企业物流配送模式决策模型。周静等(2015)利用 DEA-AHP 模型对冷链物流企业的经营绩效进行评价。许祥鹏等(2015)提出了基于 DEA-AHP/GRA 的效率评价方法，并对长株潭地区各物流企业效率进行评价，解决了传统评价方法排序不合理的问题。

通过对当前研究文献的梳理发现，除了张宝友等(2008)之外，目前较少有研究是基于DEA-AHP方法来对上市物流企业的财务绩效进行综合评价的。张宝友等(2008)选择了14家物流企业2005年的相关财务资料，利用AHP/DEA模型，从职工人数、总资产、主营业务成本、行业相对竞争力、净利润和主营业务收入几个指标对物流上市企业财务绩效进行评价。与张宝友等(2008)的研究不同，本文以目前我国38家上市物流企业2018年的财务数据作为样本，在盈利能力、偿债能力、运营能力等财务指标基础上加入企业成长能力指标，并基于AHP和DEA模型相结合的方法对上市物流企业的财务绩效进行评价分析。AHP方法能够较好地结合专家知识和经验，将定性问题进行量化，通过AHP方法能够对企业的相关重要财务指标进行合理筛选；DEA方法的特点是不考虑各项指标量纲统一化的问题，适用于决策单元多投入和多产出结构的相对效率评价。将AHP和DEA方法相结合并应用到物流上市企业的财务绩效评价中，既能够考虑到决策者或专家的主观偏好，又能够客观地评价企业财务效率，能够较为合理地解决财务绩效评价多属性问题。

二、基于AHP和DEA方法的绩效评价模型

(一)AHP模型

AHP模型能够让决策者通过经验判断基于多个不同标准对研究对象进行比较，用于比较的标准既可以是定量的指标，也可以是定性的指标。决策者可以基于Saaty提出的1～9级评价尺度，对不同标准进行成对比较打分，从而得到如下的n阶成对比较矩阵：

$$\begin{pmatrix} 1 & \cdots & a_{1n} \\ \vdots & \ddots & \vdots \\ 1/a_{n1} & \cdots & 1 \end{pmatrix}$$

在比较矩阵中，第i行和第i列对应同一个评价指标，其中，当$i=1,\cdots,n$时，$a_{ii}=1$；当$i,j=1,\cdots,n$且$i\neq j$时，$a_{ij}=1/a_{ji}$。在实际应用中，由于因素的复杂性以及评分人的主观判断原因，可能导致在赋予比较数值时出现各因素之间的排序矛盾。因此，需要对评分结果进行一致性检验以保证评分结果的合理性。根据Saaty的理论，引入一致性指标(CI)和一致性比例(CR)作为检验成对比较矩阵是否具有一致性的判断标准，这两个指标的计算公式如下：

$$CI=\frac{\lambda_{\max}-n}{n-1} \tag{1}$$

其中，n是比较矩阵的阶数；$\lambda_{\max}$是矩阵的特征值。利用CI可以进一步计算出一致性比例CR：

$$CR=\frac{CI}{RI} \tag{2}$$

其中，RI 取值与决策单元的数量 n 相关。一般来说，若一致性比例 CR 小于 0.1，则表示一致性检验通过，否则需要重新进行打分。

(二) DEA 模型

DEA 模型主要用于评价多个决策单元（Decision Making Unit，DMU）的相对有效性。DEA 模型可以对具有不同量纲和不同数据类型的指标进行评价。最为经典的 DEA 模型是 Charnes 等(1978)提出的 CCR 模型。假设 O_{by} 是第 b 个 DMU 的第 y 个产出指标；v_{ay} 是某待检验的 DMU 第 y 个产出指标的权重；I_{bx} 是第 b 个 DUM 的第 x 个投入指标；u_{ax} 是待检验的 DMU 第 x 个投入指标的权重，则计算第 a 个 DUM 实施绩效 θ_a 的 CCR 模型可以表示为：

$$\max\theta_a=\frac{\sum_y O_{ay}v_{ay}}{\sum_x I_{ax}u_{ax}} \tag{3}$$

$$\text{s. t.}\begin{cases}\sum_y O_{by}v_{ay}\leqslant\sum_x I_{bX}u_{ax}\quad\forall b\\ u_{ax},v_{ay}\geqslant 0\end{cases}$$

通过进一步变换，可以把上述非线性规划问题转换为线性规划问题：

$$\max\theta_a=\sum_y O_{ay}v_{ay} \tag{4}$$

$$\text{s. t.}\begin{cases}\sum_y O_{by}v_{ay}\leqslant\sum_x I_{bx}u_{ax}\quad\forall b\\ \sum_x I_{bx}u_{ax}=1\\ u_{ax},v_{ay}\geqslant 0\end{cases}$$

当 $\theta_a=1$ 时，说明该 DMU 的绩效达到了 DEA 有效；若 $\theta_a\leqslant 1$ 则认为该 DMU 的绩效未达到 DEA 有效。对所有 DMU 的效率评价进行求解后按照投入产出的转化效率排序之后就可以对 DMU 的绩效大小进行判断。

(三)AHP-DEA 模型

利用 AHP 方法可以较好地改善选择评价指标时的科学性，而利用 DEA 方法则可以较为方便地处理多输入和输出的评价问题。综合 AHP 和 DEA 两种方法的特点，本文采用 AHP-DEA 方法对我国物流业上市公司的财务绩效进行综合评价，具体步骤如下：首先，从企业的盈利能力、偿债能力、营运能力和成长能力四个角度选取若干评价指标，利用 AHP 方法构造比较矩阵，筛选评价指标；其次，利用 DEA 方法得到每家物流业上市公司的综合效率值；最后，根据效率评价指数确定各家企业的财务绩效水平。

三、物流业上市公司财务绩效分析

(一)样本选取及数据采集

根据申银万国行业分类标准,2018年我国物流行业上市企业共有38家。其中在深交所上市企业17家,在上交所上市企业21家。本文从企业的盈利能力、偿债能力、运营能力和成长能力四个方面对上述38家物流业上市企业财务绩效进行综合评价。盈利能力是对企业优劣进行评价的关键指标。在现阶段我国物流企业财务上主要面临着投资和筹资的风险,因此盈利能力在物流企业的评价中具有较大的重要性。在盈利能力中,本文选取资产报酬率(ROA)和股东权益报酬率(ROE)作为代表性评价指标。

偿债能力是企业债务偿还的能力,该指标会影响企业的投融资活动同时也反映了企业面临的风险。针对企业偿债的综合能力,选取资产负债率和流动比率作为衡量指标。运营能力反映企业资金的周转情况、资金利用效率和经营管理水平。针对当前物流企业应收账款回收速度慢、存在较大固定资产的特点,本文选取应收账款周转率、固定资产周转率和流动资产周转率三个指标衡量物流企业的运营能力。成长能力反映企业在规模扩大和盈利的持续增长方面的潜力,本文选取净资产增长率来衡量股东权益增长的速度,使用营业收入增长率来评价企业的成长性与市场竞争力。

表1 物流上市企业财务指标体系

一级指标	二级指标
盈利能力	股东权益报酬率
	资产报酬率
偿债能力	资产负债率
	流动比率
运营能力	固定资产周转率
	流动资产周转率
	应收账款周转率
成长能力	营业收入增长率
	净资产增长率

根据以上的财务指标选择标准,本文采用我国38家物流业上市公司的2018年第三季度财务报表相关数据作为财务绩效评价数据样本的来源,所有数据都来源于Wind数据库。为了满足DEA方法的计算特点,在数据处理过程中剔除了有数据缺失的企业6家[传化智联(SZ002010)、中储股份(SH600787)、皖江物流(SH600575)、恒通股份(SH603223)、嘉友国际(SH603871)、密尔克卫(SH603713)],同时剔除输入和输出指标存在负值的

数据的企业 5 家[飞马国际(SZ002210)、长江投资(SH600119)、邦德股份(SH603056)、天顺股份(SZ002800)、华鹏飞(SZ300350)],最后样本企业有 27 家。

表 2　物流上市公司 2018 年财务数据

证券代码	证券简称	资产负债率(%)	流动资产周转率(次)	固定资产周转率(次)	营业收入增长率(%)	净资产收益率(%)	总资产净利率(%)
002769.SZ	普路通	92.104 3	0.301 6	486.109 3	13.901 8	7.684 2	0.645 8
002889.SZ	东方嘉盛	80.447 7	1.306 6	39.314 5	37.593 7	7.613 5	1.480 9
600153.SH	建发股份	79.932 5	1.010 1	131.552 5	27.101 6	7.109 5	1.095 5
002183.SZ	怡亚通	79.667 8	1.468 9	29.357 3	13.867 4	6.377 7	0.875 2
600180.SH	瑞茂通	72.800 6	1.459 8	2 040.092 1	16.058 6	6.965 9	1.806 9
600057.SH	厦门象屿	69.466 8	4.339 4	25.868 6	18.494 3	7.152 6	2.189 4
600179.SH	安通控股	68.079 8	2.131 5	1.548 7	64.361 9	15.977 4	5.288 5
603569.SH	长久物流	56.563 6	1.102 4	4.248 2	11.323 3	8.570 9	3.848 3
603056.SH	德邦股份	55.961 6	3.246 5	10.059 0	9.602 2	13.396 6	6.076 6
603117.SH	万林物流	54.465 7	0.191 8	0.782 2	54.167 0	3.667 8	1.960 6
300013.SZ	新宁物流	48.971 6	0.665 1	2.195 5	7.335 9	2.718 1	1.567 0
002245.SZ	澳洋顺昌	47.065 7	0.859 4	1.607 0	26.515 1	8.640 2	4.733 9
002352.SZ	顺丰控股	46.773 0	2.135 8	5.148 9	31.192 3	8.967 1	4.815 0
002711.SZ	欧浦智网	46.206 8	1.919 5	20.683 5	0.711 4	11.019 6	5.719 3
300240.SZ	飞力达	44.719 0	1.692 9	7.123 0	7.733 5	3.624 3	2.128 1
600794.SH	保税科技	35.681 5	0.823 4	1.008 2	63.518 2	1.620 6	1.110 1
002120.SZ	韵达股份	33.961 1	1.266 6	2.930 1	35.226 0	24.825 1	15.065 8
600233.SH	圆通速递	31.239 3	3.089 7	5.383 0	44.736 8	12.851 2	8.631 9
603329.SH	上海雅仕	29.020 4	1.197 0	13.477 7	1.085 3	6.427 0	4.124 8
603128.SH	华贸物流	29.011 2	1.837 7	11.512 6	8.936 1	6.645 5	4.811 6
002930.SZ	宏川智慧	27.144 9	1.048 5	0.283 1	8.428 6	5.254 4	3.616 8
603066.SH	音飞储存	24.384 7	0.482 5	4.887 2	16.011 0	7.998 5	5.920 2
002492.SZ	恒基达鑫	21.718 7	0.404 9	0.246 4	17.751 7	4.257 1	3.100 6
002468.SZ	申通快递	19.400 6	1.980 3	8.022 3	29.641 6	21.757 2	17.102 2
603535.SH	嘉诚国际	18.920 2	0.696 4	2.165 7	10.059 1	7.213 7	5.863 3
603813.SH	原尚股份	17.873 1	1.831 6	2.517 3	116.862 0	7.082 5	5.830 4
603648.SH	畅联股份	17.680 9	0.755 1	3.238 4	3.984 4	7.956 3	6.585 4

(二)基于AHP方法的输入输出指标筛选

根据表1中列出的备选指标，基于AHP方法的打分原则对每个层次的各个指标进行成对比较，得到相关的比较矩阵。在此基础上，采用Saaty方法分别计算出各比较矩阵的最大特征值和特征向量，从而得到评价指标的权重。最后，分别对每个比较矩阵进行一致性检验，以保证指标打分的合理性。基于AHP方法所得到的各个财务指标的比较矩阵如表3～表7所示。

表3 财务绩效评价一级指标比较矩阵及权重

总体评价指标	盈利能力	偿债能力	运营能力	成长能力	权重
盈利能力	1	4	3	5	0.546 2
偿债能力	0.25	1	0.5	2	0.137 7
运营能力	0.33	2	1	3	0.232 3
成长能力	0.2	0.5	0.33	1	0.083 8

表4 盈利能力指标比较矩阵及权重

盈利能力	股东报酬率	资产收益率	权重
股东报酬率	1	0.33	0.25
资产收益率	3	1	0.75

表5 偿债能力指标比较矩阵及权重

偿债能力	资产负债率	流动比率	权重
资产负债率	1	3	0.25
流动比率	0.33	1	0.75

表6 运营能力指标比较矩阵及权重

运营能力	流动资产周转率	固定资产周转率	应收账款周转率	权重
流动资产周转率	1	2	5	0.581 6
固定资产周转率	0.5	1	3	0.309 0
应收账款周转率	0.2	0.33	1	0.109 5

表7 成长能力指标比较矩阵及权重

成长能力	营业收入增长率	净资产增长率	权重
营业收入增长率	1	3	0.25
净资产增长率	0.33	1	0.75

通过计算各个比较矩阵的C. R. 值,可以对每个比较矩阵进行一致性检验。总体指标矩阵和四个二级指标矩阵的C. R. 值分别为:0.019 2、0、0、0.003 6、0。根据一致性检验标准可知,各个比较矩阵都有较好的一致性。最后,根据以上计算结果,可以得到整个评价体系的权重分配情况,如表8所示。

表8　物流业上市公司财务绩效评价体系权重分配表

一级指标	权重	二级指标	权重	各指标对总权重的分配
盈利能力	0.546 2	股东权益报酬率	0.25	0.136 6 (O)
		资产收益率	0.75	0.409 7 (O)
偿债能力	0.137 7	资产负债率	0.75	0.103 3 (I)
		流动比率	0.25	0.034 4
营运能力	0.232 3	流动资产周转率	0.581 6	0.135 1 (I)
		固定资产周转率	0.309 0	0.071 8 (I)
		应收账款周转率	0.109 5	0.025 4
成长能力	0.083 8	营业收入增长率	0.75	0.062 8 (I)
		净资产增长率	0.25	0.020 9

从评价指标的权重大小看,资产收益率和股东权益报酬率是体现企业盈利能力的两个最重要的指标。资产收益率表示企业资产能够创造的价值,是企业对国民经济做出贡献的重要指标之一;股东权益报酬率是进行投资时考虑的首要因素。这两个指标作为DEA模型中的输出指标。根据物流上市公司财务绩效评价体系的最终权重结果,本文在偿债能力、营运能力和成长能力方面,选取资产负债率、流动资产周转率、固定资产周转率以及营业收入增长率作为DEA模型中的输入指标。

(三)基于DEA模型的财务绩效评价

根据样本中的27家物流业上市公司相关财务数据,用DEA SolverPro™ 5.0软件进行计算,求解结果如表9所示。

表9　物流业上市公司财务绩效评价结果

DMU	证券代码	公司证券简称	综合效率	技术效率	规模效率
1	002769. SZ	普路通	1	1	1
2	002889. SZ	东方嘉盛	0.295 765 891	0.387 439 1	0.763 386 7
3	600153. SH	建发股份	0.366 482 499	0.497 061 9	0.737 297 5
4	002183. SZ	怡亚通	0.355 553 699	0.467 044 4	0.761 284 6

续表

DMU	证券代码	公司证券简称	综合效率	技术效率	规模效率
5	600180.SH	瑞茂通	0.371 672 089	0.438 329 1	0.847 929 2
6	600057.SH	厦门象屿	0.218 575 619	0.254 520 5	0.858 774 2
7	600179.SH	安通控股	0.839 921 354	1	0.839 921 4
8	603569.SH	长久物流	0.619 721 571	0.674 959 4	0.918 161 3
9	603056.SH	德邦股份	0.661 537 047	1	0.661 537
10	603117.SH	万林物流	0.975 355 002	1	0.975 355
11	300013.SZ	新宁物流	0.340 531 161	1	0.340 531 2
12	002245.SZ	澳洋顺昌	0.586 930 267	0.720 653 5	0.814 441 8
13	002352.SZ	顺丰控股	0.338 151 382	0.436 276 8	0.775 084 5
14	002711.SZ	欧浦智网	1	1	1
15	300240.SZ	飞力达	0.228 769 757	0.502 678 9	0.455 101 2
16	600794.SH	保税科技	0.147 686 846	0.593 855 5	0.248 691 5
17	002120.SZ	韵达股份	1	1	1
18	600233.SH	圆通速递	0.494 518 167	0.671 318 2	0.736 637 5
19	603329.SH	上海雅仕	0.955 363 708	1	0.955 363 7
20	603128.SH	华贸物流	0.465 003 21	0.609 444 7	0.762 994 9
21	002930.SZ	宏川智慧	1	1	1
22	603066.SH	音飞储存	1	1	1
23	002492.SZ	恒基达鑫	1	1	1
24	002468.SZ	申通快递	1	1	1
25	603535.SH	嘉诚国际	0.890 960 752	1	0.890 960 8
26	603813.SH	原尚股份	0.631 408 708	1	0.631 408 7
27	603648.SH	畅联股份	1	1	1

从表9的结果可以看出，27家物流业上市公司中企业财务综合效率值在0.147 7到1之间，财务综合效率达到DEA有效的企业有8家；企业技术效率值在0.254 5到1之间，技术效率达到DEA有效的企业有15家；企业规模效率值在0.248 7到1之间，规模效率达到DEA有效的公司有8家。同时达到综合效率、技术效率和规模效率有效的企业共有8家，分别是普路通(SZ002769)、欧普智网(SZ002711)、韵达股份(SZ002120)、宏川智慧

(SZ002930)、音飞储存(SH603066)、恒基达鑫(SZ002492)、申通快递(SZ002468)、畅联股份(SH603648)。上述8家物流上市企业的经营状况较好,不需要在投资规模和结构上做太大调整。

从综合效率的指标来看,27家物流上市公司中共有19家企业综合效率未达到DEA有效。综合效率指标较低反映了这些企业还有较大的改进空间,这些企业可以从优化生产运营和财务管理方面改善企业的经营业绩。从技术效率的指标分析,27家企业中有12家企业技术效率未达到DEA有效,因此这些企业需要进一步改善管理,优化资产负债率、流动资产周转率、固定资产周转率以及营业收入增长率等指标来提高企业的经营业绩。从规模效率指标看,27家企业中有19家还未达到规模最优,因此这些企业需要不断扩大企业投入规模来获得更多的收益。

四、结　论

物流企业在我国经济发展中具有重要意义,对当前物流业上市公司财务绩效做出较为科学完整的评价具有较为重要的现实意义。本文选取了我国2018年物流业中38家上市企业盈利能力、偿债能力、运营能力和成长能力的财务绩效作为研究对象。首先,在建立了关于上述四个方面的财务绩效评价体系基础上,利用AHP方法能够较好反映主观评价判断的特点,筛选出较为合理的二级评价指标。其次,利用DEA方法不需要考虑各项指标量纲统一化同时适用于决策单元多投入和多产出结构的相对效率评价的特点,对我国物流业上市企业的财务绩效进行了评价分析。AHP-DEA方法能够有效地将定性和定量分析相结合,对研究对象作出较为完整、合理的评价。该方法具有较好的适用性,可以进一步应用到物流和供应链管理领域的其他绩效评价管理和研究中。

参考文献

[1]Charnes, A., Cooper, W., Lewin, A. Y., Seiford, L. M., 1994, *Data Envelopment Analysis: Theory, Methodology, and Application*. New York: Springer.

[2]Hasan, M. A., Shankar, R., Sarkis, J., 2008, Supplier selection in an agile manufacturing environment using Data Envelopment Analysis and Analytical Network Process. *International Journal of Logistics Systems and Management*, 4:523—550.

[3]Kuwaiti, M. E., Kay, J. M., 2000, The Role of Performance Measurement in Business Process Re-engineering. *International Journal of Operations & Process Management*, 20(11):1411—1426.

[4]Ramanathan, R., 2006, Data Envelopment Analysis for Weight Derivation and Aggregation in Analytic Hierarchy Process. *Computers and Operations Research*, 33:1289—

1307.

[5]Satty,T. L. ,2008,Decision Making with analytic hierarchy process. *International Journal of Services Science*,1:83—98.

[6]Sevkli,M. ,Koh,S. ,Ziam,S. ,2007,An application of data envelopment analytic hierarchy process for supplier selection: a case study of BEKO in Turkey. *International Journal of Production Research*,45:1973—2003.

[7]Veni,K. ,Rajesh,R. ,Pugazhendhi,S. ,2012,Development of Decision Making Model Using Integrated AHP and DEA for Vendor Selection. *Procedia Engineering*,38:3700—3708.

[8]Zhu,J. ,2003,Efficiency Evaluation with Strong Ordinal Input and Output Measures. *European Journal of Operational Research*,146(3):477—485.

[9]曹文荣,2016,《基于AHP-DEA模型的我国上市银行综合绩效评价研究》,西安:西安石油大学。

[10]陈飒,2016,《基于AHP/DEA的药品零售连锁企业物流配送模式选择研究》,大连:大连交通大学。

[11]黄诗全,2013,物流企业财务风险的防范与控制措施探讨,《现代商贸工业》,第5期,第119—120页。

[12]景琦,2017,基于AHP-DEA的传媒上市公司财务绩效评价研究,《统计与信息论坛》,第32期,第92—100页。

[13]李爽、潘秀,2017,基于DEA/AHP模型的物流配送中心选址研究,《企业经济》,第36期,第44—48页。

[14]水梅,2012,物流企业财务管理存在的问题及对策研究,《物流科技》,第2期,第70—72页。

[15]魏权龄,2006,《数据包络分析》,北京:科学出版社。

[16]王翠森,2015,《基于DEA和AHP模型的并购财务绩效评价——以清华紫光并购展讯为例》,杭州:浙江财经大学。

[17]肖华,2013,《基于AHP/DEA的保险企业经营绩效评价研究》,天津:天津大学。

[18]许祥鹏、高阳,2015,基于DEA-AHP/GRA的效率评价研究——以长株潭物流企业为例,《科技管理研究》,第35期,第66—70页。

[19]张宝友、达庆利、黄祖庆,2008,基于AHP/DEA模型的上市物流公司绩效评价,《工业工程与管理》,第5期,第67—70页。

[20]张惠丽、李红玉,2018,基于AHP-DEA法的农村商业银行财务绩效评价,《特区经济》,第148—150页。

[21]周静、孙健,2015,基于AHP-DEA模型的冷链物流企业绩效评价,《社会科学辑刊》,第5期,第114—119页。

Research on Financial Performance Evaluation of Logistics Listed Companies: Based on AHP-DEA Model

Li Pengshi　Liu Guanhong

Abstract　Financial performance evaluation of logistics enterprises is an important part of logistics enterprise management. Based on the relevant financial indicators of profitability, solvency, operational ability and growth ability of 38 listed logistics enterprises in China, this paper evaluates the financial performance of listed logistics enterprises by combining analytic hierarchy process and data envelopment analysis method. This method can provide a more complete and reasonable evaluation system for the financial performance evaluation of logistics enterprises.

Key words Logistics Listed Companies　Hierarchical Analysis　Data Envelope Analysis　Financial Performance Evaluation

俄罗斯所有制结构改革和近期趋势

刘晓音　王辛楠

内容提要　本文对俄罗斯所有制改革的背景、过程进行了梳理,对所有制改革的现状进行了分析。起初,俄罗斯没有按照自身的经济特点进行私有化改革,而是采取了激进的"休克疗法",这导致了俄罗斯经济、社会出现了许多问题:通货膨胀、经济衰退、国有资产快速流失、严重的社会两极分化。可以说在"休克疗法"之后的很长一段时间内,俄罗斯实际上都在修正"休克疗法"产生的严重负面影响。普京执政后,提出俄罗斯既不会回到过去的计划经济体制,也不再搞照抄西方模式的自由化的激进经济改革,而是走"第三条道路",即:将人类社会经济发展的共同方向与俄罗斯具体国情相结合的改革道路和模式。在普京的第一个、第二个任期内(2000—2008 年),相较于私有化改革,普京政府更加注重国家对经济的把控。然而,2008 年之后,不论是梅德韦杰夫还是普京执政,在官方层面上,俄罗斯都在不断推进私有化改革的进程。研究发现近几年间俄罗斯政府不断加大私有化的力度,一个原因是重启大型国企的私有化进程,以弥补财政预算缺口,吸引外国投资者,打破因美国、欧洲等西方国家对其经济制裁而导致的在国际上孤立无援的处境。

关键词　所有制改革　休克疗法　经济制裁

中图分类号　F112.1

一、俄罗斯所有制结构改革的背景

苏联在解体前,经济模式所实行的是高度集权的计划经济体制,其所有制形式为公有制,表现特点是完全排斥其他经济成分,并否定其他经济成分存在的合理性。这种单一的所有制结构形成于 20 世纪 30 年代,在国民经济中公有制占绝对统治地位,法律只承认全民所有制和集体所有制两种公有制形式为合法存在。而且,全民所有制被视为社会主义所有制的高级形式,集体所有

收稿日期:2019—10—22

作者简介:刘晓音(1974—),上海财经大学马克思主义学院助理研究员,主要研究方向为转型经济学、俄罗斯东欧经济、国别经济;王辛楠(1997—),上海财经大学马克思主义学院硕士研究生,主要研究方向为国际和国民经济制度理论与管理。

制被视为社会主义所有制的低级形式。

俄罗斯所有制改革的源头可以追溯至 20 世纪 80 年代末，戈尔巴乔夫执政后开始对所有制进行体制内改革。1986—1990 年，苏联政府通过了一系列法律，在公有制经济基础上放宽了对非国有经济成分的限制：允许有限制地进行一些私人劳务，赋予国有企业部分独立于中央机构之外的经营自主权，允许成立合作企业，允许国有企业职工租赁工厂，鼓励发展多种经营形式等（郭晓琼，2013），这成为俄罗斯所有制改革的萌芽。苏联解体后，时任俄罗斯总统的叶利钦采纳了萨克斯和盖达尔设计的激进式改革方案——"休克疗法"，在放开物价、控制货币的条件下，推行了全面的私有化改革。与西方国家相比，俄罗斯由于原属于社会主义国家，所有制结构改革是为了适应计划经济体制向市场经济体制转型的需要，因此，更具体制转轨的特征。

二、俄罗斯所有制改革的过程

1991 年 12 月 29 日，叶利钦总统签署了《关于加快国有企业和市政企业私有化的命令》，并批准从 1992 年 1 月 1 日起开始实施《1992 年俄罗斯联邦国有企业和市政企业私有化纲要的基本原则》，俄罗斯进入了所有制结构根本变革的全面推进阶段。对"私有化"的理解，俄罗斯的所有制法规明确规定，就是"把国家所有制或地方政府所有制的企业、财产综合体、房屋、设施和财政转让，变成公民和法人私有制"。俄罗斯的私有化是一个内涵广泛的综合性概念，它把国有企业经过改制变成的集体企业，或实行股份制变成的混合经济企业，都归入私有化的范畴之内。

（一）俄罗斯所有制改革初期

1992 年俄罗斯开始实施私有化进程，分为"小私有化"和"大私有化"两种基本方式。"小私有化"是指对国营零售商业、饮食业、服务业及一些小型工业建筑企业实行的私有化，主要采取公开拍卖、租赁或出售的方式进行。"大私有化"主要是指将国有大中型企业私有化的过程，其步骤为：先将国有大中型企业改造为股份公司或集团，变更其所有权，然后使股份公司的股票进入资本市场（李建民，2012）。"大私有化"的实施又分为证券私有化（1992 年 7 月至 1994 年 6 月）、货币私有化（1994 年 7 月至 1996 年 12 月）和个案私有化（1997 年后）三个阶段。

根据 1991 年 7 月 3 日《俄罗斯联邦国有资产及地方所有制资产私有化法则》的颁布，至 1993 年底，"小私有化"在批发和零售业、公共饮食等服务性行业、建筑、运输和一些轻工小企业进展顺利，实现了所有权和经营权的同步转让。采取了拍卖、招标、租赁、赎买等股份制形式进行私有化。在 1991—1992 年间，有 46 800 家国有企业被私有化，在 1993 年达到了 88 600 家。应该说，这一阶段的私有化进程有着十分重要的政治目的，即以最快的速度在最短的时间内迅速分配、解体苏联公有制财产，以达到彻底铲除共产党复辟的可能性，巩固叶利钦政权。

1. “证券私有化”阶段

在“证券私有化”阶段，俄罗斯政府通过向公民发放私有化证券的方式无偿转让国有资产：先把国有大中型企业改造成开放型股份公司，然后向公民无偿发放相当于35%国有资产的私有化证券，最后在资本市场上出售私有化企业的股票，公民可用私有化证券购买股票，也可将证券出售直接获得现金。该阶段俄罗斯私有化具有明显的政治目的，为了使改革进程不可逆转，改革者过分强调速度（规定每年进行私有化企业的数量）而牺牲质量，为简化私有化程序，按账面残值进行资产评估，在恶性通货膨胀的背景下，造成国有资产大量流失。

2. “货币私有化”阶段

1994年俄罗斯进入“货币私有化”阶段，这一阶段的主要任务是增加国家财政收入，吸引投资，加快企业重组。政府主要通过用现金形式向俄罗斯国内私人和外商出售国有资产和股权，目的是转让股份制企业中的国有股，以增加政府的财政收入，本国和外国的自然人和法人均可参加竞购。为弥补政府严重的财政赤字，以及解决个人和私有化后新建企业的资金不足，其间政府还采取了“以贷款换股份”的方式出售国有股，允许私人以贷款方式购买企业或国有股。这种做法给那些控制银行或与银行有特殊关系的人提供了机会，他们大量廉价收购国有资产，迅速完成了资本集中、原始积累和对经济命脉的控制，初步形成了俄罗斯首批金融和工业寡头。

私有化从根本上改变了所有制的结构，使国有经济彻底丧失了统治或主导的地位。到1996年底，俄罗斯登记注册的240万企业和组织中，私有企业居首位，占66.7%；国有企业占10.4%；地方所有制企业占7.4%；集体所有制企业最少，占4.8%。工业领域中实现私有化的企业共124 600家，占私有化初期国有企业总数的60%。非国有企业在GDP中所占比重从1991年的15%上升到72%，其中私营企业占28%。但私营企业在国民经济各部门的发展不平衡，所占的比重相差很大，商业和公共饮食领域为82%，建筑业为70%，运输业为42%，财政信贷和保险领域为26%，住宅和教育方面为9%～13%（李建民，2003）。

3. “个案私有化”阶段（私有化后所有权再分配）

1997年以后，俄罗斯私有化以“个案”的形式进行。在“个案私有化”阶段，大规模私有化停止了，开始有选择地对个别国有企业的股份制进行改造，而私有化改革的重心从注重数量转为注重质量，从强调私有化的数量指标转向强调增加投资和提高企业生产效率，加强国家对私有化过程的监督，尤其注重对企业资产的管理。经过前两阶段私有化进程后,仍保留的国有"单一制"企业和其他企业中的国有股,有选择地按市场价拍卖或重组,以进一步提高国有资产的使用效益。此类收入主要用于建立和完善居民的社会保障体系,加快企业重组,吸引投资,采取法定资本、资产负债表和市场价格等综合评估办法,防止资产流失。

普京执政后,承认了过去的私有化政策有失误,并采用纠正错误的方式,而不是进行全面清理,搞好尚需私有化的国有企业和国有股的转化工作,通过竞标拍卖使国有资产升值、企业效益提高,并强调用法律手段保护私有产权,完善已形成的市场微观基础。

表1 1998—2002年国有资产和地方所有制资产的私有化情况

	1998年	1999年	2000年	2001年	2002年
私有化的国有企业、地方所有制企业、"单一制"企业的总和	2 129	1 536	2 274	2 287	2 557
按所有制形式可分为:					
联邦的	264	104	170	125	86
俄罗斯联邦	321	298	274	231	226
地方政府所有	1 544	1 134	1 830	1 931	2 245
私有化的国有资产和地方所有者资产按照所有制方式的不同,可以分为:	100	100	100	100	100
拍卖和招标的方式	76.1	74.6	73	73.9	61.4
其中拍卖方式中包括:					
清算企业资产	6.0	5.2	5.0	3.6	1.8
房地产	47.6	47.7	56.7	59.1	47.4
企业资产(包括土地资源)	4.0	2.3	3.4	4.9	7.2
租赁的方式:					
长期租赁	6.8	8.3	18	20	32.9
承租者优先得到股份制有限公司的股份	0.3	—	—	—	—
股份制有限公司的股票交易:					
公民	9.6	12	3.7	3.2	3.4
内部拍卖	1.6	1.9	2.0	0.4	0
公开拍卖	4.6	2.2	2.8	1.3	0.8

资料来源:斯·斯杰巴什,2004,《分析1993—2003年俄罗斯联邦国家所有制的私有化过程》,莫斯科奥利达出版社。

从经济增长绩效看,1992年"休克疗法"实施以后,俄罗斯出现了持续的经济下滑和市场混乱,激进式改革导致了严重的通货膨胀、国有资产快速流失,金融工业寡头攫取社会财富,而普通居民的储蓄则因超级通货膨胀而化为乌有,造成了严重的社会两极分化。1990—1997年,俄罗斯GDP的年均增长率为-9%,其中农业增加值年均增长-8.2%,工业增加值-11%,服务业-8.4%,商品与服务出口-13.2%。连年的经济下滑使俄罗斯经济总量大大缩小,1997年的GDP总值仅相当于1989年的57%,工业产出下降约67%。① 俄罗斯20世纪90年代的经济危机具有时间长、程度深和危害大三重特点。在2000年普京出任总统后,情况才逐渐出现了好转(徐坡岭、贾春梅,2017)。

(二)普京执政时期的所有制改革

普京执政后,面对俄罗斯国有经济占比显著下降、政府对部分战略性企业的控制能力被削弱等现状,提出俄罗斯既不会回到过去的计划经济体制,也不再搞照抄西方模式的自由化的激进经济改革,而是走"第三条道路",即:将人类社会经济发展的共同方向与俄罗斯具体国情相结合的改革道路和模式。他大幅度调整转型政策和方向,借助国际市场能源价格的上涨周期,从根本上扭转了俄罗斯经济衰败的局势(徐坡岭,2017)。

在2000—2008年的两个任期中,普京着力恢复俄罗斯政府的经济掌控力,连续采取了一系列新的政治治理和经济整顿的举措,加强国家对国有企业的控股。

1.第一个任期(2000—2004年),打击财阀寡头,以掌控经济。2000—2003年,普京先后下令查处了传媒大亨古辛斯基、号称"克里姆林宫教父"的别列佐夫斯基和全国首富霍多尔科夫斯基等俄罗斯寡头,顶住了国内外包括来自西方国家的强大政治压力,顺利地收回了一些重要部门(如电视台和石油公司)的控制权,强化了国家对经济的掌控能力。借助打击寡头,俄罗斯政府成功收回并管控了大多数传媒机构和能源、银行、航空、核能、军火出口等主要战略性产业及装备工业,同时确定国家涉及国防、石油天然气、运输、电力、外贸、银行、渔业、钢铁制造业等领域的掌控力。(张树华,2018)

2.第二个任期(2004—2008年),进一步强化国家对经济的干预和主导作用,重新控制了战略性资产。具体举措有:通过市场和司法手段,拆分私人寡头企业;促进国企强强联合,组建超大型国家公司;强化国家对战略性行业的掌控。

① 这里的数据参见世界银行出版的《世界发展报告(1998/99年)》。在俄罗斯国家统计局网站公布的统计数据中,无论是以当年价格计算,还是以不变价格计算的GDP总量和增长率数据,目前可以查到并能够用来对比和佐证的都只有1995年之后的数据。因此,测度俄罗斯转型之初经济衰退程度的统计资料,只能从当时的俄罗斯统计出版物和世界银行、欧洲复兴开发银行(EBRD)的统计出版物中搜集。EBRD给出的评估是,俄罗斯1996年、1997年和1998年的真实GDP规模分别相当于1989年的51%、58%和55%。

国有企业是政府职能的物质基础，也是政府调控经济的工具。面对大型企业，俄罗斯政府极力优化国家在经济中的作用，在大企业中扩大国有资产的份额，国有企业以及国有参股公司呈现了业务规模化和多元化的趋势。积极推进并购、资产重组，优化企业模式，第二个任期内，普京强化了大型国有企业联合，特别是加强了国家对战略性行业的控制，并同时确定涉及国防、石油、天然气、运输、电力、外贸、银行、渔业、钢铁制造业等领域的1 063家大中型企业为国有战略企业，规定政府无权对这些战略企业实行私有化。俄罗斯政府通过将能源私企重新国有化，通过立法保证战略性国企的核心地位、让重要领域的核心国企拥有垄断地位，扶助国企实施资源、市场和资本扩张，以提高国企对经济的调控能力。

对于中小国有企业，则继续推进私有化，主要特点有：(1)对象只能是非战略性企业；(2)行为规范化。2004年6月1日至2005年6月1日，俄罗斯有961家企业实施了私有化，其中单一制国企929家，私有化企业占国企总数的7.3%（李将军，2010）。尽管从企业数来看国有制经济比重仍在降低，但从就业人数、产值等方面看，国有经济成分在所有制结构中呈上升趋势。1997—2009年，国有经济比重从30%回升至67%，国有股份在俄资本市场中的占比也由2004年的24%上升至2009年的40%，在银行业、加工业、石油天然气行业中，国有股份占比分别达到60%、50%和40%。①

2007—2008年，俄罗斯建立国家集团公司，这是俄罗斯经济体制改革领域中的一个重大举措。国家集团的成立改变了国有经济结构，确立了国有经济在战略经济领域的主体地位，而且从法律上确定了国家控制经济模式。国有集团公司处于政治与经济、政府与社会、计划与市场、国家权力与利益集团的交界地带，它使国际的优先发展战略“体制性”地固定下来。

3.第三个任期(2012—2017年)和第四个任期(2018—)

在这期间，梅普之间关于所有制的改革方向发生了一些分歧。普京主张发展工业化，加大国有企业的建设规划，但是梅德维杰夫主张加大私有化的力度。2012年，在总统竞选前夕，由梅德韦杰夫亲自担任监事会主席的智囊机构——现代发展研究所——出台了一份名为《探索未来：2012战略的研究报告》。报告提出，俄罗斯不应选择(普京倡导的)国家主导的重新工业化道路，而是应当走后工业化发展道路、后工业化战略：建立在开放性、私人企业家的广泛参与以及竞争基础上的道路更具吸引力。然而，普京在2012年1月30日刊发的《我们需要新经济》一文中提出：“俄罗斯超过1/4的GDP靠的是向世界市场出售天然气、石油、钢铁、木材等原料或初级产品。如今俄罗斯依赖

① 国有企业引领俄罗斯经济发展——访俄罗斯科学院世界经济和国际关系研究所前所长西莫尼亚院士，《光明日报》，http://epaper.gmw.cn/gmrb/html/2013-06/10/nw.D110000gmrb_20130610_8-08.htm，2013年6月10日。

世界经济，依赖程度比多数国家更大……我国的大体地位是原料型国家。实际上我国经历了一场大规模的非工业化，丧失了发展质量，全面简化了生产结构，从而高度依赖消费品进口，依赖进口技术和复杂产品。”①普京认为，处于原材料产地的国际分工定位对于俄罗斯是“不可接受的”。俄罗斯要想在世界范围内赢得竞争，必须在高科技领域占据一席之地，针对由于私人资本不愿进入高科技领域承担风险，俄政府制定发展高科技产业作为优先发展方向。占据领先地位的产业有制药、高科技化学、复合材料与非金属材料、航空工业、信息通信技术、纳米技术，以及仍然保持传统优势地位的原子能与宇航工业。普京引用韩国和中国这些国家顺利实现经济现代化的经验，指出发展这些战略性高新技术产业必须有国家的引导和支持，这利大于弊，俄罗斯要想恢复国际竞争能力，就必须发挥国家和国有战略性大企业的作用。尽管如此，2010年以来，在俄罗斯官方层面上，俄罗斯非国有化政策越来越趋于明显，然而，国有经济真正的占比是否下降，仍有待考证。

2010年，梅德韦杰夫政府对俄联邦的私有化法进行了重大的修订，政府高层提出需要进行再私有化——“新的大的私有化”。2010年7月，俄罗斯政府批准了《2011—2013年联邦资产私有化预测计划和私有化基本方针》。根据该规划，俄罗斯政府将于2011—2013年中对包括10家超大型国有公司、117家联邦单一制国企、854家股份公司、10家有限责任公司和73处不动产在内的国有资产实施私有化，涵盖了金融、石油、电力、粮食、运输、农业、化工、石化等行业，预计收益达1万亿卢布，约合350亿美元（李建民，2012）。总的来说，这一规划并不激进，因为其要求联邦政府继续保持对以下三类公司的控制权：自然垄断行业、现存的基础设施经营相关公司（包括资本密集的项目和有着较长回收期的项目）以及执行政府的结构和产业政策的相关公司。

梅德韦杰夫始终坚持私有化是俄罗斯经济发展的关键，2011年6月，他在圣彼得堡国际经济论坛上指出，战略企业名单已缩减到原来的20%，股份制的战略企业从211家减少到41家，联邦国有单一制企业从230家减少到159家。俄罗斯科学院副院长亚历山大·德米特里耶维奇·涅基别洛夫（2011）指出，从制度层面考虑，俄罗斯对国家在经济中作用的认识发生了变化：政府要在私人企业不能很好发挥作用的领域发挥作用。新一轮的私有化只能使得政府财政获得一次性的利润，但以后不会再有了。他认为非常重要的是，应有效地采用完全商业化的操作方式来运作国有资产（许文鸿等，2011）。

普京在担任政府总理期间，对于大型战略性企业如俄罗斯公路公司、俄罗

① 张树华，俄罗斯之路30年——国家变革与制度选择（下），乌有之乡，http://www.wyzxwk.com/Article/guoji/2018/12/397227.html。

斯原子能公司、俄罗斯科技公司等制定了企业改造和上市的计划，根据在2016 年前降低国家在部分原料行业企业的持股比例，国有资本彻底退出大型非能源企业(非自然垄断行业和国防工业企业)，此外还计划减少国有大型企业和银行对其他行业企业的参股，未来还将对国有企业在俄罗斯境内收购新资产作出限制(程亦军，2012)。2012 年 1 月，发表在俄罗斯《新闻报》上的《关于我们的经济任务》一文，最为全面和系统地阐述了普京经济思想和经济政策。普京多次指出，俄罗斯将继续实行私有化政策，继续出售部分国有资产，继续减少国家在一些大型企业中所持股份的比例，让民间资本更多地进入经济领域，这样有利于活跃经济、减少行政干预。(这里所说的“私有化”不同于 20 世纪 90 年代初俄罗斯经济转型初期的大规模“私有化”，不涉及政治经济制度，只是一种资产配置的变化，类似于我国实行的“国有股减持”、“国有资本退出竞争性行业”的政策。)

2012 年 3 月，普京上任，俄罗斯政府在颁布的《2011—2013 年联邦产业私有化计划》和预计颁布的《2014—2016 年联邦产业私有化计划》中调高了大型企业私有化程度。5 月 12 日，第 596 号总统令“长期国家经济政策”提出，计划在 2016 年前完成国家资本从非能源领域企业撤资，但是这项指令不包括自然垄断企业和国防军工企业。2012 年 6 月 20 日，俄政府批准了《2012—2013 年短期私有化规划和至 2016 年的中期规划》。该规划提出，除在 2012 年 9 月 1 日前对 200 家中小企业进行私有化外，决定对近 30 家大型开放式股份公司的部分联邦资产实行私有化(李建民，2013)。

2012 年下半年至 2013 年，俄罗斯私有化进程进入实际推进阶段，具有代表性的 5 笔“大私有化”交易如下：①

第一，出售俄罗斯最大的国有商业银行“储蓄银行”7.58%减 1 股的股份，股权出售在伦敦交易所和莫斯科银行间外汇交易所(发行占比 3%)同时进行。“储蓄银行”采取发售普通股和全球存托凭证(1 份全球存托凭证兑换 4 份普通股)的方式实现融资，售价 1 593 亿卢布(约合 52 亿美元)。

第二，出售“磷灰石”公司(Apatit)20%的股份。法国巴黎银行是出售的组织者，交易总价为 111 亿卢布(约合 3.7 亿美元)，实际收益超过初始报价 6 亿卢布。

第三，出售俄罗斯最大的液化气罐运输营运商公司(СГ-Транса)股权。参与购买的公司为非国有、无债务和拥有车厢作业经验的公司，成交价格为 227 亿卢布(约合 7.3 亿美元)，实际收益是初始报价的 2 倍。

第四，出售摩尔曼斯克商港 25.5%的股份，交易价 22 亿卢布(约合 0.7 亿美元)。

---

① 数据整理自李建民，2013，俄罗斯新一轮私有化评析，《俄罗斯学刊》，第 4 期。

第五，出售哈巴罗夫斯克最大的商港瓦尼诺港73.55%的股权，交易价155亿卢布(约合5亿美元)，俄罗斯最大的“米切尔”矿业控股公司是收购者。在完成收购后一周，“米切尔”公司将71.04%的股权转售给在塞浦路斯注册的3家离岸公司，即欧品贸易有限公司(ОпернТрейд Лимитед)、赛得米诺对外投资有限责任公司(Седмино Инвестментс Лимитед)、瑞德贸易有限公司(Травине Трейдинг Лимитед)。

2013—2017年间，俄政府不断修订国家联邦财产管理方案，在修订过程中不断减少国有经济的份额。2013年私有化立法的修订，在一定程度上重新推动了私有化的进程。具体的修订为：第一，在2001年修订的《私有化法》的基础上，关于该法不适用的财产类别一项，增加了根据联邦政府立法或继承程序转让给国家所有的动产等类别，将不适用的财产类别扩大至18种。第二，2001年的私有化法增加了一条新条款(第30.2条)，其中规定了特许协议下财产实体私有化的程序。第三，对文化遗产私有化机制进行了详细的阐述。例如，列入俄罗斯联邦人民文化遗产(历史和文化古迹)单一国家登记册的文化遗产(CHP)现在已被列入可在招标框架内私有化的资产类别。

2013年7月，联邦政府根据第1111-R号令，批准《2014—2016年联邦财产私有化预测计划》和《2014—2016年联邦财产私有化主要方向》，开启了第二轮三年私有化计划。之后，不断调整私有化方案、发布新的文件，在修订的过程中不断减少国有经济的份额。

2013年7月至2015年初，共通过了25项与私有化有关的规范性法律法案，其中3项最早于2013年12月发布。其中，2014年3月和8月联邦政府指令颁布了两项最为重要的修订：第一，新的三年私有化计划将增加2011—2013年没有涵盖的431家股份制公司；第二，将联邦所有的426家不动产公司也加入私有化名单中。如此一来，私有化名单中的企业数量有了明显的增加。联邦财政部持有的“其他财产”类别的企业数量从94个单位增加到294个单位，增加了2倍以上。有私有化特权的经济团体从440个单位增加到981个单位，是之前的2.2倍。然而，拟进行私有化的联邦国家单一制企业仅仅有了4%的增加，从之前的514个单位增长到535个单位。

2014年一个重要的私有化案例是俄罗斯石油公司。根据2014年11月27日第2358-R号指令，俄罗斯联邦政府同意以不低于其根据独立专家编制的市场估值报告确定的市场价格转让其在俄罗斯石油公司的股份，且不低于俄罗斯石油公司2006年首次公开发行股份的价格。

在私有化稳步推进的同时，俄罗斯政府也注重国有企业效率。2014年12月，俄罗斯总统普京在联邦议会致辞中提道：“诚实的劳动，私有财产，自由的企业经营活动——这些也是核心价值观。我再次强调，尊重价值观，就如同尊重爱国主义，如同对自己国家的历史、传统和文化的尊重一样。”同时，要提高国有企业的运作效率,“必须也把俄罗斯国有企业的预算整理出脉络。为此要在他们中间建立统一的支付中心,类似财政部,这个中心将保证资金流的透明度和利用率,有效地管理他们。而公司总部也必须要明确地看到下属机构的钱款使用情况。所有的公司,只要国有股超过 50%,就必须建立关键效率评估指标,其中包括每年压缩支出 2%~3%。要强调,国企老总的薪金必须直接与效益及经济环境挂钩”①。

2015 年,世界经济复苏乏力,工业生产低迷、世界贸易恶化,国际油价大幅跳水,俄罗斯经济遭到重创,GDP 同比下降 3.7%。俄罗斯总理梅德韦杰夫提出需要加大私有化力度,增加税收,提高财政收入,来缓解国家的经济窘境。俄罗斯推行了一系列新的标志性的私有化改革进程。同时,俄总统普京召回奉行自由主义的前财长库德林,开启了俄罗斯经济领域朝着自由化市场方向的改革进程。

2016 年 1 月,俄罗斯联邦航天局(Roscosmos)解散,转制为国营企业。这一变化意味着俄罗斯国家航天总署从原先由国家财政全额支持改为只提供部分资金的国企,并需接受政府监管。但是,体制改革可以使该机构有动力去关注重大的、最为急迫发展的航天目标,同时也能够像其他商业公司那样开展大量商业性航天经营活动来增加企业收入,呈现多层次经营的局面。

2016 年 3 月,《俄罗斯联邦 2016 年社会稳定发展计划》正式推出,此计划主要着眼于调整经济结构,促进经济多元化,俄罗斯国有经济改革的主要方向是缩减国有经济的成分。2016 年,俄罗斯最大的私有化举措就是出售俄罗斯石油巨头 Rosneft 公司的股份,这是俄罗斯自 20 世纪 90 年代以来最大的私有化案例。至 12 月 7 日,该公司 19.5%股权的私有化协议已经完成,总部在瑞士的石油贸易公司 Glencore 与卡塔尔的主权基金(股票平等)成为战略投资者,并以 105 亿欧元购买股票。②

2017 年,俄罗斯政府大力推行市场竞争政策,采取了在市场经济中减少国家或者政府参股的经济实体的举措(参照 2017 年 12 月 21 日第 618 号总统令《关于国家竞争发展政策的主要发展方向》)。2017 年 2 月,俄罗斯政府颁布 2017—2019 年国有资产私有化计划,拟在 2017—2019 年间将约 500 家联合股份公司和 300 家联邦国家单一企业私有化。此次私有化计划涉及银行、基础材料公司、工业和基础设施企业。③ 按照计划,2017 年预计完成俄罗斯外贸银行 VTB(10.9%)、俄罗斯海运公司 Sovcomflot(25%减去 1 股)和新罗西

① 普京,2014 年俄罗斯国情咨文,观察者网,https://www.guancha.cn/Vladimir-Putin/2014_12_06_302598.shtml,2014 年 12 月 6 日。

② Russian premier says Rosneft stake sale is “largestdeal” in 2016, TASS(俄罗斯通讯社),https://tass.com/economy/918148, 2016 年 9 月 9 日。

③ Russian government aims to raise billions of rubles from privatization deals in 2017—2019, TASS(俄罗斯通讯社),https://tass.com/economy/928604, 2017 年 2 月 2 日。

斯克商业海港(20%)的股权的私有化。因2017年年初的世界石油价格上涨,投资者们看到利好,同年10月,俄财政部通过其国债在国内卢布债务市场上筹集了约1.4万亿卢布(约合242亿美元)。① 因此,VTB的私有化被推迟到西方对于银行的制裁解除之后。同时,Sovcomflot的股权出售也一再推迟,至2019年9月,俄罗斯政府仍然拥有Sovcomflot公司100%的所有权、VTB银行60.9%的所有权。②

2018年3月,俄罗斯总统普京再次提到逐步减少国有经济的占比,"我在这里强调一个原则性立场:国有经济在经济总量中的比重应该逐步降低。为此,我想指出,近期由于银行体系的健全,许多金融资产转到政府控制之下,但是需要把它们有效地领入市场并出售出去"。可以看出,最近几年俄罗斯政府不断加大私有化的力度,究其根本还有一个原因,就是重启大型国企的私有化进程,以弥补财政预算缺口。俄罗斯航空公司(Aeroflot)、俄罗斯铁路(Russian Railways)、俄罗斯外贸银行(VTB)、钻石生产商阿尔罗萨(Alrosa)以及俄罗斯石油公司(Rosneft)等7家大型国有企业列为私有化目标。推出这些大公司的私有化,还有一个含义就是用以吸引大型外国投资者,也是为了打破俄罗斯因受美国、欧洲等西方国家经济制裁在国际上孤立无援的处境。例如:105亿欧元卖掉Rosneft公司19.5%股权;中国丝路基金收购俄罗斯诺瓦泰克公司(Novatek)亚马尔液化天然气项目9.9%股权,金额超过20亿美元(此前中国石油天然气集团公司已持有该项目20%的股权,如此中方将拥有该项目29.9%的股权)。③

如果从普京执政期间所采纳的所有制改革举措来看,务实是根本特点,解决问题为目的,以俄罗斯实际为坐标。俄罗斯自由派提出"俄罗斯要改变社会主义的制度、发展方式和道路,面向西方走欧洲的现代化之路,加大私有化的力度"。普京提出:"俄罗斯决不能简单地回到过去,必须寻找一条符合自己国情的渐进改革道路,不能照搬别国的经验,更不应照抄外国教科书。"普京政府采取的所有制改革举措,集中反映在普京的治国理念中,尤其是所有制改革中。普京改革的重点是,惩治非法掠夺国家财产,垄断俄经济命脉的金融、财政、石油乃至传媒系统中的寡头、财阀;打击刑事犯罪,消除腐败,强化法制,健全社会经济秩序,力求将重要战略资源掌控在国家手中。对一般大型私人资本企业主张在国家监督下运营。国家在经济活动中起主导和调控作用,实行"可控市场经济"。对中小私营企业,国家则通过完善法规,同时辅以行政手段

---

① Russia's improving economy leaves privatization out in the cold,Reuters(路透社),https://uk.reuters.com/article/us-russia-privatisation/russias-improving-economy-leaves-privatization-out-in-the-cold-idUKKBN1CW112,2017年10月27日。

② MarketScreener, https://www.marketscreener.com/BANK-VTB-PAO-6499155/company/。

③ 普京启动国企私有化一周年获百亿大单,http://www.sohu.com/a/122258245_507288。

保障其合法权利。另外，注意调动一切积极因素参与社会经济建设，促进国家经济发展。普京的改革实际上是修正叶利钦体制，在恢复被践踏的社会公正和经济公正基础上，选择一条符合俄现实国情的发展道路，以实现“强国富民”，重振俄大国地位的目标。

然而，国外学者对于俄罗斯近期国有企业私有化行为持否定态度，认为其近期对于大型国有企业的私有化只不过是为了应对西方的制裁，以解决政府需要资金的燃眉之急。其实质是将资金从国家的一个口袋转移到另一个口袋。2016年10月，《经济学人》杂志（*The Economist*）刊登的一篇题为《在俄罗斯，私有化可能意味着将一家国有公司出售给另一家国有公司》的报道指出，俄罗斯将国有石油公司Bashneft出售给另一家国有石油公司Rosneft，这种“私有化”并不能够减少政府的控制程度，也并不能真正意义上改善俄罗斯的经济状况。2017年路透社（Reuters）一篇名为《俄罗斯如何出售其石油宝石：没有说谁买了它》的报道指出，俄罗斯105亿欧元卖掉Rosneft公司19.5%的股权，俄政府官方称这是最大的私有化协议，是2016年全球石油和天然气行业最大的销售和收购，然而我们无法从公共交易记录上确定完整的购买它的人的身份。[①] 这种“私有化”案例无法真正吸引投资到俄罗斯，这个表面上推行各种联邦反垄断措施的国家，GDP中实际国有经济占比从2005年的35%上升到2015年的70%。[②]

2017年，俄财政部最初计划从私有化中筹集1 380亿卢布（约合23.9亿美元），主要是出售船运公司Sovcomflot的股份，并进一步削减其在该国第二大银行VTB的持股量。当西方制裁一直笼罩着俄罗斯时，中央银行却不得不救助两家俄罗斯最大的私人银行Otrkitie和B&N Bank。俄罗斯国内逐渐出现反对私有化的论点，究其原因主要是，西方制裁压低了俄罗斯国有资产的出售价格，而在特定经济环境下俄国有企业可以像私营企业保持经济效率。普京注重采取国有化战略的趋势，以期为俄罗斯带来更高的效率和竞争力。尽管东西方学者采取不同方式所测量的俄国有经济的占比在数字上略有出入，但是结论是相同的，即过去20年俄罗斯国有经济的占比逐步增加。需要注意的是，在最近10年里，国有经济在GDP中的份额似乎已经趋于平缓（见图1）。而且，国家控股集中在能源、银行业和其他的一些“战略性”部门，这都是普京所推行的国家战略规划。

---

① How Russia sold its oil jewel: without saying who bought it, Reuters（路透社），https://www.reuters.com/article/us-russia-rosneft-privatisation-insight-idUSKBN1582OH，2017年1月25日。

② In Russia, privatisation can mean selling one state-owned company to another, *The Economist*（《经济学人》），https://www.google.com/amp/s/amp.economist.com/europe/2016/10/20/in-russia-privatisation-can-mean-selling-one-state-owned-company-to-another，2016年10月20日。

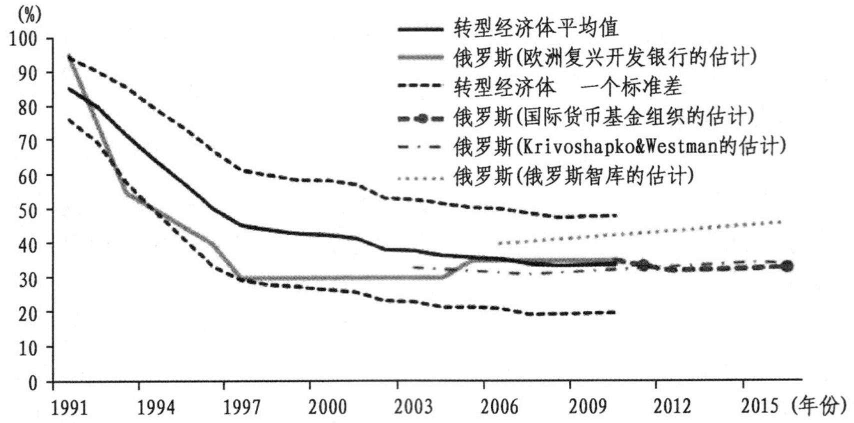

图1　国家经济在GDP中占的份额一转型国家平均与俄罗斯的对比(1991—2016年)

资料来源:IMF Working Paper(2019):The Russian State's Size and its Footprint:Have They Increased?

表2　2012年各行业国有经济的产出份额

行业	国家在行业中的产出份额
市场部门	
电、煤气、蒸汽与热水供应	57
运输和通讯	52
金融业	50
采矿和提取	34
制造业	20
酒店和餐饮	16
批发和零售业;维修	11
房地产、租赁和相关服务	11
建筑业	6
农业、狩猎、林业、伐木业	4
钓鱼、孵化场和相关服务	3
非市场部门	
公共管理、国防、社会保障	100
教育	93
健康与社会工作	90

续表

行 业	国家在行业中的产出份额
其他社区和个人服务	51
总增加值	32

资料来源：IMF Working Paper(2019)：The Russian State's Size and its Footprint：Have They Increased?

表 3　　2016 年各行业国有经济的产出份额

行 业	国家在行业中的产出份额
市场部门	
金融业	59
电、煤气、蒸汽与热水供应	52
运输和通讯	48
采矿和提取	44
制造业	21
批发和零售业；维修	9
房地产、租赁和相关服务	9
酒店和餐饮	5
建筑业	4
农业、狩猎、林业、伐木业	2
钓鱼、孵化场和相关服务	2
非市场部门	
公共管理、国防、社会保障	99
教育	92
健康与社会工作	87
其他社区和个人服务	48
总增加值	33

资料来源：IMF Working Paper(2019)：The Russian State's Size and its Footprint：Have They Increased?

从表 2 和表 3 中可以看出，在过去几年里，俄罗斯国有经济的产出份额增加，从 2012 年的 32%增加至 2016 年的 33%。在大多数经济活动部门中，国有成分都存在，然而在石油和天然气开采和加工、自然垄断、金融以及自然公共服务等部门，国有经济所占的产出份额相对更大。农业、食品加工、大多数制造业(不包括国防及石油和天然气加工)和贸易部门,国有经济所占份额较小。在过去几年中,国有经济在石油和天然气开采与加工以及金融部门的份额有所增加。其中,石油和天然气开采与加工的国有产出份额从2012年的约34%增加到2016年的接近44%。

三、俄罗斯所有制结构的改革特点

俄罗斯历经多年的私有化进程,原有的决定国家经济生活本质的国家所有制在经济生活中的统治地位已得到彻底改造,客观上改变了原来单一的公有制结构,扩大了所有制成分,调整了经济结构,建立了以多元化所有制形式为基础、以股份制占主导地位的市场经济体制。总结其特点:

第一,所有制结构变化速度快,自上而下强行推动,通过颁布法律和总统令及政府计划和命令强制推行,要求限时限量完成私有化指标。20世纪90年代初,俄罗斯采用"休克疗法",仅用了近两年的时间就彻底推翻了国有制的统治地位,建立起私有制为主体,国有制、社会及宗教组织所有制、混合所有制等多种经济并存的混合型经济。

第二,所有制改革具有明显的政治意义。俄罗斯"私有化之父"丘拜斯曾明确指出,私有化既是一项要建立以私有制为特征的资本主义生产方式的基本国策,又是"使改革进程具有不可逆转性"的政治保证。俄罗斯所有制变革的方向不同于西方国家,是靠强制性制度变迁来推动的。尽管都是以私有制为主、多种经济形式并存的混合型经济,但西方国家是从私有制经济演变而来,为了弥补"看不见的手"调节经济的缺陷,而俄罗斯的所有制结构却是在苏联时期单一公有制的基础上通过全盘私有化形成的。俄罗斯所有制结构的变化,不是为了适应生产力的发展而产生的生产关系的自发性变动,而是政府采取行政命令手段强制性进行私有化。

第三,俄罗斯国有经济成分在经济中的地位仍然起着重要的作用。在俄罗斯,有国有经济成分参与的行业范围广泛,不仅包括公共事业部门和战略性行业,还涉及一些重要的竞争性行业。俄罗斯大型企业的董事会均有政府代表参与,在国家控股企业,政府代表一般都担任董事会主席。此外,在一些股份制企业中,国家还持有"金股",以此行使对企业经营的特别管理权。

第四,俄罗斯所有制改革,促进了新市场调控机制的形成,其核心是在市场体制的基础框架内重新寻找公有与私有、经济与社会、经济与环境的平衡点。但是经济官僚化、经济法制化进程加速,使得政府机构不断"瘦身"并逐渐成为小政府。

第五,制度变革改善了俄罗斯吸引外资和参与国际经济竞争环境,私有化促进了市场竞争规则和法治体系的建立和投资环境的改善,俄罗斯已被提升为适合投资国家。然而，企业微观经营效率未提高、经济衰退、私有化盲目跟进、国有资产流失、社会阶层分化加剧等都是在改革的过程中不容忽视的问题。

总体看来，市场化经济转型任务要求转型过程必须在政府的主导下，通过强制性制度供给来完成，但俄罗斯“休克疗法”转型方案把新自由主义转型方案设定的自由市场经济作为俄罗斯市场经济制度的目标，放弃了政府对经济过程和制度供给过程的干预，致使俄罗斯 1992—2000 年间的转型彻底沦为混乱的分利过程和动荡的政治斗争过程，这是需要我们从中吸取教训的地方。普京在《千年之交的俄罗斯》一文中对 20 世纪 90 年代俄罗斯转型的反思及其之后的政策调整进行总结：“90 年代的经验雄辩地证明，只是将国外课本上的抽象模式和公式简单地照搬到我国，我国的改革不付出巨大的代价就能取得真正的成功是不可能的。机械照抄别国经验是不会取得成功的。”

四、俄罗斯所有制改革对我国的启示

中国和俄罗斯的所有制改革具有本质上的不同，俄罗斯的改革直接迈向了资本主义，而中国的改革始终坚持社会主义的旗帜。两国的经济改革背景具有相似之处，改革之前两国的国有企业体量都非常巨大，改革的目标都是由高度集中的计划经济体制转向市场经济体制。因此，两国的所有制改革具有互鉴作用。俄罗斯改革教训之深刻与经验之丰富都值得我们认真总结，研究和分析俄罗斯的改革可以让我们得到许多重要的启示。

(一)改革的根本目的是保障经济和社会全面发展

提高人民生活水平是改革发展的出发点和根本目的。俄罗斯所有制改革的速度和强度超过了当时社会的承受能力，导致大量的失业人口和贫富差距的拉大，缺乏监管举措，让一小部分人的财富得到了急剧聚敛，而大部分人的生活水平大幅度下降，加剧了社会矛盾。中国经过 40 多年的改革开放，国家的经济建设取得了巨大的成就，缩小收入差距，人民的生活水平普遍得到提高。

(二)加强对所有制改革的监管，政府在所有制改革中必须发挥主导作用

俄罗斯在改革初期，政府对国有企业转变为私有化企业采取无为而治的态度，加之寡头垄断的干扰，结果大量私有化企业陷入“既无计划又无市场”的无序状态，这些问题的出现，直接或间接的原因是由于国家没有在市场关系形成中起到主导作用而造成的。普京担任总统以后采取了一系列措施加强了对国有企业改革的指导，建立国家集团公司，完善法律，对规范国企改革起到了比较好的效果。应该说，所有制改革不仅不是否定国家对经济的主导和调控作用，反而还要国家在更大程度上起到协调宏观经济、制定指导性政策、建设良好的市场环境、监督和约束非法者的作用。当然，必须要明确的是，发挥政府在国企改革中的主导作用，不是要政府代替市场去配置资源。政府的角色是经济关系调控者、对所设立的市场规则遵守情况的监督者和国有企业的主体。

国有企业是我国国民经济的重要支柱，是中国共产党执政的重要基础，是全面建成小康社会、实现中华民族伟大复兴的重要力量。深化国有企业改革是全面深化改革的重要组成部分，在全面推进依法治国、从严治党中起着重要的作用。国有企业的发展与坚持党的领导密不可分，加强党组织对国企的领导，是进一步深化国有企业改革和发展的根本保证。

参考文献

[1]Gabriel Di Bella, Oksana Dynnikova and Slavi Slavov, 2019, The Russian State's Size and its Footprint: Have They Increased? International Monetary Fund Working Paper.

[2]程亦军，2012，"新普京时代"的俄罗斯经济政策，《理论视野》，第 8 期，第 64—66 页。

[3]郭晓琼，2013，俄罗斯所有制结构演变及近期私有化进展，《俄罗斯学刊》，第 6 期，第 51—60 页。

[4]李建民，2003，俄罗斯新一轮私有化评析，《俄罗斯学刊》，第 2 期，第 5—12 页。

[5]李建民，2012，俄罗斯私有化影响及未来发展"路线图"，《中国党政干部论坛》，第 5 期，第 20—24 页。

[6]李将军，2010，俄罗斯国有企业改革问题研究及其启示，《经济界》，第 3 期，第 85—89 页。

[7]徐坡岭、贾春梅，2017，俄罗斯经济转型：新自由主义的失败与社会市场经济模式的探索，《俄罗斯东欧中亚研究》，第 3 期，第 1 页。

[8]许文鸿、王莺，2011，现代化是俄罗斯摆脱经济危机的唯一出路——俄罗斯科学院副院长涅基别洛夫院士演讲录，《西伯利亚研究》，第 2 期，第 93—95 页。

[9]张树华，2018，俄罗斯之路 30 年：国家变革与制度选择(下)，《经济导刊》，第 10 期，第 62—73 页。

Reform of Russia's Ownership Structure and Recent Trends

Liu Xiaoyin　Wang Xinnan

Abstract　This article sorts out the background and process of Russian ownership reform, and analyzes the current situation of ownership reform.

At first, Russia did not carry out privatization reforms in accordance with its own economic characteristics, but adopted a radical "shock therapy", which caused many problems in Russia's economy and society. Inflation, economic recession, rapid loss of state-owned assets, and severe social polarization. It can be said that in a long time after the "shock therapy", Russia was actually correcting the serious negative impact of the "shock therapy". After Putin came to power, he proposed that Russia will neither return to the planned economic system of the past nor pursue radical economic reforms that follow the Western model of liberalization. Instead, it will take the "third path", that is, the reform path and model combining the common direction of the development of human society and economy and the specific conditions of Russia. During Putin's first and second terms (2000—2008), Putin's government paid more attention to the state's control of the economy than privatization reform. However, after 2008, whether it was Medvedev or Putin in power, at the official level, Russia has continued to advance the process of privatization reform. The study found that in recent years, the Russian government has continued to increase privatization. One reason is to restart the privatization process of large state-owned enterprises to fill the budget gap, attract foreign investors, and break the isolated situation caused by economic sanctions imposed on the United States, Europe and other Western countries.

Key words Ownership Reform Shock Therapy Economic Sanctions

论英语语言霸权与个体财富的全球转移

陆 夏 周 永

内容提要 英美等国的政治经济霸权及其推动的全球化促使了英语语言霸权的确立,这导致了微观层面个体财富的全球转移。本文针对这一经济现象从马克思主义政治经济学视角进行深入剖析,认为当今世界的英语语言霸权反映到微观层面上,导致了基于国际语言税收益的个体财富转移、基于垄断定价方式的个体财富转移、基于劳动收入歧视的个体财富转移以及基于文化霸权关联效应的个体财富转移四种效应。英语语言霸权的确立使英语语言霸权国家能够凭借语言霸权优势单向剥削其他国家的剩余价值,从而在微观层面使个体财富从其他国家向英语语言霸权国家转移。

关键词 英语语言霸权 文化霸权 财富转移

中图分类号 D822.9

一、引 言

语言是文化的最重要载体,是文化的基石。语言的传播与引导是一个民族和国家塑造形象和提升竞争力的重要措施,也是实现文化自觉、文化自信和文化强国的重要途径。然而,近年来作为国际通用语的英语在促进世界各国交流的同时,也确立了其在世界语言中的霸权地位。1992 年,丹麦哥本哈根商学院名誉教授、著名语言文化学者罗伯特·菲利普森在《语言帝国主义》一书中指出:"英语语言帝国主义是指英语通过建立与不断重构其在结构与文化上与其他语言之间的不平等,从而确立与维持其在语言方面的主导性地位。"(Robert Phillipson,1992)虽然他没有使用英语语言霸权一词,但已深刻揭示了英语在当今世界霸权地位的根本特征。英语与其他语种的不平等地位给世界语言和文化多样性带来了各种负面影响,造成了许多小语种和民族文化的

收稿日期:2019—11—28

作者简介:陆夏(1979—),上海财经大学马克思主义学院,副研究员,主要研究方向为当代资本主义、国际垄断、英语霸权;周永(1984—),上海财经大学马克思主义学院,博士研究生,主要研究方向为马克思主义政治经济学。

基金项目:本文系上海市哲学社会科学规划一般课题"马克思主义政治经济学视阈下英语语言霸权的全球财富转移效应研究"(2017JG004—BJL516)的阶段性研究成果。

消失。例如,1840 年,英国在新西兰与当地毛利人签订《怀唐伊条约》,一方面向新西兰大量输送英国移民,另一方面专门成立新西兰公司掠夺土地,并对毛利人实行同化政策,推广英语语言。结果这类殖民地的原住民由于被驱赶或血腥杀戮,他们的语言因此消失。同时,西方一些大国还利用英语语言霸权来对外强行输出意识形态与价值观,将诸如西方民主、极端个人主义等散播到其他国家。但它的危害并不仅限于语言和文化层面。英语语言霸权实质上是伴随资本主义全球化的发展而建立起来的,是资本逐利的本性的必然结果之一。列宁就曾经指出:“语言的统一和无阻碍发展,是实现真正自由广泛的、适应现代资本主义的商业周转的最重要条件之一,是使居民自由广泛地按各个阶级组合的最重要条件之一,最后,是使市场同一切大大小小的业主、卖主和买主密切联系起来的条件。”(列宁,1995)所以,英语语言霸权本质上是通过语言与文化控制,服务于资本不断扩张的本性,从而为英语语言霸权国家及其代理资本家谋取经济利益。

二、英语语言霸权与世界范围内个体财富的转移

20 世纪 60 年代诞生了一个重要的理论分支——语言经济学。它是由美国加州大学洛杉矶分校的经济学教授雅各布·马斯沙克(Jacob Marschak)提出的。他在致力于“信息经济学”研究时揭示了语言具有经济学本质的东西:价值(value)和效用(utility),费用(cost)和效益(benefit),从而开启了人们从微观经济学视角分析语言以及语言与经济之间关系的新研究。语言经济学的主要观点是,人们需要通过花费成本来获取某种语言技能,而将这种语言技能投入人类生产、交换、分配和交换活动中,则可能会为其带来收益。也就是说,语言可以看作人力资本生产的一种经济投资。由于语言的这一经济属性,它可能造成掌握语种数量不同以及持不同语言群体之间的收入差异,甚至影响到一个国家或地区的经济与社会发展。但是,英语又不同于一般的语言,它是已经在世界语言体系中建立起了霸权地位的语言,因此,可以说与资本交织在一起的英语已经获得了超出一般语言经济特性的霸权特征。事实上,英语这种语言已经成为英美等资本主义国家获取经济利益的工具,也成为造成当今世界财富分配差距的重要因素。基于此,我们深入考察了英语语言霸权国家通过资本主义全球化获取巨额收益的途径与手段,发现由于英语语言霸权的存在,不同国家语言地位的不平等所造成的经济影响反映到微观层面上,可能将导致四个方面的结果:一是对英语的通用性需求,让英语的输出能够获得国际语言税收益;二是由于英语的需求弹性变小,可能造成英美等发达国家可以对英语语言产品进行远高于正常价格的垄断定价;三是英语语言霸权导致了不同语言群体的收入差距,这在跨国公司和涉外企业表现得尤为明显;四是由于文化和语言的

不可分割性,包含语言霸权的文化霸权导致了具有连锁效应的个体财富转移。这是英语语言霸权在世界范围内转移微观个体财富的四个重要途径。

(一)具有国际语言税收益的英语霸权

作为世界第一通用语,英语具备了类似世界通用货币的一些性质。众所周知,作为世界主要储备货币的美元凭借其霸权地位获得了巨额国际铸币税。铸币税收益从历史源头上是由于封建君主和大领主铸造货币的一种特权所带来的,是他们向购买铸币者收取的一笔费用中除去铸造成本以外的收入。后来,随着纸币制度以及信用货币的出现,年度铸币税基本上等于该年金融机构基础货币的增量减去制币费用之后的实际价值量。而所谓国际铸币税,则是指"一国因其货币为非居民所持有而得到的直接和间接的收益,包括传统意义上的国际铸币税和扩展意义上的国际铸币税"(程恩富、夏晖,2007)。从收益值来看,它近似等于在该国之外流通的该国货币的数量(印制和运输货币的成本忽略不计)及其他投资收益。在布雷顿森林体系下,通过"双挂钩"安排,美国几乎独享了全球范围的国际铸币税收益。布雷顿森林体系崩溃后,由于实施了纸币信用,美元更是从此突破"贵金属制约",随意地获取了大量国际铸币税收益。

与之类似,当英语成为国际间交流沟通的主要工具语言时,就与美元作为世界货币获取国际铸币税收益表现出某些相似特征。也就是说,作为国际通用语的英语,使得以英语为母语的群体与其他非英语群体相比,几乎不用付出任何劳动及成本(近乎零成本)就可以利用自己的母语——英语来赚取收益。因此,英美等国输出英语来赚取利润,从这个角度而言,这种收益就类似于国际铸币税收益,我们可以将此收益类比称为国际语言税。此外,从收益规模上来看,其他语言虽然也因为国际交往需求会被英语国家部分群体所学习,但是扣除这部分相互对等需求之外,非英语人群对英语的需求所付出的成本基本上可以看作是向以英语为母语的国家所支付的国际语言税。具体来看,国际语言税的获取又可细分为以下几个部分:

首先,非英语人群对英语学习的超额需求表现为各种直接的语言学习支出。具体表现为:第一,用于在本土学习英语而付出的直接语言成本,包括支付给英语老师的工资,涉及英语教学所必需的英语词典、英语教材,提高英语听力和口语的英语教学录音和影像资料等。当然,提供英语教学的机构有公立学校,也有各种商业语言培训机构;他们所聘用的老师有的是直接以英语为母语的外教,也可能是富有经验的本土英语教师;他们所使用的词典和教材等有的是原版引进,有的是经由本土老师重新编纂或著述而出版或发行的。很显然,这些支出不能全部看作英语的国际语言税收益,因为其中有相当一部分收益是归培训机构、本土老师或出版机构所有的,但是还有相当大的一部分是要支付给以英语为母语的外教、支付巨额版税给原版教材和影音资料的英语国家出版公司等。第二,用于赴英语国家留学学习语言的直接语言成本。为了更好地学习英语，许多非英语国家的富裕群体选择了直接赴英美等国留学。事实上，留学学习语言只是一部分直接需求，除此之外，留学者还有很多学习语言所附带的衍生需求，如住宿、购物、旅游等。不可否认，学习英语的直接需求是国际语言税的最重要组成部分，但是除了支付留学学费和教材费之外，其衍生需求支出也是国际语言税的表现形式之一。第三，用于参加评估英语学习状况的英语等级考试费用。英语等级考试种类繁多，但从最直接的国际语言税视角来看，美国的托福考试、英国的雅思考试等已经成为英美等国赚取国际语言税收益的一个重要手段。除了高额的考试报名费、昂贵的教材费之外，他们还与各种商业英语等级考试培训机构深度合作，将所获得的英语等级考试培训费用进行分成。例如，美国教育考试服务中心(ETS)与我国的新东方教育科技集团签署了战略合作协议，提供包括托福在线练习(TPO)等在内的ETS 托福系列产品的持续性使用与推广、教师培训、书籍出版等多领域的服务。因此，每一个参加托福考试培训的非英语群体考生一方面要支付考试报名费，另一方面还要付给培训机构试题练习费、学费、书籍费，而其中很大一部分被美国的 ETS 所获取。

其次，对于非英语人群而言，学习英语需要花费大量时间和精力，从而产生了两种主要的机会成本。具体包括：第一，基于英语的国际通用语地位，学习英语成为国家公共教育乃至职业教育中的重要组成部分，学习英语的时间大量占用了学习其他知识技能的时间，这对于微观个体而言在其他知识技能获取上就比以英语为母语的个体少一些。这是其学习英语的机会成本的表现形式之一。而且，它还会造成一种后果，那就是在未来的职业竞争力和收入上他们就有可能少于以英语为母语的群体。第二，由于英语学习成绩成为从小学到大学各个阶段入学考试乃至工作后职称和技能评定的重要衡量标准之一，这对于很多不擅长语言学习的人而言就可能会造成一种不良影响，即影响该类个体的升学、就业、职称晋升，甚至会导致一些人本来可以成为其他领域的专家，却因为这种语言学习上过多投入以及不擅长而丧失了这样的宝贵机会，从而造成个人乃至国家人力资源积累上的重大损失。因此，这些对非英语群体而言的机会成本，反过来就是以英语为母语的群体的收益，这是因为他们可以把用来学习这种国际通用语的时间用在学习其他知识和技能上，且更有时间和可能性去做自己喜欢和擅长的工作。由此，这类机会成本就可以看作以英语为母语的国家的一种国际语言税收益。

综上可见，所谓国际语言税收益，就是英语语言霸权通过其凌驾于其他语言之上的国际通用语地位，像输出美元货币一样输出英语语言，从而从非以英语为母语的群体身上所获取的语言收益。但是，需要指出的是，英语只是一种语言，没有英语语言霸权背后强大的资本实力的支撑，其所获取的收益是有限的。无论是英语教学、英语教材及影音资料的出版，还是相关英语等级考试机构及其考试形式与内容的拟定，都是与具有强大垄断资本实力的出版公司、培训公司结合在一起的。因此，从本质上说，英语语言霸权所确立的英语的国际通用语地位是为英美等国家的私人垄断资本与国家垄断资本服务的，是导致非英语人群个人财富转移到英美等国的重要途径之一。

(二)基于垄断定价方式的英语霸权

根据世界语言数据库(The Ethnologue)的统计，当前世界现存语言种类共计7 106种，而以英语作为母语或第一语言的国家总数就已达到99个。目前，英语母语者人数最多的国家是美国(2.25亿)，排在其后的是英国(5 560万)、加拿大(1 940万)和澳大利亚(1 560万)。另外，英语是国际指定的官方语言，也是世界上使用最广泛的语言。英语包含了约49万词，外加约30万个技术名词，是词汇最多的语言，同时也是欧盟以及许多国际组织以及英联邦国家的官方语言。在这种背景下，对英语语言的需求和供给都前所未有地获得了增长。

一方面，由于英语的广泛使用，相比其他语言，人们对英语的需求逐步转变为一种刚性需求。这里的刚性需求指英语从一种普通的可以选择的语言产品变为标准的必须购买的语言产品，其重要体现是在大多数国家，英语成为大中小学的必修科目，甚至成为政府机构、企业的工作语言。这种刚性需求的表现结果是商品需求对价格上涨的不敏感，也就是说，需求价格弹性变小。根据度量市场垄断势力的勒纳指数：

$$\frac{p-MC}{p}=\frac{I}{|\varepsilon|}$$

其中，p 表示产品价格，MC 表示产品的边际成本，ε 表示产品的需求价格弹性。当 ε 越大，市场产品之间越有竞争性，垄断价格标高程度就越低，垄断程度就越低；相反，若 ε 越小，垄断价格标高程度就越高，垄断程度就越高。因此，由于英语语言及其相关产品的需求价格弹性变小，其垄断价格标高就可以越高，这就意味着英语语言及其相关产品的垄断定价能力的提高。可见，当今世界英语霸权优势的存在，英语已经不仅具有一般意义上的商品性质，而且具备了垄断性特征。在世界语言市场上，不同语言之间已经不是完全竞争的关系，相反，英语“一枝独秀”地成为超越其他语言的“寡头垄断语言”。对这种“寡头垄断语言”的需求曲线是向右下方倾斜的、低弹性的，从而使得英美等英语国家能够借此对英语语言及其相关产品制定垄断高价。

另一方面，从供给的角度来看，标准、权威的英语语言及其相关产品的供给，通常由英美等以英语为母语的国家提供。因此，在世界市场上，这种语言的供给是单向的、不可替代的且由少数国家所垄断。也就是说，英语作为一种商品的流动，只能从英美等英语国家流向非英语国家，这种英语商品的供给方只有英美等英语国家。当然，所有语言都具有单向供给特征，但是，英语霸权的存在让英语“脱颖而出”，在本来相互对等的语言供给市场上占据了强大的优势，让英美等英语国家的供给国地位凌驾于其他国家之上。由此造成的结果是，对英美国家而言，英语语言收益毫无疑问是单向的、垄断的。此外，要把语言这种非物质形式的产品输出到国际市场上，必须借助资本的力量，将其转化为书籍、影音资料等。在英美等国主导下的资本主义全球化的裹挟之下，英语语言产品的输出或者供给，就是由英美等以英语为母语的发达资本主义国家政府机构及其具有强大资本实力的出版商等所推动的。它们对英语语言产品价格进行操控，使其定价远高于正常价格，从中攫取了巨额垄断利润。

以我国语言产品市场为例。一般而言，语言学习产品主要包括词典、语言测试费用、教材、影音资料等。我们可以通过一些数据对比来发现英语语言产品价格的垄断性。一是我国国内英语语言产品相比国内同类产品定价明显偏高。例如，英语词典价格高出汉语词典平均 50%以上（2019 新版中小学生新编《现代汉语大词典》定价 39.9 元，而同样定位于中小学生，收录 1 万多词条的《牛津初阶英汉双解词典》定价 58 元）。另外，国内的四六级英语考试费用多为 40 元左右，培训费和资料费一般在 800 元左右；国内组织的赴英语国家留学人员 PETS 考试的考试费用是 200 元左右，培训费和资料费为 2 000 多元。而国外的托福、雅思和 GRE 考试费用每项都高达 2 000 多元，培训费和资料费更是超过 5 000 元。二是与其他主要语言的同类产品相比，英语语言产品的定价也较高。同样的出国语言考试，英语的考试报名费远高于日语和西班牙语，也超过法语和德语。英语雅思和托福考试报名费约为日语的 4 倍、西班牙语的 2 倍，比德语考试报名费高约 33%。即使与最贵的德语相比，也高出约 20%。英语语言考试的官方教材定价也高于其他语言，大约相当于其他语言考试教材定价的 2～3 倍。详细数据见表 1。

表 1　　英语与其他主要语言出国考试报名费和官方教材费用对比

语言	出国考试名称	考试报名费	官方教材名称	教材价格	备注
英语	IELTS(雅思) TOEFL(托福)	2 020 元 1 985 元	雅思剑桥真题 12 托福官方真题集 1	110 元 128 元	
日语	JLPT (N2)	450 元	新版日语能力考试 N2 历年真题试卷	59 元	
法语	TEF/TCF	1 750 元	TEF 法语水平测试(修订版)	35 元	官方备考指南
德语	TestDaf(德福)	1 575 元	德福考试全真试题 德福备考教程	26 元 33 元	
西班牙语	DELE(B2)	1 100 元	西班牙语 DELE 证书备考指南 西班牙语 DELE 官方真题	35 元 52.50 元	

数据来源：根据语言考试报名网站和当当网考试教材信息搜集整理。①

① http://product.dangdang.com/1395493730.html; http://product.dangdang.com/25079815.html。

由此可见，由于对英语需求弹性变小，英语市场垄断势力增强，英语语言产品价格随即水涨船高，从而导致非英语母语群体的个人为学习英语所付出的成本远远高于其他语言的正常学习成本。这部分由于垄断定价所产生的额外支出，是在作为国际通用语地位的英语霸权所获得的国际语言税收益之外，从非英语母语的群体身上通过垄断高价所榨取的。而这些超额收益的流向很显然是英美等英语产品供给国诸多官方考试机构(如美国的 ETS)及具有超级垄断资本实力的出版机构(如美国的培生教育集团等，其他主要出版商详见表 2)。

表 2　　托福与雅思测试资料与出版商

<table>
<tr><th></th><th>托福(TOEFL)</th><th>雅思(IELTS)</th></tr>
<tr><td>官方指南
出版商</td><td>麦格劳·希尔教育集团
(McGraw-Hill Education)</td><td>剑桥大学出版社
(Cambridge University Press)</td></tr>
<tr><td rowspan="9">参考书
主要出版商</td><td colspan="2">麦格劳·希尔教育集团(McGraw-Hill Education)</td></tr>
<tr><td colspan="2">巴朗教育(Barron’s Educational Series)</td></tr>
<tr><td colspan="2">剑桥大学出版社(Cambridge University Press)</td></tr>
<tr><td colspan="2">卡普兰出版公司(Kaplan Publishing)</td></tr>
<tr><td colspan="2">A&C 布莱克出版公司(A&C Black)</td></tr>
<tr><td colspan="2">德尔塔系统有限公司(Delta Systems Co Inc.)</td></tr>
<tr><td colspan="2">培生朗文(Pearson Longman)</td></tr>
<tr><td colspan="2">海纳雷英语教学(Heinle ELT)</td></tr>
<tr><td colspan="2">指南书局(Compass Publishing)</td></tr>
<tr><td>其他</td><td colspan="2">亚马逊“创作空间”独立出版平台
(CreateSpace Independent Publishing Platform)</td></tr>
</table>

资料来源：根据当当网书籍资料整理。①

(三)基于劳动收入歧视的英语语言霸权

语言与收入的关系一直都是语言经济学最主要的研究方向之一。语言技能与劳动者收入之间的正相关关系已经被大量实证研究所证实。例如，Grin 等人早在 2000 年通过电话采访的方式，收集了在瑞士掌握英语对收入影响的数据。研究发现，根据掌握听、说、读、写四种不同技巧的熟练程度，调整后的收入与作为第二语言的英语水平有很大关系，也就是说，英语水平高收入水平也高。近年来，针对我国的劳动力收入与英语水平相关性的研究也得出了类似的结论。如刘国辉、张卫国利用中国综合社会调查 2006 年的数据研究了我国城市劳动力市场外语能力的工资效应：在控制了教育、工作经验、行业、职业、工作场所以及一系列反映个人特征的变量后，研究发现精通外语对人们月工资的提高区间在 34.5%～47.6%，一般外语能力对月工资的提高区间在

① 数据来源：根据四六级、PETS、托福、雅思和 GRE 等英语考试报名网站信息整理。

8%～14.8%(刘国辉、张卫国,2016)。程虹、刘星滟基于中国企业员工匹配调查的数据实证分析发现,具备英语综合能力、听说能力和阅读能力的员工小时工资比不具备者平均而言分别高出14.6%～18.6%、20.5%～27.9%、25.9%～35.8%(程虹、刘星滟,2017)。毫无疑问,第二语言的学习,可以在一定程度上增加人力资本,根据英语技能的水平提高一到三成的工资收入。究其原因有二:一方面是英语技能的人力资本效应,通过信息资源获取、工作任务分解、跨文化经济交际等方面的优势可以促进劳动生产率的提高;另一方面则是英语技能的“信号效应”(刘星滟,1973),即它更多的是代表了受教育程度、技能水平的一种信号或符号,而非劳动生产率的真实提升。语言水平,特别是英语技能的高低又成为标志劳动者受教育程度及相关劳动生产率水平的指标之一,或者可称为重要信号之一。例如,2018年,刘星滟基于“中国企业—劳动力匹配调查”数据,依照Wiles检验基于Mincer工资方程构建的英语技能学用结合对劳动生产率影响的计量模型进行实证检验发现,在中国劳动力市场上,英语技能对劳动生产率的影响与人力资本效应是基本吻合的,但是在筛选职业组(管理层)这一人力资本效应十分显著,在非筛选职业组(非管理层)中英语技能则主要发挥信号效用,所以产生了英语过度教育现象。

然而,更重要的问题在于,为什么是英语而非其他语种具有如此显著和普遍的人力资本效应和信号效应?很显然,这是由英语的国际通用语,尤其是其霸权地位所决定的。首先,从人力资本效应来看,由于英语在国际经济交往中已经成为国际贸易谈判、经济合同、金融制度及交易等文本选择的第一语言,国际互联网传递信息的通用语言等,所以,如果在工作中没有熟练掌握英语,很多工作是无法胜任的。反之,熟练掌握英语的人在工作上就可以更高效地克服语言障碍,从而顺利完成相关工作。尤其在我国加入WTO后,国内众多涉外企业在市场经济环境下,在企业经营运作形式上逐步与国际市场接轨,需要越来越多精通英语的国际化人才,以应对企业对外贸易和投资需要。因此,会英语的员工和不会英语的员工的收入之间就存在着比较明显的收入差距。其次,从信号效应来看,英语这一语言在当今世界的优势和强势地位既是英美等国经济发达和科技先进的结果,也是在资本主义全球化的历史进程中采取各种措施对外推行的结果,由此形成了一种英语霸权的强大信号效应。也就是说,精通英语是一种权力和权威的信号,代表了该群体的出身、地位、知识水平乃至素养,而在实践中这一群体却未必会带来劳动生产率的提高。例如,San Antonio在日本的一家美国公司里进行语言使用情况的调查时发现,“拥有英语技能的日籍员工会拥有更多超出其职务以外的权力,语言成为区分员工不同群体的重要标志”(P. M.,San Antonio,1987)。由于这种信号效应的存在,企业在雇佣劳动力时,往往将是否精通英语作为一种信号来对劳动者进行筛选和分类。在就业机会上,不会英语或者缺少相关英语学习证书的人就比会英语或拥有相关证书的人要少。在薪酬水平上,会英语和不会英语的人、一般掌握与熟练掌握英语的人也由这种信号产生了很大的差距。但实际上,他们在对工作的贡献度上与英语水平无关[据Gonzalez的研究发现,在美国,平均而言,因英语能力缺乏或有限将导致工资损失3.8%~38.6%,就业机会下降0~6.5%(Gonzalez Libertad,2005)]。因此,学术界也往往将这种由语言信号造成的就业与收入差距称为"语言歧视"(Kevin Lang,1986)。从根本上说,这是由英语霸权所造成的语言之间的不平等所导致的不同语言群体之间收入的不平等。这种收入差距,在我国许多跨国公司和涉外企业中外籍员工和本土员工、精通英语和不精通英语的员工之间表现得十分明显。也就是说,虽然由于语言能力差异一定程度上代表了劳动生产率贡献上的不同,但在实践当中,对英语掌握程度的不同却成为企业对不同员工实行"工资歧视"的依据。

(四)基于文化霸权关联效应的英语语言霸权

语言是文化的载体,承载了文化的创造与传播。因此,语言与文化的输出通常是相伴而生的。语言霸权呈现为文化霸权的重要衍生物,与此同时,文化霸权又包含了语言霸权,并表现为与语言霸权交织融合在一起的综合霸权。文化的形式可以是绘画、音乐、歌舞、传统技艺、小说、散文等,但它们的传播都离不开语言这一重要载体。当英语语言霸权通过其国际通用语地位、垄断定价和语言歧视所造成的劳动收入差距而造成个人财富转移效应时,伴随语言霸权产生的各种文化形式的霸权也具有类似的财富效应且规模巨大。

首先,基于英语的国际通用语地位,包括文学、历史、绘画和雕刻、舞蹈、国际规章制度等在内的各种文化形式在记录和传播中都是以英语为表达和书写语言。它们是非英语人群所必需,因此,文化与语言通常是共同输出的。非英语人群在学习、了解、使用这些文化形式时,不得不付出比以英语为母语的人群更多的成本。这反过来可以看作以英语为母语的人群的国际语言税的间接收益。其表现形式之一是翻译的成本。这主要表现为非英语人群需要花钱购买翻译软件或雇佣翻译人员来了解这些文化形式。其表现形式之二是由于某些个体自身已学习掌握了英语,不用花费翻译成本,但却因为比以英语为母语的人群要更加费时费力地了解这些文化形式从而需要付出更多的时间成本,由此产生许多机会成本。

其次,在学术和科技领域的文化霸权与英语霸权交织在一起的一个表现是,国际上重要的学术会议和顶级学术期刊都是以英语为交流语言或书面语言,且约80%以上的信息是用英语储存在电子检索系统中的,技术资料和设备也多数以英文作为操作和说明语言。因此,在学术和科技领域文化霸权的作用下,要与世界接轨获得国际承认,必须学习掌握英语以阅读国外学术刊物并在国际期刊上发表论文、与国外开展学术交流。正是由于这两种霸权的相互作用，相当一部分个人科研经费被投入购买英文学术期刊资料、参加国际会议、国外进修和培训上。据统计，2016年SCI收录我国发表的科技论文篇数290 647篇，EI收录科技论文篇数213 385篇；2017年我国科研和开发机构发表科技论文数量177 572篇，其中在国外期刊发表科技论文数量54 500篇，高等学校发表科技论文数量1 308 110篇，其中在国外期刊发表科技论文数量390 235篇，国外发表论文数量占总论文比例均超过30%；同时，2017年研究与试验发展经费支出17 606.13亿元，研究与试验发展人员全时当量403.36万人年，个人科研经费支出达到每年约43.65万元。[①]

再次，由于英美文化的强势地位，文化影视旅游行业的霸权优势明显。非英语国家特别是发展中国家在这一领域面临着明显的英美文化净输入。这表现为两个方面：一方面是随着人们收入的提高，对英美同类产品的需求明显增加，对发展国家本国产品的需求逐步减少；另一方面英美同类产品的市场定价更高。例如，同类的文学艺术产品和旅游景点，英美等国不但定价更高，而且相比国内更有吸引力。同时，由于英语语言也具有负外部性，所以使得国内在普遍学习英语的同时，接受了其文化和意识形态，因而对英美等发达国家的产品更加认同，这无疑增加了对其产品的需求量。以英语为载体的英美文化意识形态的输入所带来的产品高认同、高需求与高定价，使得文化影视旅游行业的财富转移发生得更频繁、更快速。此外，通过连锁加盟的形式，国内很多资金投入英美品牌的文化旅游产业中，这样大量财富以加盟费的形式被转移出去。

根据联合国世界旅游组织公开的2018年度报告显示，2017年世界旅游总收入为1.34万亿美元，其中中国游客国外旅游支出接近2 580亿美元，约为全球出境游游客总消费的1/5，而中国的国际旅游收入仅为695亿美元(不含港澳台游客)，中国已连续多年保持世界第一大出境旅游客源国地位。与此形成对比的美国是国际旅游收入最高的国家，2017年外国游客贡献的旅游收入约为2 107亿美元，约为中国的3倍，反映出中国在对外旅游方面出现财富的净输出。[②] 另据国家统计数据显示，2018年我国电视节目进口总额为19.03亿元，其中从美国进口电视节目总额为5.19亿元，2018年我国电视节目出口总额为3.69亿元，其中向美国出口电视节目总额为0.13亿元。[③] 我国电视节目上存在巨大的财富净输出，特别是和以美国为首的发达国家相比。

① 数据来源：根据国家统计局官网公布的2018年度国家统计数据整理，详见：http://data.stats.gov.cn/easyquery.htm? cn=C01。

② 数据来源：联合国世界旅游组织(UNWTO)《世界旅游组织旅游亮点2018年版》(http://marketintelligence.unwto.org/publication/unwto-tourism-highlights-2018)。

③ 数据来源：2018年度国家统计局官网数据。

三、英语语言霸权与个体财富转移的内在资本逻辑

一个语言群体或国家去学习另一个群体或国家的语言，必然要花费成本，这个成本超出其学习自己母语的成本①的部分就作为剩余价值的一部分转移给另一语言的母语群体或国家。但只要两个国家的政治经济地位平等，两个国家之间进行正常的文化交流与经贸合作，语言的学习就是相互的，并且频率大致相等(此时双方语言的投资回报率大致相等)，这时候双方国家由于具有各自语言的垄断权，因此相互获取对方由于学习本国语言而让渡的一部分剩余价值，此时个体财富的转移和资本的流动是对等的。这是不存在语言霸权情况下的基于语言交流的财富转移的内在逻辑(如图 1 所示)。

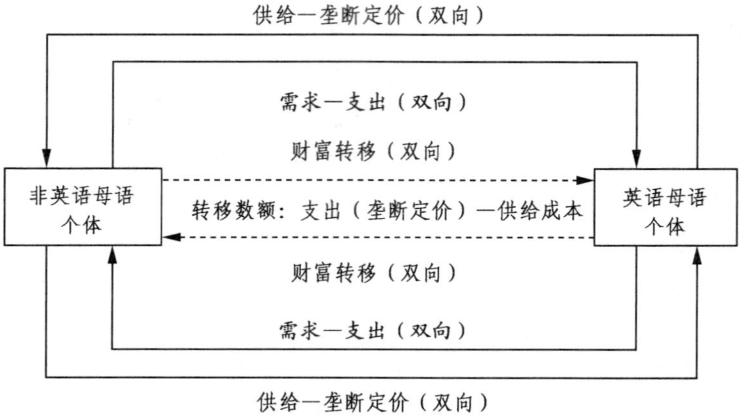

注：外圈的实线双循环代表资本的流动，内圈的虚线循环代表财富的转移。

图 1　不存在语言霸权情况下的基于语言交流的财富转移的内在逻辑

现实中，国家间的政治经济地位往往存在不同程度的不平等，拥有霸权地位的国家通过其政治经济霸权建立起文化和语言霸权，使得不同国家的语言地位变得不平等。国家之间的交往不再是相互对等的文化交流与经贸合作，而是地位不平等的交流与合作，反映到语言方面就是以学习霸权国家的语言这种单向语言学习为主(此时双方语言的投资回报率不同)。此时，非霸权国家对本国语言的垄断权在国际上无法发挥作用，因此相互获取剩余价值变为以霸权国家凭借本国语言垄断权单向获取其他国家的剩余价值为主。此时个体财富的转移和资本的流动不再是相互的和对等的，而变成单向地从非语言霸权国家流入语言霸权国家。英语霸权国家单向地索取剩余价值表现在个体

① 非英语母语者学习自己母语的成本大致等于英语母语国提供英语的成本。

层面上就是非英语母语国家的个体对英语的学习或投资支出，具体有三个表现：一是个人选择语言进行学习时，发现不得不选择英语。因为英语不仅仅是一种外语，而且是一种通用的对外语言，这限定了个人的对外语言选择，使个人不得不选择英语从而不得不交国际语言税。二是个体选择语言进行学习时，发现英语相比其他语言来说具有较小的需求弹性，因而其供应者（英语母语国）可以进行垄断高定价，使英语及其产品的价格远高于其他语言，使得非英语母语国家的个体学习支出额外增加。三是个体选择语言进行投资或学习时，发现会英语的群体的收入远高于不会英语的群体，这造成英语的投资回报率高于其他语言，从而使得对英语的投资和学习更多。以上三种影响相互叠加，共同造成对英语的需求增加和支出增加，从而强化个体层面的财富从非英语母语国家流向英语母语国家。这就是在英语语言霸权主导下微观个体财富转移的内在资本逻辑（如图 2 所示）。

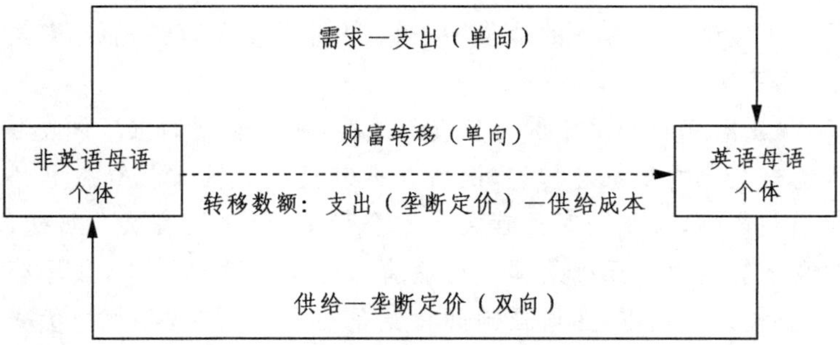

注：外圈的实线单循环代表资本的流动，内圈的虚线代表财富的转移。

图 2　英语语言霸权主导下个体财富转移的内在资本逻辑

此外，语言是文化的载体，只会语言而不懂母语国的文化，就不能很好地交流并掌握这种语言。语言与文化相互交织，学习语言的同时不可避免地要受母语国文化的影响。英语语言霸权国家在输出资本和语言的同时，也通过输出文化来实施其影响力，强化对其他国家的经济殖民和进一步剩余价值剥削。因此，文化霸权影响下的英语霸权必然要求个体在学习英语时会自觉或不自觉地加强对英美文化的学习与投资，从而使文化领域的相互学习变为以学习英美文化为主的单向学习。这促使文化领域相互索取剩余价值变为以霸权国家凭借文化霸权和语言霸权单向索取其他国家的剩余价值为主。文化霸权影响下的英语霸权进一步强化了个体对英语产品及其文化的认同，从而进一步加快了个体层面的财富从非英语母语国家流向英语母语国家。

四、结论与政策建议

综上所述，英语作为一种语言，本身是中性的，不具有霸权和剥削性质。但一旦和资本主义对外扩张的全球化过程相结合，依附于资本主义的经济霸权，就具有了垄断性和剥削性，从而形成英语语言霸权。它在本质上是通过语言与文化控制，最终服务于资本不断扩张的本性，反映在微观层面上，即通过其国际通用语地位、垄断定价、劳动收入歧视及等文化霸权关联效应等方式从其他国家非英语群体那里榨取超额剩余价值，从而为英语语言霸权国家及其资本家谋取巨额利益。基于以上论述，为抵制英语语言霸权及其带来的个体财富全球转移的不良效应，我们考虑给予以下几点政策建议：

第一，努力发展自身经济和科技实力，加快经济转型升级，提升产业链竞争力，缩小与英美等发达国家的差距，从而提高我国的政治经济地位。英语霸权根源于政治经济霸权带来的地位不平等，因此要抵制英语霸权，就要提升自身的政治、经济实力。

第二，加快研究和制定中国语言发展战略，制定长期的推广和发展对外汉语和中华优秀文化的政策与措施，评估并抵制英美等国文化霸权和语言霸权的威胁与不利影响，维护国家语言文化安全稳定，避免语言文化被边缘化，提升我们的文化影响力。正确处理外语教育与母语教育的关系，鼓励公民学习外语，掌握多种语言能力，在增强国际化竞争能力的同时，要加强优秀传统文化的学习和汉语母语维护意识的教育，辩证看待中外文化差异，避免对英美文化的盲目崇拜。

第三，充分借鉴西方发达国家推广语言文化的经验，提高汉语的国际地位与对外传播，积极推进国际联合反语言霸权与文化霸权事业的发展，推动构建多种语言、多元文化和谐并存且平等发展的世界语言文化体系，维护世界语言文化的多样性。

第四，辩证地看待经济全球化，积极参与全球治理，改变不公正的国际政治经济文化秩序，提高发展中国家的话语权。继续推动"一带一路"区域发展战略、金砖国家组织与上合组织等区域合作组织的发展及其影响，联合一切希望和平发展的发展中国家与发达国家，共同推进有利于世界和平稳定发展的政治经济新秩序的构建，从根本上抵制少数发达国家的政治经济霸权及对其他国家的财富剥削。

第五，英语语言霸权的存在及其不利影响，给世界语的推广和使用带来了可能和机会。将任何一国的语言上升为世界通用语，都会或多或少产生语言霸权问题，因此可以考虑使用一种新的简单易学的世界共同语言——"世界语"，作为解决英语语言霸权问题的重要举措。全球"世界语"大会曾在国内外多次召开，国际上有不少"世界语"研究学会，因此可以考虑加快启动并推广"世界语"。

最后，作为我们社会主义中国的汉语，伴随中国的经济崛起，在世界上也开始掀起了一股汉语热，引起了西方资本主义国家尤其是英美国家资产阶级的恐慌。他们为了保住其英语霸权的地位，对我国的孔子学院等进行污蔑和诽谤，无所不用其极地打击汉语的传播。这就是英语语言霸权国家"霸道"的重要体现之一。事实上，即使在未来，汉语热持续升温下去，汉语也不会成为像英语一样的霸权语言。这是因为，我们是社会主义国家，汉语的广泛传播不是服务于资本对外扩张的手段，所以根本上而言绝不会通过打压其他语言来提高自己在世界语言中的地位，借此来从其他语言群体那里谋利。因此，在社会主义公有制下的汉语语言永远不会成为类似于英语语言霸权的汉语霸权。

参考文献

[1]Gonzalez Libertad, 2005, Nonparametric Bounds on the Returns to Language Skills, *Journal of Applied Econometrics*, 20(6): 771－795.

[2]Kevin Lang, 1986, Language Theory of Discrimination, *Quarterly Journal of Economics*, 101(2): 363－382.

[3]P. M., San Antonio, 1987, Social Mobility and Language use in an American Company in Japan, *Journal of Language and Social Psychology*, 6(3): 191－200.

[4]Philipson, R., 1992, *Linguistic Imperialism*, Oxford: Oxford University Press, 47.

[5]程恩富、夏晖，2007，美元霸权——美国掠夺他国财富的重要手段，《马克思主义研究》，第 12 期，第 30 页。

[6]程虹、刘星滟，2017，英语人力资本与员工工资，《北京师范大学学报（社会科学版）》，第 1 期。

[7]刘国辉、张卫国，2016，中国劳动力市场上的语言经济学：外语能力的工资效应研究，《山东大学学报（哲学社会科学版）》，第 2 期。

[8]刘星滟，2018，《英语技能的人力资本效应与信号效应：来自筛选假设的解释》，武汉大学硕士毕业论文。

Theories on English Language Hegemony and the Global Transfer of Individual Wealth at the Micro Level

Lu Xia　Zhou Yong

Abstract　The political and economic hegemony as well as globalization promoted and implemented by Britain, America and other countries have accelerated the establishment of English language hegemony, which has led to the global transfer of individual wealth at the micro level. This paper makes a deep analysis of this economic phenomenon from the perspective of Marxist political economy. This paper holds that the English language hegemony reflected at the micro level in the contemporary world has led to the transfer of individual wealth based on international language tax benefits, the transfer of individual wealth based on monopoly pricing, the transfer of individual wealth based on the income gap of workers, and the transfer of individual wealth based on the chain effect of cultural hegemony. The establishment of English language hegemony makes different countries acquiring surplus value from each other turn into English hegemony countries acquiring surplus value from other countries unilaterally, which leads to the transfer of individual wealth from other countries to English language hegemony countries at the micro level.

Key words English Language Hegemony Cultural Hegemony Wealth Transfer

世界政治经济学学会第 14 届论坛开幕词

程恩富

尊敬的副校长迪格维亚·贾亚思副校长、尊敬的格雷格·史密斯副院长、尊敬的地缘政治经济学研究中心主任莱迪卡·德赛教授、尊敬的加拿大公共部门雇员工会前主席保罗·莫斯特先生,各位女士、先生,下午好！以"21 世纪的阶级、国家和民族"为主题的世界政治经济学学会第 14 届论坛今天在曼尼托巴大学开幕。今天我想就本次论坛的主题谈一下关于中国共产党、国家和阶级的若干理论问题。

一、关于中国共产党和社会主义国家的性质与作用

第一,在阶级社会中,任何国家都是一个或多个阶级所使用的非中立工具。在社会主义社会,国家都是由先进的工人阶级领导(通过共产党这一先锋队)、以工农联盟为基础、广泛团结一切拥护社会主义的阶级阶层的政治组织,也是组织和管理经济、政治、文化、社会和军事的政权机构。中华人民共和国的国体或政治本质是工人阶级领导的、以工农联盟为基础的人民民主专政的国家或政权。这一国家是工人阶级联合其他拥护社会主义的阶级所运用的非中立的工具,也就是说,它不是一个超阶级的国家,而是阶级性为其首要性和第一政治特质。尽管改革开放以来非公经济成为国民经济的重要组成部分,但共产党及其政府理应站在劳动阶级的立场,进行劳资两利的阶级关系协调。阶级在国家分析中具有首要性质、作用和地位。现阶段中外都存在阶级、阶级斗争和敌对势力。

第二,在马克思主义视域内,广义的无产阶级专政就是无产阶级掌握政权后实行人民民主专政的国体和政体,包括对劳动阶级和广大人民实行民主和对反人民政权的敌对阶级和势力以及一切犯罪分子实行专政;而狭义的无产阶级专政只包括后者。工农专政、人民民主专政(宪政)、无产阶级专政(宪政)、社会主义宪政这几个概念的实质都一样,实现形式可以多样化。

收稿日期:2019－04－30

作者简介:程恩富(1950－),中国社会科学院学部委员、中国社会科学院大学首席教授、世界政治经济学学会会长、《世界政治经济学评论》(英文国际期刊)主编,主要研究方向为政治经济学。

第三，社会主义中国的民族政策总体是平等、文明和有效的，体现出一体多元的中华民族的文明继承性和团结统一性。藏独、疆独、台独、港独等试图配合国际反华势力而分裂中华民族和国家的政治言行和剥削阶级企图，是不可能达到的。如果一个国家和全球各民族的社会主义发展大方向是民族平等和共同进步基础上的通婚和融合，那么就需要反思在教育、婚姻、就业、干部选配和日常生活等方面一味固化民族的做法。例如，给没有文字的民族创造新文字、不统一实行华语的国民教育等等。斯大林等没有及时修订苏联宪法关于民族自决权的条款，是个失策。

第四，中国共产党是革命党，新中国成立前的主要任务是武装夺取政权，同时也搞建设；新中国成立后的主要任务是搞建设，同时也搞革命。广义的革命有三层含义：一是暴力革命；二是改革意义上的革命；三是逐步走向共产主义社会意义上的生产力、生产关系和上层建筑的革命。习近平强调“不忘初心”、“共产主义远大理想与中国特色社会主义共同理想”、“进行具有许多新的历史特点的伟大斗争”、“弘扬将革命进行到底的精神”，有着极其重要的价值。

第五，中国共产党不仅是一般国家的执政党，而且是领导党（美国资产阶级政党是无纲领、无固定党员的“二无选举党”），党要领导工农商学兵，其政府不是主要为垄断资产阶级服务的“有限政府”，而是全心全意为工人阶级和广大人民群众服务的“责任政府”。从彻底为人民服务有无限责任这一意义上说，共产党及其政府属于“无限政府”（王岐山用语），涉及人民群众利益的大大小小事情，党和国家都要通过各种制度和手段管到管好。因此，社会主义国家的功能必然是强大的，机构和人员应该相对较少，即是“小而强政府”，而经济、政治、文化、社会和国防等建设和治理功能要相对较强。这不影响要发挥市场和企业强大的良好功能。共产党在治理社会主义国家中具有决定性的领导作用，但领导或执政的具体体制机制可以不断调整。中国和苏联等社会主义国家的原有治理模式总体上是成功的，但也有严重教训，应在改革中继续完善。

二、要高度重视中国特色社会主义的阶级理论

1979年3月，邓小平在《坚持四项基本原则》一文中就指出：“我们反对把阶级斗争扩大化……但是我们必须看到，在社会主义社会，仍然有反革命分子，有敌特分子，有各种破坏社会主义秩序的刑事犯罪分子和其他坏分子，有贪污盗窃、投机倒把的新剥削分子，并且这种现象在长时期内不可能完全消灭。同他们的斗争不同于过去历史上的阶级对阶级的斗争（他们不可能形成一个公开的完整的阶级），但仍然是一种特殊形式的阶级斗争。”同年6月，邓小平在五届全国人大二次会议四川代表团的讲话中也指出：“既反对阶级斗争熄灭论，又反对阶级斗争扩大化。”1980年，邓小平在《目前的形势和任务》中

指出:“有人说,剥削阶级作为阶级消灭了,怎么还会有阶级斗争?现在我们看到,这两方面都是客观事实。目前我们同各种反革命分子、严重破坏分子、严重犯罪分子、严重犯罪集团的斗争,虽然不都是阶级斗争,但是包含阶级斗争。”由邓小平主持制定、1981 年党的十一届六中全会通过的《关于建国以来党的若干历史问题的决议》明确概括:“在剥削阶级作为阶级消灭以后,阶级斗争已经不是主要矛盾。由于国内的因素和国际的影响,阶级斗争还将在一定范围内长期存在,在某种条件下还有可能激化。”同样,党的十三大也强调:“阶级斗争在一定范围内还会长期存在,但已经不是主要矛盾。”当前,我们仍然要贯彻邓小平的谆谆教导:“社会主义社会中的阶级斗争,是一个客观存在,不应该缩小,也不应该夸大。实践证明,无论缩小或者夸大,两者都要犯严重的错误”。可见,邓小平关于反对在阶级斗争问题两种错误倾向的方针,具有重要的奠基意义。

江泽民在庆祝建党成立七十周年大会上的讲话中也指出:“阶级斗争已经不是我国社会的主要矛盾,但是它在一定范围内还将长期存在,并且在一定条件下还可能激化。”从斗争的表现形式和核心问题上看,江泽民指出:“这种斗争集中表现为资产阶级自由化同四项基本原则的对立,斗争的核心依然是政权问题。”2001 年 4 月 2 日,江泽民在全国社会治安工作会议上讲话中又强调:“在国际国内各种因素的作用下,一定范围的特殊形式的阶级斗争不仅现在仍存在,而且还将长期存在,有时还会很尖锐。”同时,他还告诫说:“我们不会再重犯过去那种‘以阶级斗争为纲’的错误,但对现实中存在的一定范围的特殊形式的阶级斗争,也就是新形势下的对敌斗争,全党同志绝不能掉以轻心。”可见,江泽民强调阶级斗争的核心和绝不能掉以轻心的观点,具有十分重要的针对性和现实性。

党的十八大以来,中国共产党人也多次强调坚持阶级立场和阶级分析的思想。如 2013 年 3 月 1 日,习近平在中央党校春季学期开学典礼的讲话中就强调了党员领导干部要掌握马克思主义立场观点方法,指出马克思主义观主要包括:“关于辩证唯物主义和历史唯物主义的基本观点;关于社会形态和社会基本矛盾运动规律的基本观点;关于社会主义必然代替资本主义的基本观点;关于社会主义革命和无产阶级专政的基本观点;关于无产阶级政党的基本观点;关于社会主义本质和社会主义建设的基本观点,等等。”(习近平,2010)其中自然包含坚持马克思主义阶级观。2014 年 2 月,习近平在《二月讲话》中明确指出:“必须坚持马克思主义政治立场。马克思主义政治立场,首先就是阶级立场,进行阶级分析。”①关于阶级斗争问题,中国共产党十八大党章明确指出:“由于国内的因素和国际的影响,阶级斗争还在一定范围内长期存在,在

① 转引自刘世军,中国政治学研究新时代的到来,《文汇报》,2014 年 7 月 1 日。

某种条件下还有可能激化,但已经不是主要矛盾。”可见,以习近平同志为核心的党中央关于阶级斗争有可能激化、阶级立场和阶级分析的原则,具有非常重要的理论性和客观性。

简言之,马克思主义认为阶级主要由产权关系和政治关系决定,并可进一步划分为多个阶层,而这与西方社会学关于由职业和收入决定的阶级或阶层的含义有本质区别。阶级、阶级立场、阶级分析、阶级斗争理论是马列主义及其中国化理论的重要组成部分,是观察和处理国内外重要矛盾的主线索之一,是关系到全面实现“五位一体”和“四个全面”的战略目标,积极推进国家治理体系和治理能力现代化,不断完善和发展中国特色社会主义而不容回避的理论和现实问题。

三、要善于准确运用马克思主义阶级分析方法

在《1848年至1850年的法兰西阶级斗争》中,马克思首次明确提出“无产阶级的阶级专政”这一概念,指出:“这种专政是达到消灭一切阶级差别,达到消灭这些差别所由产生的一切生产关系,达到消灭和这些生产关系相适当的一切社会关系,达到改变由这些社会关系产生出来的一切观念的必然的过渡阶段。”在《伟大的创举》中,列宁论述过什么是“完全消灭阶级”,指出:“为了完全消灭阶级,不仅要推翻剥削者即地主和资本家,不仅要废除他们的所有制,而且要废除任何生产资料私有制,要消灭城乡之间、体力劳动者和脑力劳动者之间的差别。这是很长时期才能实现的事业。”邓小平1992年春在南方谈话中说:“巩固和发展社会主义制度,还需要一个很长的历史阶段,需要我们几代人、十几代人,甚至几十代人坚持不懈地努力奋斗,决不能掉以轻心。”①可见,我国目前处于初级阶段的社会主义社会,距离马克思说的“四个达到”、列宁说的“完全消灭阶级”和邓小平说的“巩固和发展社会主义”的目标还相去甚远,阶级分析方法依然是当前洞察国内外重要现象和矛盾的主要方法之一。

第一,苏联东欧社会主义国家剧变是阶级斗争的反映。美国最后一任驻苏联大使马特洛克在回忆录《苏联解体亲历记》中写道:“阶级斗争理论是列宁主义者的国家结构演进观及同西方发生冷战所依据的中心概念。没有它,冷战的理由就不复存在,一党专政的理论基础也就随之消失”;“如果苏联领导人真的愿意抛弃阶级斗争观念,那么他们是否继续称他们的指导思想为‘马克思主义’也就无关紧要了,这已是一个在别样的社会里实行的别样的‘马克思主义’。这个别样的社会则是我们大家都能认可的社会。”②所以,他确认主张

---

① 摘自《邓小平文选》第3卷,北京:人民出版社,1993年,第379—380页。

② 参见[美]马特洛克,1996,《苏联解体亲历记》,北京:世界知识出版社,第169页。

“人道主义的社会主义”的戈尔巴乔夫已“明确无误地抛弃了阶级斗争观念”。[①] 苏东社会主义国家蜕变为（邓小平曾用“复辟”一词）垄断资产阶级统治的资本主义国家，是这些国家和国际阶级斗争的典型案例。

第二，世界上绝大多数国家还是阶级对立的社会。除了我国等五个社会主义国家之外，这些阶级对立的国家在经济、政治、文化和对外关系领域均存在多种形式的阶级斗争，还必须坚持马克思主义的阶级分析方法。各国的共产党人和马克思传学者也是重点运用阶级分析方法深刻剖析西方国家制度和种种痼疾的，其中包括近年的波及约80个国家的“占领华尔街”国际运动、法国的“黑夜站立运动”、全球生态环境和美国入侵活动等严重问题。我国马克思主义者分析当代资本主义问题也不宜放弃阶级分析方法。

第三，在政治和军事领域，西方敌对势力变本加厉地开展西化和分化我国的阶级斗争。西方资产阶级在夺取苏联东欧国家统治权之后，便把阶级斗争的主要矛头对准中国，他们采取“接触”与“遏制”、硬实力与软实力（自又称“巧实力”）并举的多种策略，包括美国及其盟国打着所谓“亚太力量再平衡”旗号，从军事上对我国搞C型围堵，并在南海、东海、台湾、香港、西藏、新疆、朝鲜半岛等问题挑起事端，妄图遏制、威胁和分裂我国。国内某些政治势力与西方敌对势力互相配合，试图把工人阶级政党执政的社会主义中国改变为或分裂出去搞资本主义，还仅仅是所谓的民族矛盾、宗教矛盾和刑事犯罪，而不包括阶级斗争的内容？

第四，在意识形态领域，我国资产阶级自由化人士和思潮不断开展对马列主义及其中国化理论的阶级斗争。学术探讨无禁区，思想自由而限制。一般的思想理论认识问题与作为持有系统固定的资产阶级自由化思想体系有本质区别。不过，那些坚定地主张和宣传“主体私有化或民营化”、“资产阶级多党制和西方宪政观”等反对马列主义、毛泽东思想和中国特色社会主义理论的言行，难道不包含着思想理论上阶级斗争的内容？那些试图颠覆社会主义制度的“08宪章”发起人和主要签名者，以及串联上街搞资产阶级的“颜色革命”，难道不是意识形态领域阶级斗争转化为政治行动领域的阶级斗争？

第五，在经济领域，少数中外私有企业的投资人或代理人违法地延长劳动时间、克扣工人收入、恶化劳动条件、提高劳动强度等，也包含着阶级斗争的内容。马克思在《资本论》等论著中透彻地揭示了这些经济上阶级斗争的客观表现，不会以为执政党性质的变化而根本变化，但解决的途径和方法不同。共产党领导的人民政府应坚持以人民为中心的发展思路，事先事中事后积极主动地用法律法规和经济手段来圆满解决。

第六，民族资产阶级不属于阶级斗争的对象。作为整体的民族资产阶级

① 参见[美]马特洛克，1996，《苏联解体亲历记》，北京：世界知识出版社，第176页。

在社会主义制度下具有两面性：一方面，具有拥护和建设中国特色社会主义的正能量，这是主要的正作用；另一方面，在一定条件下也会有动摇甚至影响中国特色社会主义的副作用(如上所述)。因此，目前民族资产阶级整体不是阶级敌人和阶级斗争的对象，而是统一战线和团结联合的主要对象。我国广大人民群众只能有效反制国内外敌对势力对我国工人阶级和中国特色社会主义主动发起的阶级斗争，因而客观上形成了阶级斗争的双方，但中央文件提到的“国内外敌对势力”，并不代表我国民族资产阶级。

第七，任何阶级的个别人员均有可能从原有阶级转化为另一阶级。至于包括贪污腐败分子在内的严重犯罪分子，如果他们不否定四项基本原则，则属于一般的犯罪行为，而如果他们同时否定四项基本原则，则带有阶级斗争的性质。正如邓小平谈到我们同严重犯罪分子、犯罪集团的斗争时所强调的：“虽然不都是阶级斗争，但是包含阶级斗争。”①

限于时间问题，我就讲到这里，以上分析仅代表个人观点，欢迎大家批评商榷。

① 《邓小平文选》第2卷，北京：人民出版社，1994年，第253页。

马克思主义、科学和经济学
——世界马克思经济学奖获奖感言

[美] 大卫・莱伯曼

很荣幸能获得世界政治经济学学会颁发的世界马克思经济学奖！最令人欣悦的莫过于,我一生的工作成果能被五湖四海致力于社会主义事业的同志们所关注和运用。马克思曾经开玩笑说,资产阶级会如何为他的批判买单。我想我们都乐于见到,自己的努力能产生明显的效果,即使这个效果不是很大。效果到底有多明显,当然只能由他人来判断。

2012 年我出版了一本书——《经济学之后的政治经济学》。这本书包含了一些更具挑战性的文章,对资本主义的本质和逻辑以及社会主义理论进行数理分析。然而,它的主旨很简单:当 19 世纪后半叶出现的(新古典)经济理论在 20 世纪主导整个资本主义世界的学术和政治话语体系后,政治经济学批判不能再像以前那样分析了。经济学之后的政治经济学必须借鉴其见解和技术,包括数理方法和计量方法的使用,并将其融合而非取代马克思的基本原理:价值规律;劳动在生产、社会再生产和社会演变中的作用;资本主义运动规律和其他生产方式的存在;阶级和阶级斗争在塑造人类进步和可能性方面的核心地位。

我认为这些见解依然有效,尤其是在工人阶级和进步运动正处于低潮的当下。然而,马克思主义的理论和政治实践——既是自我定义的问题,也是要实现的目标——是科学性和革命性相统一的批判实践。是的,新世纪的工人阶级必须像以前一样,高举人类解放的激进理想旗帜;但也必须吸收过去的所有知识和成就,这也是保护这些成就免受法西斯主义和新法西斯主义社会力量的掠夺,而这些法西斯主义力量是资本主义在衰败中的产物。正如马克思和恩格斯在 19 世纪所做的那样,我们必须把资产阶级及其在政治机关、社会机构和学术界的代理人所完成的一切成果融入我们的成果。从这个视角看,"主流"社会科学是资产阶级意识形态与科学实践的结合,不能全部扔掉。资本主义统治阶级一直需要意识形态和再生产意识形态的工具,以保证其霸权和权力;但他们也一直需要关于社会、经济和技术关系的真理,以更有效地为

作者简介:大卫・莱伯曼(David Laibman,1942—),纽约城市大学经济学荣休教授,《科学与社会》(*Science & Society*)杂志主编。

自己谋利益。我们今后要能将"主流"社会科学中的意识形态和科学成分区分开,说得委婉些,这不是一件容易的事。

接下来,我想结合我多年来一直关注的四个领域来简要地说明这个批判和借鉴的任务。这四个领域是:(1)价值理论,我认为这是资本主义(和其他市场经济的)社会关系中最基本的特征,往往隐藏在各种表面社会现象背后;(2)抽象资本主义经济的具体增长路径理论,在仍然进行着的关于技术变革和长期结构变化、特别是利润率下降趋势的争论中最为明显;(3)关于社会演化的一般形态的历史唯物主义命题,尤其是生产方式的存在和性质,或资本主义之前及之后的发展阶段;(4)社会主义理论,即取代资本主义和全部阶级社会的社会形态的性质,以及这一领域的科学预测在多大程度上是可能的。

一、价值理论

马克思的价值规律明确以不同的方式应用于前资本主义("简单")商品生产和成熟的资本主义,首先关注社会经济体系的本质——这种核心关系通常无法直接看到,但却经由令人眼花缭乱的各种可见形式表现出来:工资、价格、货币、收入、消费、投资、"资本"、利润、利息等等。价值规律同时涉及竞争的基本过程,竞争结果产生于众多个体行为者的自发和不协调的行为。价值规律还涉及劳动在塑造和确定这些竞争结果的真正性质方面的基础作用。无论"抽象劳动是价值的源泉和实质"这一命题的含义是什么,它从根本上揭示了资本主义剥削的实质——剩余价值的榨取,即各种现存资本主义的共同核心。因此,关键是要区分开资本主义社会的内在本质和各种表象,从而使工人阶级保持对本质的关注,而不是陷入各种表象的幻影中(如租金、垄断、贪婪、金融、裙带关系、消费主义、官僚主义、国家主义、军国主义)来提出一些可能性的想法。

我曾尝试过一种戏剧型写法,设想了两个角色之间的激烈讨论:"真正的信徒"(TB)和"顽固的怀疑者"(SS)。[①]"真正的信徒"捍卫了马克思在《资本论》第一卷中抽象劳动范畴的经典表述,精确到每一个标点符号,并坚持认为,从马克思主义理论入门到社会主义革命实践,都需要严格遵守原文。另一方面,"顽固的怀疑者"列出了长长的质疑清单,很可能始于庞巴维克的《卡尔·马克思和他的体系的终结》(Bohm-Bawerk,1966[1897]):马克思未能充分解决劳动的异质性(技能范围)问题;未能将时间纳入生产理论;选择劳动作为商

① Laibman,B.,1984—85,"Value: A Dialog in One Act",*Science & Society*, Winter.

品价值的唯一通用源泉的武断性；劳动价值与生产价格之间的令人烦恼的差异。[①] 但是，在这场争论中的最终分歧点是，"顽固的怀疑者"认为，"真正的信徒"未能回答最基本的问题：价值理论究竟能实现什么？除了作为信徒的一种教条之外，它还为我们了解基于市场的社会关系(包括最重要的资本主义社会关系)如何运作提供了什么作用？特别是，如果我们要对资本主义剥削(剩余价值榨取)进行完全充分的论述，是否需要价值理论？

我试图通过为这个问题提供实际答案来超越这种二分法的情况(很难称之为"对话")。[②] 这是一项尚未完成的工作，我现在只能以迂回的方式触及本质。我认为，将抽象社会劳动确定为价值的源泉和单一实质——作为基准交换比率基础的参照系，无论这些比率的实际量化内容的确定如何复杂和调节——在逻辑上离不开这一事实：是总体社会安排和特定资本主义方式创造并依赖系统化的资源，来产生在代理人看来具有规律性和客观性的结果，而不是通过理性的个人选择来形成统一的相对价格、工资率、利润率等。[③] 在资本主义社会，将其划分为剥削阶级和被剥削阶级是基本出发点，阶级力量的平衡成为决定价值的标志性"参数"。我相信我可以证明，这个参数足以在计量意义上"完全"地确定，在资本和劳动力市场完全自由(即统一的工资和利润率)的抽象资本主义经济中，作为基准交换比率(生产价格)基础的社会劳动力数量。[④]

如上所述，这是一项正在进行中的工作。现在回到"经济学之后的政治经济学"的主题，我可以简单引用这个项目作为我总体主张的一个实例，即马克思主义理论的进步要求我们认真对待前辩证唯物主义社会科学带来的挑战，而不能屈服。这意味着要在"真正的信徒"对马克思文本的无休止的复述与"顽固的怀疑者"对主流个人主义、经验主义和形式逻辑的屈服之间找到一条出路。革命的社会科学是困难的，因为它的研究对象(包括所有形式的社会，

① 关于围绕马克思的价值和生产价格理论的争论的新老版本，参见 Laibman，"Values and Prices of Production：The Political Economy of the Transformation Problem"，*Science & Society*，37：4(Winter 1974)，04－436[也在 Laibman(1992)]；Laibman，"Money and Totality：Another Round of Debate on Value Formation and Transformation"，*World Review of Political Economy*，9：1(Spring 2018)，21－40。

② 参见 Laibman，D.，1992，"Value"，*Technical Change and Crisis：Explorations in Marxist Economic Theory*，M. E. Sharpe，尤其是第 1～3 章。

③ 如果这种见解成立，它就确立了"分析性马克思主义"或"理性选择马克思主义"学派(Elster，1985)与基于马克思经典作品的立场之间的明确界限。前者坚持将规范性和客观性的来源限制在个人最优选择的维度上，而后者则增加了社会/阶级关系的领域。此外，在社会关系以商品关系为幌子的体制下，必然采取定量确定的形式。进一步的含义是，客观运动规律的存在并不限于资本主义或商品交换的社会。

④ 请注意，定量确定问题与更广泛地确定基准价格比率问题完全不同。见 Laibman，D.，2002，"Value and the Quest for the Core of Capitalism"，*Review of Radical Political Economics*，34：2，pp. 159－178；作为《经济学之后的政治经济学：科学方法与激进想象》(Routledge，2012 年)第 1 章重新出版。

特别是资本主义和后资本主义的)是复杂的,不是"简单"或常识性的观察分析就能解决的。

二、技术变化和利润率

我在20世纪60年代初读本科时就开始对马克思《资本论》第三卷中的"利润率下降趋势规律"产生了兴趣。保罗·斯威齐在《资本主义发展论》(Sweezy,1942)中的严谨分析给我留下了深刻的印象,并注意到他最终的结论是,马克思并没有成功地将这一规律讲清楚。从那时起,我就试图运用本文所述的一般格言:认真对待批评,同时也认真对待理论本身,要使用所有可用的方法,包括马克思时代所不具备的数学技术。①

最常见的对"利润率下降趋势规律"的马克思"正统"的辩护显然依赖于宏伟的无视前提的推理,马克思自己对此也负有部分责任:"……不管是条件还是结果,只要生产资料的量比并入生产资料的劳动力相对增长,这就表示劳动生产率的增长"(马克思,1867)。从这个角度看,资本家在争夺积累、权力和生存的竞争中带来的劳动生产率增长,就是将劳动者驱逐出生产过程,也就意味着剩余劳动和剩余价值的减少,从而降低利润率(这里就是无视前提的推理)。尽管最近有一些尝试为这一推理过程注入新的活力,但它根本不成立。恐怕这里的批评是正确的:马克思一再宣称,推动技术变革降低利润率的力量,最终将战胜他所谓的"反作用"的力量;然而,他并没有用逻辑合理的实际论据来支持这一断言。

因此,我们需要更深入地研究这个问题,而不是陷入不可知论或背叛("顽固的怀疑者")。在这样做时,我绝不会建议,马克思在这方面的"证明"是继续他的工作或理解资本主义经济发展轨迹的唯一途径;应该回顾莫里斯·多布(Maurice Dobb)的明智警告:试图用一条曲线来捕捉资本主义的复杂矛盾,就像医生只用"病人的体温图"来诊断一样(Dobb,1959)。问题更应该这样表述:能否严格说明这样一种条件,该条件下始终寻求最高利润率的理性资本家,会自己进行导致利润率下降的技术变革(只变革技术本身,不改变阶级力量平衡)?

马克思对这一事实很敏感,即个体资本家总是为了拥有暂时的新技术垄断而进行技术创新。如果他没有抓住由此带来的利润率的瞬时飙升,他的竞争对手就会这么做;因而这种行为是由"自然"规律强加给他的。马克思没有采取的步骤是研究现有技术知识条件下资本深化与由此带来的生产率的提高

① 最充分的处理,虽然不是最严格的,是 Laibman,D.,1997,*Capitalist Macrodynamics:A Systematic Introduction*,Macmillan。关于最近和辩论性的阐述,参见《经济学之后的政治经济学:科学方法与激进想象》第2~4章。

之间的关系;这是古典经济学在"生产函数"概念上片面分析带来的局限性。[①]

事实证明,当资本主义企业为了最大化"暂时垄断"的(我称之为"联合")利润率而进行创新时,他们可能发现,选择提高资本有机构成的技术符合其利益。这就带来了一种非稳态选择:一旦新技术得到广泛传播而消除了其垄断地位,积累路径就会呈现出两种引发危机的趋势之一:利润率下降或剥削率上升(当然也可以两者都有)。然后,利润率的下降被置于一个具有多种长期危机趋势的更广泛的框架中,分析马克思主义者的批评也受到重视:充分考虑了资本家对技术变革路径的决定,并结合了资本家的社会理性选择。

然而,上段第一句中的"可能"这个恼人的词仍然存在。关于何时以及是否可以用"会"取代"可能",还有什么可以进一步说明的吗?最大化暂时垄断利润率的资本家选择必然提高利润份额(剥削率)或降低利润率的技术的可能性有多大?事实证明,这取决于三个参数:现有利润份额(这是衡量剥削率的一个指标);根据资本家在选择技术时的权衡,提高技术带来的回报递减的速度;基础科学水平的创新的扩散和应用速度。将这些参数的影响整理一下:如果社会阶级的长期演变以及它们之间的力量平衡,是朝着降低利润份额的方向发展;[②]如果由于资本家急功近利地寻求能带来立竿见影回报的技术变革,提高技术的回报率下降缓慢;如果由于同样的急功近利,基础研究被忽视,那么,使资本有机构成上升和矛盾(剥削率上升/利润率下降)产生的情况更有可能占上风。

显然,几段话不足以全面阐述这一结果。再次回到本文的主题,重点是,当我们推进马克思的工作时,不要抛弃它或把它当作一种神圣的崇拜对象,而要学习关于资本主义经济具体运作的新东西,而这个"具体"仍然是在一般资本主义的层面上,而不是特定的领土/国家/历史社会形态,或全球资本主义经济的层面上。

三、一般历史:社会发展阶段

马克思的一般历史理论领域也存在着类似"真正的信徒"(TB)和"顽固的怀疑者"(SS)的分叉,涵盖了从人类历史早期到资本主义及后资本主义的生产方式。而且,我在这方面的研究再次表明,要做一个选择:要么完全抛弃渐

---

① 挑战在于利用主流(前马克思主义)科学的成果,摆脱资产阶级意识形态的束缚而汲取它们;不要完全忽视或轻视这些成就。在这方面,我认为有必要将生产功能(或动态的提高技术的功能)区分为一种简单的关系,一方面增加其物质生产强度和生产率的回报递减;另一方面在意识形态上将其延伸为边际生产率,作为竞争均衡中最优收入分配的基础;参见 Laibman and Nell(1977)。

② 建立在权力平衡偏向无产阶级和远离资产阶级的长期转变上的资本主义危机理论——这种转变是因为无产阶级是通过工业化和旧的阶级的枯竭来招募的,而且无产阶级在经验上不断积累——也许是资本主义危机的真正原始理论,是在《共产党宣言》(Marx and Engels,1971[1848])中提出的。

进(基于阶段)的社会发展进步理论的历史唯物主义研究;要么试图捍卫一种不能公正对待丰富多样历史记录的僵化的“线性”模型。在这种情况下,这个问题与其说是定量方法的问题,不如说是严格概念化的问题。

这一问题的经典文献来源是马克思于 1859 年撰写的《政治经济学批判》序言,在这著名段落中,他对关键思想进行了简要定义:生产力和生产关系、经济基础和上层建筑、阶级和阶级斗争,以及生产方式[从“广义”上讲,从原始共产主义到“古典(奴隶)、亚细亚、封建和现代资产阶级”的社会形态]。① 这段文字的问题一直是,这种生产方式的排列顺序,尤其是三种阶级对立生产方式(奴隶、封建、资本主义;我暂时抛开关于“亚细亚”生产方式的巨大争议),是否应从字面上(和线性)解释为所有社会都必须走过的道路。马克思主义者往往摇摆不定,在工人运动上升时期以及随之而来的乐观和自信中捍卫这种模式,在工人运动低潮和反思时期,又倾向于用大量且不断增加的历史学和人类学的反向证据来进行“修正主义”的解构,这再次分裂成了“真正的信徒”和“顽固的怀疑者”。

如上所述,我的分析并没有过多涉及严格的定量方法,而是坚持适当和一致地使用抽象方法。马克思的抽象方法显然来源于黑格尔,而这一抽象方法就是要通过对研究和实践材料的综合过程来挖掘所研究现象的内在本质。在当前情况下,我提议对历史记录进行抽象提炼,并命名为:抽象社会整体性(Abstract Social Totality,AST)。由于分析中出现的原因,它又包括一系列生产方式(Modes of Production,MPs),而生产方式又包括一组生产力(Productive Forces,PFs)和相应的生产关系(Production Relations,PRs)。生产方式实际上形成了一个阶梯,以非任意的顺序从低向高发展。这些是逻辑必要展开所定义的理论阶段,而不是实证研究中经常提出的描述性阶段。当我们确定某种生产方式的前提条件(必须取得什么成就使它出现)、矛盾(内部冲突,由于本身固有的发展道路而使该生产方式巩固或产生问题)和贡献(由它具体创造出来,是后续生产方式出现所必需的)时,逻辑必要性将揭示出来。

关于生产力(PF)和生产关系(PR)之间的对应关系以及生产力(PF)的内在发展趋势的理论很复杂,这里只能给出提示。简而言之,我提出了一种决定 PF-PR 关系的“社会功能”模型,其中不同的激励/强制/控制系统在生产力(PF)的每个广泛发展水平上都对生产力(PF)的运作和发展起作用。鉴于人类生产力的不断进步,导致对更复杂的剩余提取系统的周期性客观需要,这些转变的实际实现取决于在人类行为者所面临的实际情况下这种需要出现的方

① 我在这方面的贡献始于 1984 年的“Modes of Production and Theories of Transition”(*Science & Society*,Fall 1984),作为 *Value*,*Technical Change and Crisis*(M. E. Sharpe,1992 年)的第 13 章再次出版。最近,我在《卡尔·马克思的牛津手册》(*The Oxford Handbook of Karl Marx*,edited by Matt Vidal,Tomás Rotta,Tony Smith,and Paul Prew,Oxford University Press,2019)中的章节“生产与生产关系的力量”(Forces of Production and Relations of Production)中谈到这个话题。

式，而人类行为者往往分为相互敌对的阶级，阶级差异体现在阶级意识、意志和理性行为上。

因而，这是一个阶梯式的社会发展总体模型，虽然它不涉及任何神秘的或目的论的推理，但完全基于行为者和社会阶级在不同生产力发展阶段面临的约束和冲动。然而，所有关于模型与真实历史（或缺乏真实历史）的对应关系的质疑问题立即浮出了水面。

因此，我的下一步是，坚持认为，通过确定的阶段阶梯最终向共产主义过渡的进程，只存在于 AST 的层面上。在一个逐步具体化的过程中，我们把模型带回到可感知现实的方向（马克思的“重建具体”）。生产方式本身包含着在周期性上升和下降的社会形态，其中新的形态取代了现有的形态，然后又被取代。在地理、气候、植物、动物、水路和地形等各种条件的影响下，发展以不同的速度进行。不同发展水平的社会通过移徙、贸易、战争和征服而相互联系，导致在单一形态中不同生产方式的混合和组合。最后，还有一些偶然的因素，如饥荒、洪水、流行病，尤其是个人性格和个人选择，特别是军事和政治领导人个人性格和个人选择。所有这些都可能导致堵塞（阻止一个生产方式沿着阶梯过渡到下一个生产方式）或跨越（由于不同水平的社会形态之间的接触而跳过某些阶段）。

因此，历史的方向性不会被实际事件的多样性和偶然性而否定；这些事件实际上是通往最终方向的途径。再次，我们发现，一旦马克思主义基础被运用到前马克思主义的科学和调查中，可以通过仔细研究揭示出主流学术产品（这一次，是历史研究，而不是经济理论）与马克思主义的基本关注点之间的协同作用。这一结果能（或可以）更好地把握我们所关注的（抽象社会）整体性。

四、展望社会主义：争论与经济学的作用

在对资本主义替代方案的广泛而日益热烈的讨论中，“真正的信徒”（TB）和“顽固的怀疑者”（SS）之间的鸿沟，以及超越它的必要性，再次出现了。在 2020 年美国总统大选前的政治辩论中，“社会主义”再次成为热门话题——尽管从麦卡锡主义至今，资产阶级意识形态堡垒的守护者已经做了能做的一切，以一劳永逸地驱除这个幽灵，最后却以撒切尔（英国）和里根（美国）时代的著名口号告终：“别无选择”（There Is No Alternative，TINA）。[①]

这里的第一点是《科学与社会》杂志经常提出的观点，我在这家马克思主义期刊担任编辑近四十年。实际上，《科学与社会》杂志已制作了至少 3 个特

① 1848 年《共产党宣言》的开场白的先见之明再次浮现出来。困扰那个时代的资产阶级的“幽灵”显然（谢天谢地！）仍然活得好好的。

别专刊,每隔十年(1992年春季;2002年春季;2012年4月,第四次计划安排在2022年4月)一次,以提出这一主张:必须通过阐述非市场、非剥削性生产关系将如何实际运作的一般模型,来具体构想社会主义制度。这等于是坚持认为,规划社会主义的运作构想不同于马克思和恩格斯努力超越的乌托邦主义的武断、猜测的"宏大设计"。这些不是"未来烹饪店的食谱"(马克思);它们是基于资本主义的基本矛盾和经验,以及20世纪社会主义建设广泛经验的科学规划。这不是要制定精确的"蓝图";准确的描述必须等待历史和文化上特定的"真正存在"的实际做法和情况的出现。而是要全面了解后资本主义经济的普遍具体特征,从而能够解决协调多种活动的复杂问题,以及同样复杂的挑战——挑选哪种后资本主义替代方案。社会主义规划的指导思想是对工人阶级的价值观、需要和愿望的协调与选择,而不是存在于阶级社会(包括目前的全球资本主义)的用利润形式来积累财富、权力和特权的古老动力机制。

再次回到贯穿我工作的指导思想:经济学之后的政治经济学。在别无选择(TINA)的基础上,作为一种概念的社会主义以及基于它的激进运动,总是被排斥并抛弃一旁:资本主义现在就是"空气本身",是"一切存在";你甚至无法想象一个替代方案,而不会变得前后矛盾或(更糟)滑坡成非理性主义、独裁和黑暗(Hayek,1944)。在这种氛围下,面对这一重大挑战,马克思主义传统的研究和行动必须有力地回应"浪漫主义"和头脑不清楚的指责。如果我们所拥有的只是"辛劳联邦"或"联合生产者"统治的"自由王国"的旧口号,我们就会失败。过去和现在积累的社会财富,是无数劳动人民血液、汗水和泪水的积累。如果我们社会主义者提出,要为了社会广大劳动者的利益管理这些财富,并让大多数人越来越多地参与到这种管理中来,我们最好确保我们非常具体准确(不是抽象准确)地知道我们要干什么!劳动群众对社会主义的期望不会比这低。

然后,有一系列模型,包括计划、使用(或不使用)价格和货币形式、管理收入分配的原则、确定投资水平和增长率的原则,以及以新颖的方式思考未来(和生态可持续性);实行地方自治、工人和社区参与的方式等等。在最近的研究中,我突然想出了一个综合概念化的"模型的模型"。①

这种大型模型基于两根十字交叉的轴线来区分:集权(在一端)和分权(在另一端)协调系统,以及定量和定性(政治)调控之间。"定量"调控可以采用数字形式,如高度集权且量化的计划;或自发形式,在集权/分权轴线的分权端,如由市场决定均衡价格。现有的各种建议,至少是英语文献中的建议,都可以将其排列在集权/分权和定量/定性的二维空间上。

① 引自Laibman,D.,2015,"Multilevel Democratic Iterative Coordination: An Entry in the 'Envisioning Socialism' Models Competition",*Marxism*,21。

这个排列清楚地指出了由两个维度定义的空间中心，在这一中心，我们将找到一个模型，在每个方向上都结合了两个原则：一方面是集权和分权结构的混合；另一方面是定量和定性标准的组合。但这里必须强调一个关键的区别：中心的模式（可以这么说）不能简单视为一种所有这些不同制度并存的社会主义的"社会形态"；那种"混合经济"确实描述了许多社会历史的现实，其中各种特征已经演变为代表类似的各种阶级利益，而冲突和共生过程则在其中发挥作用。相反，我希望确定一种综合（synthesis，一种标志着存在成熟社会主义经济的核心），其中集权和分权结构，以及定量和定性的调控和评价方法，不只是并存，而是整合成一个连贯的整体。这就是我称为多级民主迭代协调（Multilevel Democratic Iterative Coordination，MDIC）的模型。

然后，MDIC 核心可以作为社会主义形态的组织因素，并确实包含其他要素：简单的市场经济，一个由世界资本主义经济的实践和性质主导的外贸区，一个没有系统性和参与性（迭代）规划的传统的国家部门，甚至包括一些来自前资本主义的元素，例如一直延续至今的乡村社区机构。

关于集体和个人的计划系统、评价方法和奖励制度，有许多具体的量化建议，但不在这里展开论述[详情可参见 Laibman（2011）或 Laibman（2012）；Laibman（2015）]。就本文的中心论点而言，相关的兴趣核心在于清楚地认识到，在资本主义学术和政府机构的经济理论实践中正式发展起来的定量方法，会是今天和明天构建社会主义愿景和模式的重要组成部分。因此，它代表了当今政治经济学中"之后"的元素，也就是说，它借鉴了（西方）经济学。它带有明确的和宏伟的政策建议，既适用于古巴这样的小国，也适用于中国这样的大国：没有一个简单的"改革"（VS. 停滞）问题；问题是：朝哪个方向改革？因而国家部门不等于社会主义（就像"私营部门"不等于资本主义一样）。公共/行政部门在前资本主义历史和资本主义时代都存在很久。在社会主义掌握政权的国家，现存的国家机构成为有争议的地方，可以逐步引入实际社会主义关系的要素。在可能被描述为"早期社会主义"的社会中，国家部门、合作社、市场部门都是向社会主义定性过渡的先决条件。在国家部门内相当（定性）显著的出现核心 MDIC 系统时，便会向成熟的社会主义实际飞跃。这些系统在地方和中央协调方面都包含独特、正规化和制度化的参与过程，并利用所有现有的技术资源，制定最佳的定价、信息处理和考核奖励的原则方法。由此出现了一种对资本主义和自由市场的真正替代，并由此形成真正的吸引力，在此基础上，在适当考虑到社会规范和文化素质的不可预测的演变的情况下，可以建立全新的社会生活。

但是，正如我们从马克思和列宁的遗产中知道的那样，奠定这个基础需要为了革命而掌握科学。这是一个宝贵的见解：我们需要学会已有的成果，才能超越前人的成就。政治经济学必须借鉴（西方）经济学。社会主义革命思想必须纳入人类的全部文化遗产，包括资本主义社会带来的不完整和扭曲的个性化。通往未来的道路贯穿现在，根植过去，过去时而可怕、时而鼓舞人心，但总有挖掘潜力。

参考文献

[1]Böhm-Bawerk, E. V., 1966 [1897], *Karl Marx and the Close of His System*. New York: Monthly Review Press.

[2]Dobb, M., 1959, The Falling Rate of Profit, *Science & Society*, 23:2 (Spring), pp. 97—103.

[3] Elster, Jon., 1985, *Making Sense of Marx*. New York: Cambridge University Press.

[4] Hayek, F., 1944, *The Road to Serfdom*. Chicago, Illinois: University of Chicago Press.

[5]Laibman, D., 1974, Values and Prices of Production: The Political Economy of the Transformation Problem, *Science & Society*, 37:4 (Winter), pp. 404—436.

[6]Laibman, D., 1984, Modes of Production and Theories of Transition, *Science & Society*, 48:3 (Fall), pp. 257—294.

[7]Laibman, D., 1984—85, Value: A Dialog in One Act, *Science & Society* (Winter), pp. 449—465.

[8]Laibman, D., 1992, *Value, Technical Change, and Crisis: Explorations in Marxist Economic Theory*. Armonk, New York: M. E. Sharpe.

[9]Laibman, D., 1997, *Capitalist Macrodynamics: A Systematic Introduction*. London: Macmillan.

[10]Laibman, D., 2002, Value and the Quest for the Core of Capitalism, *Review of Radical Political Economics*, 34:2 (Spring), pp. 159—178.

[11]Laibman, D., 2011, Incentive Design, Iterative Planning, and Local Knowledge in a Maturing Socialist Economy, *International Critical Thought*, 1:1 (March), pp. 35—56.

[12]Laibman, D., 2012, *Political Economy After Economics: Scientific Method and Radical Imagination*. London: Routledge.

[13]Laibman, D., 2015, Multilevel Democratic Iterative Coordination: An Entry in the 'Envisioning Socialism' Models Competition, *Marxism 21*, 12:1 (Spring), pp. 307—344.

[14]Laibman, D., 2018, Money and Totality: Another Round of Debate on Value Formation and Transformation, *World Review of Political Economy*, 9:1 (Spring), pp. 21—40.

[15]Laibman, D., 2019, Forces of Production and Relations of Production, In *The Oxford Handbook of Karl Marx*, edited by Matt Vidal, Tomás Rotta, Tony Smith, and Paul Prew. London/New York: Oxford University Press.

[16]Laibman, D., Nell, E. J., 1977. Reswitching, Wicksell Effects, and the Neoclassical Production Function, *American Economic Review*, 67:5 (December), pp. 867—877.

[17]Marx,K. ,1913[1859],Preface,In *A Contribution to the Critique of Political Economy*. Chicago,Illinois:Charles H. Kerr.

[18]Marx,K. ,1967. *Capital*. Volume I. New York:International Publishers.

[19]Marx,K. ,Engels,F. ,1971 [1848],*The Communist Manifesto*. In Dirk J. Struik,ed. ,*Birth of the Communist Manifesto*. New York:International Publishers.

[20]Sweezy,Paul,1942[1956],*The Theory of Capitalist Development*. New York:Monthly Review Press.

（华东政法大学外语学院　童珊 译,上海海事大学马克思主义学院　尹兴 校）

坚持用马克思主义政治经济学指导社会主义市场经济改革
——世界马克思经济学奖获奖感言

于祖尧

我是中国社会科学院经济学部荣誉学部委员于祖尧。获悉世界政治经济学学会授予我本年度世界马克思经济学奖,我谨表示衷心感谢。改革开放 40 年来,中国为创建社会主义市场经济体制,中国马克思主义经济学家群体在中国共产党领导下,和全国广大人民同舟共济,经过艰难探索,走出了一条有中国特色的社会主义道路,基本建立了社会主义市场经济制度,在世界经济史上谱写了辉煌灿烂的篇章。在一个有 14 亿人口的大国,实现了社会主义基本经济制度优越性和市场经济机制活力有机结合,这是一项史无前例的伟大创举。本年度这项奖,不是对我个人的奖励,而是中国马克思主义经济学家群体的荣誉,是对这个卓有成效的集体几十年来艰难探索成果的肯定。

中国的社会主义经济改革是继 1949 年中华人民共和国成立之后的又一次伟大变革。我作为一个马克思主义经济学者,同众多的伙伴一起积极投身于这场事业,作出了自己力所能及的贡献。据文献记载,我在 1979 年 3 月公开发表的《试论社会主义市场经济》这篇论文中,首创了"社会主义市场经济"范畴,从理论上初步论证了中国为什么必须实行市场经济体制。在后来的 20 多年,我继续沿着这条思路,结合改革的实践,进行深入探讨,形成了比较系统完整的社会主义经济理论。我把它称为"我的土生土长的中国社会主义市场经济观"。所谓"土生土长",是说这套理念既不是照抄照搬现代西方市场经济学,又有别于传统的苏联版政治经济学,而是根源于中国土壤,根源于中国国情。中国的社会主义制度脱胎于半封建半殖民地的农耕社会,在广大农村自给自足和半自给自足的自然经济发展居统治地位。"一穷二白"是中国的基本面貌。人民夺取政权后,仅仅靠占国民经济总量不到 10%的现代工业不可能实行社会主义经济制度。中国可以而且必须越过资本主义制度。但必须实现和完成工业化、现代化,才能逐步进入社会主义。工业化、现代化的进展,必然

收稿日期:2019—11—22

作者简介:于祖尧(1933—),中国社会科学院荣誉学部委员,主要研究领域为社会主义市场经济、收入与财富分配、西方新自由主义思潮评判等。

引发全面社会分工的细化、深化，从而促进交换和市场的形成与发育，激发各种生产要素的生机和活力。马克思指出，人们不能按照自己的意志自由选择生产和交换方式，有什么性质和水平的社会生产国，就要求与之相适应的生产和交换方式。这是自有人类以来千万年历史证明了的客观规律。

既然中国社会主义制度不能超越商品经济大发展的历史过程，中国必须实行商品制度，商品生产基本规律的价值规律不会显现在历史舞台上，这只“看不见的手”还会充当生产、交换、分配、消费的调节者。而价值规律是通过市场、供求、价格等机制发挥作用的。所以，市场机制的调节作用是不能人为取消和废止的。

但是，对社会经济发展实行有计划的协调和调节，也具有客观必然性、普遍性。当今世界发达国家没有一国不实行某种形式、某种方式的直接和间接的有计划调节。美国当权者鼓吹“自由化”的市场经济，到处贩卖新自由主义的“华盛顿共识。”但是美国政府从来没有完全摒弃对经济的干预。现代经济不是原始的农耕经济。社会分工使各行各业、各部门、各地区联结成一个有机整体。生产社会化已经突破了地区、国家的疆界，达到全球化的高度。在这种条件下，有计划调节更具有客观性、紧迫性。社会主义经济体制所特有的所有制结构是国有制为领导、公有制为主体、多种所有制同时并存、共同发展。这种特殊的所有制结构不仅为市场调节提供了宽广的余地，而且为实行计划调节创造了客观的可能性。中国政府能够推行“集中力量办大事”，能够实行“举国体制”正是基于这一点。中国近四十年经济高速发展，中国经济总量跃居世界第二位，中国高科技在世界占有一席之地，靠的就是“举国体制”。

当前，中国经济在取得举世瞩目的巨大成就的同时，也面临不少难题。其中，一个突出的总量就是加工工业和原材料工业产能过剩，远远超过国内有效需求。另一方面，人民群众有购买力的有效需求相对不足。城镇人将看病、升学、买房称之为压在身上的“新三座大山”。贫富分化已是不争的事实。如何评价这一状况，学术界尚有不同看法，这是否表明，现行制度既有促进生产力发展、提高人民生活水平，因而与生产力发展、性质相适应的一面，又有与生产力相矛盾的一面？这个矛盾是否是当前阻碍经济可持续快速高效发展的主要矛盾？这个矛盾为何与引发资本主义周期性经济危机的基本相似？这应当是经济学界深化社会主义市场经济理论研究绕不开的新课题。

我国社会主义市场经济体制初显了独特的优越性，但它仍处在不成熟、不完善的初创阶段。恩格斯曾指出，不成熟的经济制度是不可能产生出成熟的经济理论的(《反杜林论》)。中国经济改革还有很长的路要走。改革具有阶段性，但没有终点站。

谢谢各位专家、学者、教授！

资本主义农业生产方式、殖民剥削和饥荒贫困
——世界马克思经济学奖获奖感言

[印] 乌特萨·帕特奈克

原则上,我不赞成奖励知识分子,但鉴于在马克思主义政治经济学的理论框架内写作的学者通常被忽视或面临学术歧视,我欢迎承认他们的工作。我很荣幸世界政治经济学学会授予我 2019 年世界马克思经济学奖。我想借此机会简要地介绍一下我是如何受到马克思主义分析方法的影响并从事相关研究和实践的。

走进马克思主义政治经济学这一领域,是因为我的个人简历。我在印度的不同地区长大,看到身边极端的不平等和剥夺。在家里,我的父亲是一个工程师,和他同时代的很多人一样,他们在年轻时经历过大萧条和战争,因而对马克思主义很感兴趣,这也使我能够接触到各种马克思主义经典著作。我的童年在一个人口稀少的地区度过,那里的部落儿童显然营养不良,并且患有我后来才知道的夸希奥科病(蛋白质营养不良症),孩子们会来卖他们捕猎到的野鸟。那个地区的农民非常贫苦,我在附近的村庄里骑自行车,开始和他们的家人有了接触。我后来的成长基本是在大城市度过的——在伦敦上了四年学,直到 1958 年,后来在德里和英国的学校和大学里。在伦敦,我经历了当时最令人不快的种族歧视。但从长远看,我受到了教育,使我在某种程度上意识到在自己的国家遭受基于种姓的社会歧视的儿童的感受。在快速扩张的首都德里,建筑工人住在他们正在建设的豪华住宅旁的临时棚屋里,他们生活的苦难与精英们的生活形成了鲜明的对比。

在我十几岁的时候,在漫长暑假里,我吃力地读着《反杜林论》、《德国意识形态》和《神圣的家族》,试图理解《资本论》第一卷,但是我几乎读不懂,而《唯物主义和经验评判主义》对我来说似乎更容易一些。我从来没有读过简化的指南,而是从头读到尾。总而言之,我获得了财产集中、阶级剥削和阶级意识等基本观点。我虽然没有完整地理解和吸收马克思主义的理论,但这已使我能够批判地理解我所直接观察到的事物。我十多岁时读了孟加拉语及英译的普希金、托尔斯泰、高尔基等人的名著。在伦敦期间,我开始阅读英文版的经典著作。我用我的母语孟加拉语读了拉宾德拉纳·泰戈尔的鼓舞人心的革命诗歌,而即使在印度,至今也很少有人知道他。我的岳父是印度共产党在其家乡奥里萨邦的共同创始人,多年来领导农民斗争,多次被英国人监禁。我从他

的家人那里学到了很多关于印度自由斗争和共产主义运动的细节。

我的博士论文于 1971 年提交英国牛津大学，题目是《印度农业中资本主义农业发展》。我参加了 20 世纪 70 年代关于印度农业“生产方式”的大论战。

一、为什么要开展关于“生产方式”的大论战？

经过近两个世纪的压迫以及外汇收入流失，1947 年时印度的经济和社会近于崩溃。而当我 1972 年完成我的博士研究时，独立仅 15 年的印度，经济和社会发生了迅速的变化。印度进行了土地占有制度的改革，虽然不像中国是通过革命的方式，而是以自上而下的法律形式，将一些土地重新分配给贫民。寄生的封建地主的翅膀被剪掉了，部分农民从劳动和租金中得到了相当大的缓解，他们免受了全球价格波动对他们的影响。此外，国家将预算自由地用于农村发展和建立工业基地，这直接提供了就业，同时扩大了基本生活必需品的国内市场。农业的盈利能力提高了，与独立前相比，粮食产量的增长率猛增了 25 倍以上——从 0.11%上升到 2.8%。通过推广农业服务，国家推动了农作物研究和新的农业技术的发展。很多学者发现，对农业的资本主义投资过程正在开始，甚至城市有钱人也开始转向农业。

问题出现了，这个过程是否意味着以食利者地主所有制、小规模租佃制、包身工和高利贷为主导的旧生产制度的真正崩溃？土地关系是否朝着资本主义的方向发展，如果是的话，谁是变革的推动者，这一过程将快速往哪里发展，又将在哪里遇到障碍？学者和活动家在对待这些问题的方法和分析上存在重大的理论差异，尽管这些分歧都是泛左派的观点。这些学者包括阿肖克·鲁德拉(Ashok Rudra)、哈姆扎·阿拉维(Hamza Alavi)、安德烈·甘德·弗兰克(Andre Gunder Frank)、贾鲁斯·巴纳吉(Jairus Banaji)、帕雷什·查托帕德哈伊(Paresh Chattopadhyay)等。

我在本次论战中提出的主要问题有四点：第一，明确指出殖民时期和后殖民时期的宏观经济形势的不同。我一直同意保罗·巴兰(Paul Baran)的说法，即“厨房里所烹饪的食物并不是由厨房决定的”——农业领域的变化，包括阶级关系的变化，都深受总体经济趋势的影响。我强调的变化(土地改革、财政扩张主义、补贴和价格稳定、推广服务)从未被其他人提及，但对我来说，这些改变是明确表明完全与殖民政策相决裂。

第二，指出“贫困化”与“无产阶级化”之间的区别。这与殖民财富外流和去工业化的特殊性有关，这导致失业加上贫困农民的失地还债，大萧条更是致命的一击。在印度 1931 年的人口普查中，38%的农村人口将工资作为收入来源，而十年前这一比例为 26%，农村收入本身也大幅下降。这是贫困化，因为资本主义企业的增长趋势并不能吸纳流离失所者。

第三，无论是在农业还是其他方面，强调积累作为资本主义自身的一般特征的作用，以及雇佣劳工的仍非主流的重要性。毫无疑问，雇佣劳动作为一个重要指标，也是资本主义农业的必要指标，因为它可能是贫困化的结果，或是早期基于种姓的包身工制度的遗产。我与人合编了一本题为《奴役之链——印度的奴役与奴隶制》(1984 年)的文集，在其中描述并分析了许多这类形式的劳动。

第四，把马克思的思想运用于我们的国情，将绝对地租作为资本主义投资的障碍理论化。在土地扩张的情况下，除了高利贷的高利率之外，还存在着高额租金的榨取。后者代表货币资本的回报，但将资金投入农业生产性投资的可行性并不完全取决于这种投资的回报是否超过高利贷利率：绝对地租的障碍也必须被克服。这一障碍在于：在不进行任何支出的情况下，仅仅因为土地的财产权，土地的所有者可以获得佃农的大部分产出作为地租。因此，对一单位土地的一定金额的生产性直接投资的回报，必须大于该金额的利息和该土地的租金总和。琼·鲁滨逊(Joan Robinson)在她的《经济发展问题》一书中主动提到我关于租金作为发展障碍的观点，我为此感到振奋。我曾指出，克服租金障碍是困难的，即使在对新技术的投资带来产量的巨大突破从而带来盈余的情况下，这一障碍仍然存在。

我试图将列宁(《俄国资本主义的发展》和 1920 年提交共产国际第二次大会的预备草案)与毛泽东在《如何区分农村中的阶级》中的讨论结合起来，将马克思主义阶级观运用到农业社会。利用这些文献，我在 1976 年制定了一个指数，我称之为“劳动剥削指数”。该指数可用于农业经济学数据，以经验方式确定农业阶级结构及其变化。这一指数引起了不少学者相当大的兴趣，除了我自己的学生，还有不同国家的许多马克思主义学者，纷纷将劳动剥削指数运用到他们的研究中。我在自己的《农民阶级分化》(1987 年)一书中也运用了该指数来分析印度某邦的农业阶级结构。

二、殖民剥削、贫穷和饥荒

我一直感兴趣的一个研究领域是殖民剥削的机制，尤其是它为什么造成饥荒；北半球的大学提出的关于贸易和发展的标准理论为什么在逻辑上是谬误的，这些理论不仅没能解释殖民贸易的真相，而且也不能解释当今工业发达的北方和全球南方之间的贸易真相。

通过数十年的英国经济史的阅读和教学，加上对印度经济史的研究，对于英国使用何种经济机制来消耗印度的外来收入，我的思路已渐为清晰，直至 2017 年，我对印度整个 1765—1938 年期间的财富流失情况作出了初步估计。到 1947 年印度独立时，印度流失的总财富是英国 1947 年 GDP 的 40 倍。这一估算似乎引起了许多学者和大众的兴趣。

关于公共政策造成的饥荒问题，我在1991年的一篇文章中指出，印度最后一次殖民剥削诱发的饥荒，即1943—1944年造成300万受害者的孟加拉饥荒，是一次利润膨胀。最近，在2018年，我进一步论证了这一观点。1940年凯恩斯被指控建议英国政府的战时货币政策对印度采取特殊权威政策，有效地实施了快速利润膨胀，为盟军的战时开支筹集资源，从而导致了两年多来孟加拉300万最贫穷的平民饿死，这个数字几乎是英国在整个战争期间所有平民和武装人员死亡总人数(46万)的7倍。这种以经济手段进行的种族灭绝被从历史教科书中清除，包括在印度，除少数人外，大部分知识分子几乎完全被帝国主义的著作所洗脑。

在2003年发表的一篇文章中，我已经表明，关于中国"大跃进"时期有3 000万人死亡的说法，是基于美国两位人口学家安斯利·科尔(Ansley Cole)和朱迪思·班尼斯特(Judith Banister)的荒谬估计方法，他们的数据是站不住脚的，经不起客观的学术检验的。同时这两个人和他们的公关人员因此诋毁中国革命，并含蓄地丑化毛泽东，却对苏联的人口崩溃无话可说，因为苏联向资本主义过渡，1985年至1996年间，死亡率急剧上升，人口绝对下降，国内生产总值也随之下降，从俄罗斯联邦下降45%到格鲁吉亚下降80%不等。

近年来，我在详细研究官方的贫困统计方法，发现各国政府和世界银行关于世界贫困尤其是亚洲的贫困已大幅度下降的说法是错误的。我之所以得出这一论断，是因为我发现，虽然估算者对每个国家在初始基准年应用了营养标准来计算贫困线支出，但随后的年份中他们却放弃了营养标准，而是简单地用价格指数来确定基准年贫困线，完全没有提及营养标准是否继续得以满足。世界银行的营养摄入量和单个政府的贫困线随着时间的推移持续下降，即穷人的数量正在通过不断降低衡量贫穷的标准来计数。他们的方法导致官方的贫困线水平低得简直荒谬。通过一以贯之地应用相同的营养标准，这是唯一合乎逻辑的正确方法，我发现在印度的案例中，正确的贫困线应是目前官方贫困线的3倍，贫困率大幅上升。全世界成百上千的学者继续使用世界银行的错误方法来"衡量"贫困，降低营养标准，并继续谎称贫困正在减少。他们的方法完全相当于大幅降低考试的及格线，然后声称不及格率已经下降。

在我的研究过程中，我在近四十年来给学生的授课中受益匪浅，从他们的提问和他们所隐含的假设中学习。以我的经验，没有教学，新的研究课题就不会如此在头脑中出现，而没有研究，教学往往会缺乏激励而陷入困境。

参考文献

[1]Utsa Patnaik，1985，*Co-edited Chains of Servitude*：*Bondage and Slavery in Indi-*

a, Orient Longman.

[2]Utsa Patnaik, 1987, *Peasant Class Differentiation: A Study in Method*.

[3]Utsa Patnaik, 1990, *Agrarian Relations and Accumulation: the Mode of Production Debate in India*, Sameeksha Trust by Oxford University Press.

[4]Utsa Patnaik, 1991, "Food Availability and Famine: A Longer View", *Journal of Peasant Studies*, 19(1).

[5]S. Patel, J. Bagchi, Krishna Raj, 2002, "On Famine and Measuring Famine Deaths", *Thinking Social Science in India: Essays in Honour of Alice Thorner*.

[6]Utsa Patnaik, 2007, "The Republic of Hunger", *Three Essays Collective*.

[7]Utsa Patnaik, 2017, "Revisiting the Drain, or Transfers from India in the Context of Global Diffusion of Capitalism", *Agrarian and Other Histories: Essays for Binay Bhushan Chaudhuri*.

[8]Utsa Patnaik, 2018, "Profit Inflation, Keynes and the Holocaust in Bengal", *Economic and Political Weekly*, October 20.

（华东政法大学外语学院　童珊 译，上海财经大学马克思主义学院　丁晓钦 校）

2019 年世界马克思经济学奖得主学术思想述评

尹　兴　丁晓钦

内容提要　2019 年世界马克思经济学奖得主于祖尧、大卫·莱伯曼和乌特萨·帕特奈克都在促进马克思主义经济学发展和人类进步事业上做出了卓越贡献。于祖尧在改革开放伊始首倡社会主义市场经济,在确立市场经济体制后又最早倡导"公平分配观",是中国市场经济改革的理论先行者和学界良心;大卫·莱伯曼敏锐把握技术变革和利润率变化的趋势,加深了对社会演化规律的分析,并创设出用于社会主义经济体系的多级民主迭代协调模型;乌特萨·帕特奈克一生致力于研究农业社会的工业转型、粮食安全和农民贫困问题,制定出划分农村阶级的"劳动力剥削指数",对印度农业生产方式、新自由主义农业政策、饥荒和贫穷等进行了开拓性的分析。

关键词　市场经济　社会主义　社会演化　农业转型　饥荒贫穷
中图分类号　B089.1

世界马克思经济学奖旨在奖励世界各国为马克思主义经济学发展和人类社会进步做出卓越贡献的马克思主义经济学者。世界政治经济学学会将 2019 年世界马克思经济学奖分别授予中国的于祖尧教授、美国的大卫·莱伯曼(David Laibman)教授和印度的乌特萨·帕特奈克(Utsa Patnaik)。今年的颁奖主题聚焦于制度和发展两个方面,本文将对三位获奖者的学术思想分别予以述评。

一、于祖尧学术思想述评

(一)学术经历

于祖尧,男,1933 年 1 月生于安徽天长,1951 年被保送中国人民大学学习

收稿日期:2019—11—15

作者简介:尹兴(1984—),上海海事大学马克思主义学院讲师,主要研究方向为金融化和当代资本主义;丁晓钦(1977—),上海财经大学马克思主义学院教授、博士生导师,世界政治经济学学会秘书长,主要研究方向为社会主义经济理论与实践和国外马克思主义经济学。

基金项目:本文系国家社会科学一般项目"金融危机后美国制度结构转型和垄断资本主义发展阶段分析"(17BKS096)、上海市"阳光计划"项目(16YG06)、上海海事大学产学研项目的阶段性研究成果。

政治经济学，师从宋涛、苏星等著名学者，并两次获得“模范学生”称号。

于祖尧幼年便投身革命，随军从事宣教工作。大学毕业后，于祖尧调入北京外国语学院从事政治经济学教学工作。1978年，调入中国社会科学院经济研究所从事研究工作，先后任研究室副主任、所学术秘书、副所长、所党委书记、副研究员、研究员、博士生导师、《经济研究》副主编、中国社会科学院学术委员会委员。曾任第九届全国人大代表、全国人大财经委员会委员、北京市经济学总会副会长。2006年，中国社会科学院学部成立，于祖尧当选为首届中国社会科学院荣誉学部委员，是声望卓著的马克思主义经济学家。

(二)主要学术成果

1. 代表著作

《于祖尧文集》(上海辞书出版社，2005)、《中国经济转型时期个人收入分配研究》(经济科学出版社，1997)、《忧思录：社会主义市场经济从理念到实践的跨越》(中国社会科学出版社，2015)等。

2. 代表论文

首倡“社会主义市场经济”的《试论社会主义市场经济》(《经济研究参考资料》，1979年第50期)、《论商品经济一般的基本规定》(《经济研究》，1984年第11期)、《社会主义商品经济论》(《经济问题》，1984年第12期)；分析市场经济改革和收入分配的《经济市场化和市场现代化是当代社会生产力发展的必然趋势——谈我国发展市场经济过程中的若干问题》(《哲学研究》，1993年第4期)、《中国市场化改革：摆脱了困惑之后的艰难之路》(《财贸经济》，1993年第11期)、《我国体制转型时期“农村病”及其治理》(《经济研究》，1995年第4期)、《我国当前收入分配问题研究》(《管理世界》，1997年第2期)、《转型时期暴富群体的政治经济学分析》(《经济研究》，1998年第2期)、《中国经济内忧》(《战略与管理》，2002年第4期)、《求解难题：我国经济内忧之成因》(《战略与管理》，2003年第2期)；批判新自由主义的《西方市场原教旨主义衰败和中国信徒的堕落》(《中华魂》，2013年第1期)；批判历史虚无主义的《经济改革与经济史研究》(《中国经济学史研究》，1994年第2期)、《经济学在反思、反省中求生存和发展》(《经济学动态》，2005年第8期)等论文。

(三)学术思想评价

1. 发展性

(1)首先提出“社会主义市场经济”，较早提出了“价值规律是商品生产固有的规律，也是调节社会劳动按比例分配的规律”

新中国成立70年来，商品、市场在社会主义经济制度下的地位和作用一直是理论经济学的敏感核心问题。在1992年邓小平南方谈话前，深受苏联教科书影响的主流观念认为，社会主义经济的本质特征是计划经济，市场经济姓资不姓社。于祖尧(1979)在《试论社会主义市场经济》中首倡“社会主义市场经济”，展示出超前的创新精神和坚持真理的勇气，并强有力地论证了社会主义市场经济改革的理论依据是历史唯物主义的政治经济学理论。在“社会主义市场经济观”不被主流观念认同之时，于祖尧“新瓶装旧酒”，用“商品经济”暂代“市场经济”，继续阐述实质上的“社会主义市场经济观”，并获得官方和学界广泛认同（于祖尧，1984a，1984b）。

不同于西方论述市场作用的“供求、价格决定论”，于祖尧认为，是价值规律而不是市场供求关系最终决定社会劳动即资源在各部门分配的比例，价值规律要求按社会需要合比例地分配社会劳动即资源，计划和市场内在统一于价值规律的要求，价格、竞争等机制都受制于价值规律（于祖尧，1990，2015）。价值规律不只是“影响社会生产”，也不只是计划的“辅助工具”，也无法限制。这些论断不仅对我国的价值规律研究具有开拓性意义，对当下如何理解和阐释“市场在资源配置中起决定作用，政府更好地发挥作用”，如何把握十九届四中全会公报中市场经济的地位和作用，依然有前瞻性和启发性。

（2）最早倡导具有民本主义的保护民众利益的“公平分配观”

自1993年确立社会主义市场经济体制和提出“效率优先，兼顾公平”的分配原则以来，随着市场化改革的不断推进，国民经济建设取得极大成就，但一些人打着“提高效率”的口号漠视民众利益，打着“发展是硬道理”的口号破坏社会公平正义。由此，于祖尧提出“公平分配观”，认为效率离不开公平的竞争环境，要避免特权阶层和暴富阶层对改革方向的扭曲，应将是否有利于促进共同富裕作为检验改革是否坚持社会主义方向的评价标准（于祖尧，1997）。这些论断在当时再次面临很大压力，但最终证明是正确的。党的十六届五中全会强调“更加注重社会公平”，党的十七大强调“效率和公平并重”，我国收入分配差距扩大的趋势也得到了遏制，“公平分配观”理论对实践的指导价值不容低估。

（3）较早提出“社会主义与市场经济相兼容但又有矛盾”的观点

于祖尧不仅首倡社会主义市场经济，还辩证地指出，社会主义和市场经济既有兼容于社会生产力发展的必然趋势，还由于自然经济和产品经济的历史起点、政府要改革自身的复杂性、渐进式改革先局部后整体、城乡和地区发展不平衡等而存在几类矛盾（于祖尧，1993）。这些论断不仅坚持了历史唯物主义方法，具有鲜明的时代特征，而且具有较强的前瞻性：产品经济的历史起点问题对当前中国很多地区的深化市场改革依然有很大的制约作用；十九大认为我国社会主要矛盾已经转化为人民日益增长的美好生活需要和不平衡不充分的发展之间的矛盾，也反映出市场改革面临的不平衡不充分的特殊矛盾。

2. 进步性

（1）坚持“求实”、“自主”的改革开放，坚决反对新自由主义的市场经济观和新自由主义

20世纪90年代以来，随着改革开放的推进，西方新自由主义的市场经济思想也在中国传播开来，干扰中国改革开放的方向，对此于祖尧旗帜鲜明地进行了反对。于祖尧(1994)认为，强调“产权明晰”的“科斯定理”，只是为了借助“产权明晰”的口号来“论证”国企私有化的必要性，从而瓜分国有资产，而现代资本主义股份企业的产权明晰程度，其实还不如奴隶制和封建制，强调“产权明晰”本就不符合社会化大生产的历史发展规律。国企改革不能通过简单的私有化来解决，而要着眼于党的领导体制改革，重点解决“政企合一”问题，并坚持国企的社会责任，避免权贵私有化。于祖尧(2004)还指出，对外开放不是简单地利用比较优势，而要服务于建设“独立完整开放的现代经济体系”的总目标，市场换不来现代强国。我国在2004年底叫停了大型国企的MBO(管理层收购)，2006年党中央提出增强自主创新能力，努力建设创新型国家，2008年正式取消外资税收优惠政策，2018年美国对中国的芯片技术封锁等，都反映出于祖尧对改革开放路径分析的前瞻性和进步性，对新时代深化改革开放、应对中美贸易摩擦等，依然有指导意义。于祖尧(2015)还揭示了新自由主义经济学的阶级性，指出其自“华盛顿共识”后已经蜕变为英美政府的“官学”，和马克思时代从古典经济学蜕变成的庸俗经济学一样，“只见物不见人”，是理论倒退。这一论断对分析当前的国际局势仍有借鉴意义。近年来新自由主义经济思想与右翼民粹主义相结合，通过舆论引导故意扭曲全球化失衡的原因，并影响到中国的国际形势。

(2)坚持“公平分配观”，批判“暴富群体崛起”

随着改革开放的不断深入，于祖尧不仅深刻批判了来自国外的新自由主义思想，也批判了国内的“暴富群体崛起”，非常明确地指出，这些“暴富群体”是一个特殊的利益共同体，是社会财富的寄生者而非创造者，因而不属于“先富起来的一部分人”，而是阻碍改革进一步深入的社会势力，是当时深化改革的主要危险，坚决反对“适当腐败有益论”，主张反腐败和深化改革并举(于祖尧，1998)。十八大以来的深化改革从大力反腐出发，十九大强调加强党的领导，十九届四中全会空前强调国家治理，新时代深化改革的逻辑顺序和巨大成就也在一定程度上反映出反腐和深化改革并举的重要性。

(3)重视历史研究，批判历史虚无主义

在2003年非典危机后，于祖尧(2005)结合医疗体系批判了历史虚无主义的危害。历史虚无主义者有时会打着改革的旗号否定历史，丑化农村合作医疗制度，误导政府降低对公共医疗尤其是农村公共医疗的投入。历史虚无主义还全盘否定计划经济，将计划经济当成垃圾筐，否定马克思主义理论工作者对改革开放的理论探索和贡献，用西方教条来误导中国改革实践。于祖尧的这些批判在当下依然有很强的现实指导性。党中央愈发重视加大公共医疗投入，为全面脱贫奠定了良好基础。习近平总书记也多次强调要将前三十年和后四十年统一起来，反对历史虚无主义者将新中国成立70年的成就主要归功于改革开放后40年和西方理论指导的思想。

二、大卫·莱伯曼学术思想述评

(一)学术经历

大卫·莱伯曼，男，1942年生于美国，1973年在纽约新社会研究学院研究生院获得经济学博士学位，博士论文研究的是“价值转形问题”。莱伯曼是布鲁克林学院(1967—2010年任教)和纽约城市大学研究生院经济学教授。莱伯曼1973年开始结缘《科学与社会》(*Science & Society*，1936年开始出版的马克思主义季刊)，并自1990年以来一直担任该刊编辑。

(二)主要学术成果

1. 代表著作

《价值，技术变革与危机：马克思主义经济理论的探索》(*Value，Technical Change and Crisis：Explorations in Marxist Economic Theory*，Routledge，1992)、《资本主义宏观动力学：一个系统阐述》(*Capitalist Macrodynamics：A systematic introduction*，Palgrave Macmillan，1997)、《深度历史：社会演化与人类潜能研究》(*Deep History：A Study in Social Evolution and Human Potential*，SUNY Press，2007)、《经济学之后的政治经济学：科学方法和激进的想象力》(*Political Economy After Economics：Scientific Method and Radical Imagination*，2012)、《激情与耐心：社会、历史与革命视野》(*Passion and Patience：Society，History and Revolutionary Vision*，2015)。

2. 代表论文

1992年、2002年和2012年《科学与社会》的三期特刊、《生产价值和价格：转形问题的政治经济学》(Values and prices of production：The political economy of the transformation problem. *Science & Society*，1973，pp. 404—436)、《技术变革、实际工资和剥削率：利润下降规律再分析》(Technical Change，the Real Wage and the Rate of Exploitation：The Falling Rate of Profit Reconsidered. *Review of Radical Political Economics*，1982，14(2)，pp. 95—105)、《生产方式和转形理论》(Modes of production and theories of transition. *Science & Society*，1984，pp. 257—294)、《价值理论中的修辞和实质：对新正统马克思主义的评价》(Rhetoric and substance in value theory：an appraisal of the new orthodox Marxism. *Science & Society*，2000，pp. 310—332)等。

(三)学术思想评价

1. 发展性

莱伯曼(2012)主张不局限于马克思主义经典文献的文本研究,而注重运用现代数学方法和模型,对马克思主义经济理论中的争议问题进行分析和发展,他不仅著书(《经济学之后的政治经济学:科学方法和激进的想象力》)强调这一方法论变革,而且也一直贯彻推动各个领域的研究。

(1)技术变革和利润率

莱伯曼自20世纪60年代早期开始关注"马克思的利润率下降趋势规律"。马克思认为,资本家对暂时的超额利润率的追求使其改进生产技术,但随着技术的普及,不仅超额利润率消失,利润率还会因为资本有机构成的提高而下降,尽管有反作用的力量,但仍然阻挡不了这一趋势。当时正值第二次世界大战后的资本主义繁荣时期,保罗·斯威齐和保罗·巴兰则致力于论证当时美国垄断资本何以使得反作用力阻止了这一趋势,莱伯曼也意识到马克思的这一论证仍有发展空间。莱伯曼认为,资本家是否会选择提高有机构成的技术变革,主要取决于三个参数:现有利润份额(反映剥削率)、机械化收益递减的速度、基础科学水平创新的扩散和应用速度。如果利润份额降低、机械化收益递减速度较慢、忽视基础研究的话,则资本家更可能采取提高资本有机构成的技术变革(莱伯曼,1982,1992)。新自由主义兴起后,美国利润份额上升、利润率恢复,莱伯曼(1996)认为有机构成提高不会一直降低利润率,但弗兰克·汤姆森(1996)认为,节省劳动型的技术进步会减少劳动力需求而压制工资,进而减缓利润率下降,对于任意给定的积累率,有机构成提高会提高其利润率,但是资本积累仍会降低利润率。对此,莱伯曼(1998)回应道,资本积累会产生利润率上升或下降的周期,而非下降趋势。提高资本有机构成的技术变革会促使这一周期下行,但同时资本积累速度会下降,最终会稳定在一个较大的利润份额和较低的利润率下,而不会一直下降。莱伯曼对技术变革和利润率的分析具有很强的实践性,没有止步于经典原著的文本分析,而着重于当下的实践检验,对当时国内外马克思主义学者的利润率趋势分析有较强启发性。莱伯曼能敏锐地结合新自由主义下资本积累的趋势综合分析利润率动态。近二十年来,美国总体确实处于一个较高的利润份额和较低的利润率水平上,利润率较低且大于零,实体投资不振,反倒促使虚拟资产价格泡沫屡创新高,前所未有的连续十年的美联储超低利率正是与此相适应。当前西方国家的右翼民粹主义兴起,各地动乱不止,也与新自由主义主导的这种技术变革和增长、分配方式紧密相关。

(2)社会发展阶段理论

莱伯曼(2007)创造性地结合历史唯物主义和演化理论来解决演化社会理论的一些标准问题,试图从演化论的角度发展马克思主义的历史理论,超越历史唯物主义的传统界限,在解释社会变革时融入演化论的概念,较好地阐释了社会演化规律兼具的一般性和特殊性。莱伯曼认为,通过确定的阶段阶梯最终向共产主义过渡的进程，只存在于抽象社会整体性(Abstract Social Totality，AST)的层面上，具体的演化还需要考虑诸多具体因素和不同形态国家之间的相互联系。他首先建立了 PF-PR(生产力—生产关系)模型，通过分析截至资本主义社会的四种生产方式各自的前提条件、矛盾和贡献，简明扼要地揭示了社会演化的一般抽象规律，并尽可能地将外生因素(如市场)内生化；接着从市场关系出发，重点分析了资本主义的(剥削和阶级的)结构、(增长和危机的)逻辑以及(积累和扩散的)阶段性。激励和控制是其分析的主线，由此稳定或瓦解资本主义结构，支持增长或导致危机，促进资本内外积累或扩散，从而由内部扩散性的重商主义过渡到内部积累性的自由主义，过渡到外部扩散性的帝国主义，再到外部积累性的全球主义阶段。这种分析思路融合了历史唯物主义和演化理论，清晰地反映出资本主义的发展脉络，同时展示出资本主义发展的不平衡性。而莱伯曼(2007)进一步认为，当前世界范围内的成熟资本主义其实范围很小(“可口可乐化”不等于资本主义)，而且我们当前正处于资本主义扩张的危机中，而不是同社会主义挑战相联系的危机中，资本主义世俗化的发展依赖于工人阶级，但仍有很多地方不能提供增长。考虑到近年来的逆全球化、中美贸易战等，莱伯曼在十年前的这一论断具有不可多得的前瞻性，并且对中国倡导的“一带一路”和“人类命运共同体”的时代意义提供了一定的理论基础，启发我们深入思考无产阶级和社会主义国家该如何应对资本主义扩张以及扩张的危机。

2. 进步性

(1)价值理论

莱伯曼很早便关注价值和生产价格的转型问题(1973，1984a)，并认为关于价值理论争议的关键是要阐明价值论本身的意义(1984b，2000)。他从社会关系角度理解价值，认为普遍的社会安排和特定的资本主义会创造并需要系统化的力量(这种力量使得社会结果具有规律性和客观性)，而不是由于理性的个人选择导致统一的价格比率、工资率、利润率等。在资本主义社会中，划分剥削阶级和被剥削社会阶级为根本，阶级力量如何平衡成为确定价值的标志性“参数”。他相信可以证明，在资本和劳动力市场完全自由(即统一的工资和利润率)的抽象资本主义经济中，该参数足以从定量意义上“完全”确定基准交换比率(生产价格)所依据的社会劳动数量。莱伯曼对价值理论的分析一方面强调价值背后的生产关系，坚持了历史唯物主义，论证了价值理论的必要性，另一方面试图从阶级力量对比出发推导生产价格参数，实际上也蕴含了价值理论本身的价值。

(2)社会主义经济体系

莱伯曼认为，我们必须要非常具体准确(不是抽象准确)地知道如何构建社会主义经济体系，才能真正吸引工人阶级和代资本主义。与分析资本主义演化时相似，莱伯曼(2007,2015)分析社会主义经济体系时同样聚焦于激励和信息机制，也恰好针对主流经济学对社会主义经济体系激励和信息机制的批判。莱伯曼认为资本主义是以一种自发地侵入所有的社会和经济生活的方式来实施其控制，所以社会主义无法在很小的组织里自发成长，社会主义经济体系不能离开市场。更进一步的，社会主义不是基于平均主义，而是基于发展水平上的独立性，依靠教育、技术、责任、工作的创新性和意识的协调进步上的平等发展，不宜人为加速这一演变。但是，这并不意味着计划不可行，尽管中央难以知道企业计划目标的真实信息，但是工人集体至少大略知道，工人在士气和社会生活的质量上进行权衡，可以保持实际结果接近计划结果；同时，分配领域也并非单一市场决定，可以让两组工人民主决定复杂劳动和简单劳动的收入比率参数，以加深社会主义社会共享的意识。信息流的持续上下波动和计划的承诺再加上横向的合同是宏观协调问题解决的基础，而社会主义是一个长期的、连续的、不断民主化的过程。他认为可以通过多级民主迭代协调(MDIC)模型确定一个综合体，即成熟的社会主义经济的核心，不仅同时存在中央和分权结构以及定量和定性的调节与评估方法，而且要将其整合为一个连贯的整体。向成熟的社会主义的实际飞跃，需要在国家部门内相当(定性)显著的出现核心MDIC系统。莱伯曼对社会主义经济体系的分析借鉴了主流经济学的激励和信息理论，反思了苏联模式的中央集权和平均主义，既强调市场的资源配置作用，也强调计划和民主协调的作用，并认为社会主义可以比资本主义社会产生更多天才企业家。莱伯曼的这些论断试图以博弈论和机制设计理论等来完善基于有计划的市场经济的社会主义民主协调机制设计，这对于我国近年来的经济政治体制机制改革、社会主义民主治理等，有着重要的理论借鉴意义。莱伯曼的模型具有很强的理论综合性和实践洞察力，也期待其能更多地基于中国问题进行理论构建和实证检验，进一步提高其实践价值。

三、乌特萨·帕特奈克学术思想述评

(一)学术经历

乌特萨·帕特奈克(Utsa Patnaik)，女，印度人，在家庭环境中受到马克思主义思想浸染，在印度农村的童年生活使其关心农民的贫困和不平等，后来进入印度城市和英国读书，并在1971年从英国牛津大学获得经济学博士学位，1973—2010年在印度德里的贾瓦哈拉尔·尼赫鲁大学(Jawaharlal University,JNH,简称尼大)教授经济学，现为尼大经济研究与规划中心荣誉教授。她的主要研究领域是从农业和农民主导社会向工业社会转型的历史和现实问题，以及粮食安全和贫困问题。

(二)主要学术成果

1. 代表著作

《农民阶级分化》(*Peasant Class Differentiation*, Oxford University Press, 1987)、《长期过渡:政治经济学随笔》(*The Long Transition: the Essays on Political Economy*, Tulika, 1999)、《饥饿共和国和其他随笔》(*The Republic of Hunger and Other Essays*, Merlin Press, 2007)、《帝国主义理论》(*A Theory of Imperialism*, Columbia University Press, 2016)、《奴役之链:印度的奴役与奴隶制》(*Chains of Servitude-Bondage and Slavery in India*, Orient Longman, 1985)、《农业关系与积累:印度生产方式辩论》(*Agrarian Relations and Accumulation—the Mode of Production Debate in India*, Oxford University Press, 1990),《历史的形成:致伊尔法·哈比卜的论文》(*The Making of History—Essays Presented to Irfan Habib*, Tulika, 2000),《农业和其他历史》(*Agrarian and Other Histories*, Columbia University Press, 2018)和《马克思及其继承者的土地问题》两卷(*The Agrarian Question in Marx and His Successors in two volumes*, LeftWord Books, 2007, 2011)。

2. 学术论文

《资本主义在农业中的发展》(Development of Capitalism in Agriculture, *Social Scientist*, 1972)、《农民阶级分化:一条分析印度农业的途径》(Class Differentiation within the Peasantry: An Approach to Analysis of Indian Agriculture, 1976, *Economic and Political Weekly*, A82—A101)、《印度的农业问题和资本主义发展》(The agrarian question and development of capitalism in India, 1986, *Economic and Political Weekly*, pp. 781—793)、《粮食供应与饥荒:从长远来看》(Food Availability and Famine—A Longer View, 1991, *Journal of Peasant Studies*, 19(1), pp. 1—25)、《全球资本主义、通货紧缩和发展中国家的农业危机》(Global Capitalism, Deflation and Agrarian Crisis in Developing Countries, *Journal of Agrarian Change*, 2003, 3(1/2), pp. 33—66)、《饥饿共和国》(The Republic of Hunger, *Social Scientist*, 2004, pp. 9—35)、《新自由主义和印度的贫困》(Neoliberalism and rural poverty in India, *Economic and Political Weekly*, 2007, pp. 3132—3150)、《经济改革下城市贫困的趋势:1993—1994 年至 2004—2005 年》(Trends in urban poverty under economic reforms: 1993—94 to 2004—05, *Economic and Political Weekly*, 2010, pp. 42—53)。

(三)学术思想评价

1. 发展性

(1)衡量印度农村阶级结构,拓展阶级理论分析范围

帕特奈克(1976)认为,可以利用马克思主义的农民内部阶级分化理论来

分析农业结构及其变迁，为此，她制定了“劳动力剥削指数”（简称E）来衡量农民阶级分化，以便于用阶级分析理论分析农业变迁。帕特奈克发现印度前15％的家庭占有60.5％的耕地，而后60％的家庭只占有13.5％的耕地，一些人既占有较多土地，也租入土地，雇佣劳动力，兼有地主和资本家的性质。为此，她加总根据雇佣获得的净劳动时间a和根据地租获得的净劳动时间b（x＝a＋b），从而可以计算出“劳动力剥削指数”E＝从外部获得的净劳动时间x/家庭在自家土地的劳动时间y，从而根据E的不同数值区分出不同的阶级（见表1）。

表1 印度农业的劳动力剥削指数和阶级划分

经济阶级	特征的实证定义	备注
地主	$E\to\infty$	x很大，y等于0
富农	$E\geqslant 1$	x较大，$y>0, x>y$
上中农	$0<E<1$	$x>0, y>0, x<y$
下中农	$-1<E\leqslant 0$	$x\leqslant 0, y>0, -x<y$
贫农	$E\leqslant -1$	$x<0, y>0, -x>y$
雇农	$E\to -\infty$	x，y等于0

然后，帕特奈克根据a和b的绝对值大小分别将地主、富农、贫农进一步细分为资本主义或封建主义的地主、富农、贫农。印度的耕地租借中50％是前15％的家庭租入的，后60％的家庭只租入了18.5％的耕地。而租户的阶级分化如此之大，意味着无视这一差别的印度租约改革政策的效果会大打折扣。帕特奈克的这种农村阶级划分方法符合马克思阶级定义中对生产资料占有和他人劳动占有的规定，将通过地租和雇佣占有他人劳动的两种方式统一起来计算并可区分，非常简单却很实用，因而受到各国马克思主义学者的广泛借鉴。当然这一公式计算出的阶级也不能直接对应于马克思的阶级，而且必须考虑到当地农业生产关系的演化而进行相应调整。中国仍有很大比例的农业人口，值此农业现代化改革之际，如能根据马克思主义理论进行适当的阶层划分，也有助于更好地指导政策的制定。

(2)推断印度的农业生产力进步受制于半封建的“地主资本主义”

20世纪70年代初的印度农业改革中，一部分马克思主义者认为资本主义生产方式会迅速推广，另一部分认为前资本主义生产方式会阻止其迅速推广，帕特奈克(1971,1972a,1972b)对此进行了实地调研，认为印度农业中的资本主义变革不是孤立的，而是和印度整体经济的国家资本主义紧密相关，并思考为何这一变革没在殖民时期产生，从而分析其发生条件和发展趋势。当时印度已有大量贫农和雇农，但是地租形式主要还是封建地租而非资本主义农业地租,农民“贫穷化”不等于“无产阶级化”。货币渗透和交换进入前资本主义结构,以及随之而来的商业增长,未能消除前资本主义,相反,殖民时期却加强了前资本主义的剥削,这是由于制造业发展的缓慢使得农村劳动力回流。帕特奈克(1976)还发现,印度贫农和下中农承担的优质耕地地租率可高达65%,普通耕地也往往高达50%,如此高的绝对地租阻碍了资本主义农业的推广。帕特奈克(1986)对资本主义生产方式是否会迅速推广的回答是,印度农业中的资本主义路径是由半封建的“地主资本主义”主导的,通过种姓制度使工人依附,仅在某些特殊情况下才能促进生产力提升,从长远来看,束缚了农业和整体经济的增长。帕特奈克对资本主义农业生产方式的分析立足于实践,扎根于马克思主义理论,对发展中国家的农业现代化改革也有借鉴意义。发展中国家在殖民统治下由于去工业化,是不可能发展集约化农业的,工业化是农业现代化的基础,否则大量劳动力回流农业不利于集约化改革,而且农业现代化一定要破除封建残余的束缚。

2. 进步性

(1)批判和估算新自由主义经济和贸易政策带来饥饿和贫困

帕特奈克根据1943—1944年的孟加拉饥荒和1960—1987年印度人均粮食生产的趋势分析认为,为了防止饥荒在不发达国家的农村地区爆发,首先需要确定易受饥饿冲击的阶级和群体,并需要仔细监控人均食物供应量的长期趋势(农业经济作物化会减少粮食产量)以及农业贸易条件的影响,而出口导向的农业政策只会有利于发达国家农业出口,不利于发展中国家的收入增长和粮食安全(帕特奈克,1991,1996)。帕特奈克(2004,2005)还指出,根据卡路里摄入标准衡量的印度农村贫困率从1973—1974年的56.4%上升到2003—2004年的74.5%,而非官方声称的27.4%(根据低估的价格标准而非营养标准计算),饥饿威胁依然普遍存在,而信仰新自由主义的印度政府却认为国内粮食生产过度,因此降低了粮食补贴,并放开粮食进口,从而使更多的贫困农民陷入饥饿。帕特奈克(2007)进一步补充,新自由主义政策使国家价格下降传导到国内,引发粮食价格通缩,而农民失业救济计划预算不足,农民处境堪忧。帕特奈克非常详细地测算了印度各地的粮食不足和农民自杀情况,还进一步发现1993—2003年城市中存在同样的贫困率上升趋势,尤其在孟买、加尔各答这样的大都市(2008,2010)。她主张加大对农民的财政支持,从而提升农村的总需求,解决更多就业问题。帕特奈克能敏锐地察觉到新自由主义经济和贸易政策给贫困农民和市民带来的饥饿威胁,对于广大发展中国家的相关政策也有很强的警示意义,一些发达国家用资本密集型和政府补贴的农业产品冲击发展中国家粮食安全,中国的饲料、肉类、奶类等严重依赖进口,今年的猪肉价格上涨迟迟难以平抑,已经反映出饲料粮食安全的问题,农业领域的供给和贸易政策都不能任由新自由主义思想渗透。

（2）批判新自由主义农业改革增加贫困和污染，主张采用合作社模式脱贫

帕特奈克（2003，2005，2007）认为，印度农业进行的新自由主义改革使生产资料集中在少数人手中，加剧了资源掠夺和环境污染，使好几个邦变成了旱灾多发区，导致更多农民贫困。一部分印度农民通过自己的摸索采用了与 20 世纪 60 年代中国农村几乎相同的合作模式，共同投资于水土保持，建立基本的医疗保健和基础教育设施，并开始解决性别不平等问题。到目前为止，在印度，有很多非常成功的村级合作社案例，特别是在自愿合作框架内进行的绿化防旱、综合流域管理、水产养殖等，有利于农民脱贫和孩子上学。她认为，这一努力并非一帆风顺，面临很多制度阻力，但却是大多数发展中国家农民脱贫的前进方向。帕特奈克的这些分析，对当下中国的全面脱贫和农业现代化改革也有指导意义。当下国内"三农"领域存在片面推崇西方新自由主义农业模式、否定农业合作社、将西化等同于现代化等同于供给侧的错误思想，2019 年诺贝尔经济学奖所肯定的农村减贫方法虽有很多可取之处，但本质上也是个人主义的，而中国 70 年来基于集体主义的农村减贫经验作为最成功的模式，却长期被忽视，值得我们更好地总结、反思和创新。

（3）估算帝国主义的殖民掠夺财富，打破历史虚无主义幻觉

帕特奈克在《帝国主义理论》和《农业和其他历史》中初步估算了殖民剥削的财富掠夺，认为英国在殖民印度期间掠夺财富超过 1947 年英国 GDP 的 40 倍（帕特奈克，2016，2018a）。帝国主义的殖民掠夺可以通过殖民地税收制度和对当地的"去工业化"来进行，而新帝国主义可以通过新自由主义制度来从第三世界国家获取收益（帕特奈克，2015）。帕特奈克（2018b）还指出，英国的殖民剥削还诱发了印度殖民地的大饥荒，而声称中国"大跃进"期间有 3 000 万人死亡的说法是基于美国两名人口统计学家[安斯利 · 科尔（Ansley Cole）和朱迪思 · 巴尼斯特（Judith Banister）]的荒谬估计方法，而他们的估算结果不能经受客观的学术检验。这些研究有力地批判了一些西方学者认为西方国家给殖民地带来文明而自担成本的高尚幻觉，对广大亚非拉原殖民地半殖民地国家人民认清帝国主义的本质有积极意义，对当下中国部分历史虚无主义者怀念殖民地统治和歪曲新中国前 30 年历史的想法也提供了有力的批判论据。

参考文献

[1]Laibman，D.，1973，Values and Prices of Production：The Political Economy of the Transformation Problem. *Science & Society*，404—436.

[2]Laibman，D.，1982，Technical Change the Real Wage and the Rate of Exploitation：The Falling Rate of Profit Reconsidered. *Review of Radical Political Economics*，14(2)，pp. 95—105.

[3]Laibman,D. ,1984a,Modes of Production and Theories of Transition. *Science & Society*,257—294.

[4]Laibman,D. ,1984b,Value:A Dialog in One Act,*Science & Society*,449—465.

[5]Laibman,D. ,1992,*Value,Technical Change and Crisis:Explorations in Marxist Economic Theory*,Routledge.

[6]Laibman,D. ,1996,Technical Change,Accumulation and the Rate of Profit Revisited, *Review of Radical Political Economics*,28(2),33—53.

[7] Laibman, D. , 1997, *Capitalist Macrodynamics: A systematic introduction*. Springer.

[8]Laibman,D. ,1998,Accumulation,Technical Change,and Prisoners' Dilemmas:A Rejoinder to Frank Thompson,*Review of Radical Political Economics*,30(2),87—101.

[9]Laibman,D. ,2000,Rhetoric and Substance in Value Theory:An Appraisal of the New Orthodox Marxism,*Science & Society*,310—332.

[10]Laibman,D. ,2007,*Deep history:A study in social evolution and human potential*,SUNY Press.

[11]Laibman,D. ,2012,*Political Economy after Economics:Scientific Method and Radical Imagination*, Routledge.

[12]Laibman,D. ,2015,*Passion and Patience:Society,History,and Revolutionary Vision*,International Publishers.

[13]Patnaik,U. ,1971,Capitalist Development in Agriculture:A Note,*Economic and Political Weekly*,A123—A130.

[14]Patnaik,U. ,1972a,Development of Capitalism in Agriculture:I,*Social Scientist*, 1(2),15—31.

[15]Patnaik,U. ,1972b,Development of Capitalism in Agriculture:II,*Social Scientist*,1(3),3—19.

[16]Patnaik,U. ,1976,Class Differentiation within the Peasantry:An Approach to Analysis of Indian Agriculture,*Economic and Political Weekly*,11(39),92—85,87—101.

[17] Patnaik, U. , 1986, The Agrarian Question and Development of Capitalism in India,*Economic and Political Weekly*,781—793.

[18] Patnaik, U. , 1991, Food Availability and Famine: A Longer View, *Journal of Peasant Studies*,19 (1),1—25.

[19]Patnaik,U. ,1996,Export-oriented Agriculture and Food Security in Developing Countries and India,*Economic and Political Weekly*,2429—2449.

[20]Patnaik,U. ,2003, Global Capitalism,Deflation and Agrarian Crisis in Developing Countries,*Journal of Agrarian Change*,3(1/2),33—66.

[21]Patnaik,U. ,2004,The Republic of Hunger,*Social Scientist*,9—35.

[22]Patnaik,U. ,2005,The Agrarian Market Constraint in India after Fourteen Years of Economic Reforms and Trade Liberalization,*South Asia:Journal of South Asian Studies*,28(2),233—247.

[23]Patnaik,U. ,2007,Neoliberalism and Rural Poverty in India. *Economic and Political Weekly*,3132—3150.

[24]Patnaik,U. ,2008,Theorizing Poverty and Food Security in the Era of Economic Reforms,edited by Lechini G. ,*Globalization and the Washington Consensus:Its influence on democracy and development in the south*,Consejo Latinoamericanao de Ciencias Sociales (CLACSO),161—200.

[25]Patnaik,U. ,2010,Trends in Urban Poverty under Economic Reforms:1993—94 to 2004—05,*Economic and Political Weekly*,42—53.

[26]Patnaik,U. ,Patnaik,P. ,2015,Imperialism in the Era of Globalization,*Monthly Review*,67(3),68.

[27]Patnaik,U. ,Patnaik,P. ,2016,*A Theory of Imperialism*,Columbia University Press.

[28]Patnaik,U. ,2018a,*Agrarian and Other Histories*,Columbia University Press.

[29]Patnaik,U. ,2018b,Profit Inflation,Keynes and the Holocaust in Bengal,1943—44,*Economic and Political Weekly*,53(42),33.

[30]Thompson,F. ,1996,The Composition of Capital and the Rate of Profit:A Reply to Laibman,*Review of Radical Political Economics*,30(1),90—107.

[31]于祖尧,1979,试论社会主义市场经济,《经济研究参考资料》,第50期。

[32]于祖尧,1984a,社会主义商品经济论,《经济研究》,第11期。

[33]于祖尧,1984b,论商品经济一般的基本规定,《经济问题》,第12期。

[34]于祖尧,1990,价值规律和体制转型时期的总量平衡,《财贸经济》,第3期。

[35]于祖尧,1993,经济市场化和市场现代化是当代社会生产力发展的必然趋势——谈我国发展市场经济过程中的若干问题,《哲学研究》,第4期。

[36]于祖尧,1994,关键是政企分治而非产权明晰化,《生产力之声》,第6期。

[37]于祖尧,1997,《中国经济转型时期个人收入分配研究》,北京:经济科学出版社。

[38]于祖尧,1998,转型时期暴富群体的政治经济学分析,《经济研究》,第2期。

[39]于祖尧,2004,论我国科技现代化道路和发展战略选择——兼评中国版"贸易自由立国论",《国家行政学院学报》,第4期。

[40]于祖尧,2005,经济学遭遇"瘟神",《学术探索》,第3期。

[41]于祖尧,2015,《忧思录:社会主义市场经济从理念到实践的跨越》,北京:中国社会科学出版社。

Academic Thoughts Review of the Winners of Marxian Economics Award in 2019

Yin Xing　Ding Xiaoqin

Abstract　Winners of Marxian Economics Award in 2019(Yu Zuyao,

David Laibman and Utsa Patnaik) have made outstanding contributions to the development of Marxist economics and the progress of human race. Yu Zuyao first advocated "socialist market economy" at the beginning of the reform and opening up, and advocated the "fair distribution view" just after the establishment of market economic system. He is the theoretical pioneer and academic conscience of China's market economy reform. David Laibman has made accurate insights of technological changes and the trend of profit rates, deepened the analysis of the laws of social evolution, and created a multi-level democratic iterative coordination model for the socialist economic system. Utsa Patnaik has devoted her life to the research of the problems of transition from agriculture and peasant predominant societies to industrial society, food security and poverty issues. She has developed a "labor-exploitation index" that divides the rural class and conducted pioneering analysis of Indian agricultural modes of production, neoliberal agricultural policies, peasant famine and poverty alleviation.

Key words　Market Economy　Socialism　Social Evolution　Agricultural Transformation　Famine and Poverty

21 世纪世界政治经济学杰出成果奖获奖名单(2019)

1. 论文:《重建马克思主义:一个新古典最优增长模型》,作者:[日]山下裕步(Yamashita Yuuho)、大西广(Ohnishi Hiroshi)。

2. 专著:《革命性的卡车司机工会:1934 年明尼阿波利斯的卡车司机罢工》,作者:[加]布莱恩·D. 帕尔玛(Bryan D. Palmer)。

3. 论文:《第三次工业革命与工业智能化》,作者:[中]贾根良。

4. 专著:《贸易、发展与外债——国际经济中的极化和分化理论史》,作者:[美]迈克尔·哈德森(Michael Hudson)。

5. 论文:《人的全面发展及其中国样式》,作者:[中]兴方。

6. 论文:《可持续发展质疑》,作者:[委内瑞拉]玛利亚·佩兹·维克多(Maria Paez Victor)。

7. 论文:《过剩、信用扩张与资本主义经济危机——马克思的经济危机理论及其现实启示》,作者:[中]侯为民。

8. 论文:《贫困与社会安全》,作者:[印]拉贾·库玛·马哈吉(Raj Kumar Mahajan)。

9. 论文:《农业关系演变》,作者:[古]格莱蒂斯·赫南德兹(Gladys Hernandez)。

世界政治经济学学会第 14 届论坛共识宣言
(2019 年 7 月 21 日)

在具有历史意义的加拿大温尼伯大罢工 100 周年之际,2019 年 7 月 18—21 日,来自中国、日本、韩国、印度、斯里兰卡、巴基斯坦、伊朗、俄罗斯、保加利亚、德国、奥地利、英国、爱尔兰、土耳其、美国、加拿大、墨西哥、巴西、委内瑞拉、古巴、澳大利亚、南非、尼日利亚等 20 多个国家的近 200 名马克思主义政治经济学家齐聚加拿大温尼伯曼尼托巴大学,出席世界政治经济学学会第 14 届论坛。论坛以"二十一世纪的阶级、民族和国家"为主题,与会学者经过充分研讨,达成以下共识:

1. 我们知道我们正在因纽特人、德纳人、因尼瓦克人(克里族人)、奥吉克里人、阿尼希纳布人、拉科塔人/达科他人先辈的土地上以及梅蒂斯民族的家园里召开此次论坛。他们应享有《曼尼托巴法》、《第 1、2、3、4、5 和 10 号条约》和《北方洪水协定》所承诺的所有权利。但由于这些条约没有得到尊重,和解、去殖民化或正义仍然难以实现。

2. 第一次世界大战结束后,资本主义和帝国主义所造成的贫困与危机重新引起了人们的关注,俄国十月革命为世界工人阶级和被殖民人民点亮了一盏明灯,温尼伯大罢工是世界范围内工人阶级运动浪潮的一部分。在罢工期间,许多来自欧洲国家的工人表现出了决心,并建立了跨越种族界限和工人阶级之间其他分歧的新的团结纽带,这些仍应成为榜样。统治阶级超乎寻常的动员,辅以国家机器的镇压,工人运动以失败告终,接下来的几十年里法西斯主义抬头。

3. 由于资本主义仍处于危机之中,这些阶级和社会斗争在今天仍然具有现实意义。数十年的紧缩政策已使资本主义金融化,并削弱了资本主义的活力,使得工人阶级和第三世界国家的收入缩水,不平等达到史无前例的程度。在由此产生的苦难中,出现了各种病态的症状:性别、种族和民族压迫加剧,生态危机严重。人们广泛而深切地渴望建立一个更加公正、平等和生态可持续的社会。然而,几十年来大多数资本主义国家的右翼政治势力为了达到自己的目的,打压左派,变得越来越咄咄逼人,法西斯主义盛行。

4. 一方面,在很多资本主义国家,资本主义的发展举步维艰;另一方面,一些前被殖民国家和共产主义世界,如社会主义中国,由于他们在某种程度上摆脱了新自由主义,抑或适应,抑或拒绝,抑或调整了新自由主义,已经历了巨大的增长。越来越多的资本主义核心以外的国家正在采取积极措施,发展和捍卫独立自主的民族经济。中国充分利用包括核技术和高科技电子技术在内的先进技术,堪称典范。然而,这种增长和发展不能保证持续下去:它们需要良好的政策,需要更高、更平等的发展。尽管如此,中国已经崛起,多极化世界开始显现。正如晚年的乌戈·查韦斯(Hugo Chavez)所言,一个多极世界的生产能力正以与核心资本主义完全不同的经济形式超越着资本主义核心。

5. 尽管核心资本主义国家口头上支持发展,但却以"民主"和"人权"的名义对新兴国家发动军事和经济侵略,以扼制他们的发展。在这种不宣而战的情况下,新兴国家只有积极采取行动,共同抵制制裁,才能规避北美国家对石油贸易和高科技等方面的垄断安排,并寻求建立替代美元霸权的世界经济新秩序。

6. 在资本主义核心国家,帝国主义的冲动如此明显,证明了21世纪初马克思主义以及相关经济学理论的持续重要性。这些理论认为,帝国主义是资本主义的结构性需要,同时又与资本主义相矛盾。这种矛盾不断加剧,加之以社会主义中国为核心的对资本主义和帝国主义的不断抵抗,一个多极化的世界秩序正在形成。在这一多极化的世界秩序中,帝国主义核心国家除了侵略,其选择的空间越来越小。

7. 除非帝国主义国家能够明智地接受曾经被压迫的贫穷国家的重新繁荣,并学会同他们建立互利互惠的关系,否则这一多极世界就不可能和平地出现。然而,资本主义核心国家的侵略行为丧失了这种明智,把世界带到了战争或战争的边缘。在这场战争中,信息本身也成为武器,使得公众对和平、平等、繁荣和自由的呼声更加难以表达。

8. 如今,工人阶级和第三世界国家的人民发挥着不可或缺的作用。一个国家,越是大众阶层处于主导地位,该国在世界事务中的立场就越进步。这就是为什么像委内瑞拉这样的国家,在抵抗帝国主义秩序的运动中一直积极抵制帝国主义秩序,而具有革命传统的国家,从伊朗到朝鲜,从墨西哥到爱尔兰,当然还有俄罗斯和中国,都在反对帝国主义秩序的前沿。

9. 世界各地的工人及其组织都需要为社会主义的传统要求而斗争:通过斗争,由国家保障赋予每个公民以权利,让他们能够体面地生活,得到充足的营养、衣食住行、健康医疗、教育养老。世界各地的工人及其组织还应该反对一切形式的法西斯主义和极右意识形态,因为它们就是要分裂人民;尤其是,他们应该坚决抵制一切"种族"或"文化"民族主义的理念,并应该认识到,所有居住在本国领土上的人都享有平等的民族权利。他们还需要捍卫和支持所有那些被本国资本家压迫的人民,包括原住民、妇女、被剥夺性别偏好权利和信仰权利的人民。

10. 更具体地说,在第一世界国家,工人阶级的责任是阻止他们自己的政府为控制自然资源、人民和市场而对第三世界国家发动战争，包括通过制裁和金融封锁而发动的经济战。作为前共产主义国家和第三世界国家，工人阶级必须为自己和盟友的权利而战，在军事上、经济上和政治上保卫本国人民不受帝国主义的侵略。

11. 在这种背景下，知识分子的作用就是不懈地抗击从新闻到学术的虚假信息战，捍卫真理、获取真理。他们必须捍卫自由的科学研究以及传播和分享这些结果的权利，准确地报道事实，反对任何压制上述行为的企图。

（上海财经大学马克思主义学院　丁晓钦、王艺宣 译）

把脉资本主义五百年繁荣与萧条
——评《资本主义经济危机与经济周期:历史与理论》

张 林 赵露薇

内容提要 胡乐明、杨静等著《资本主义经济危机与经济周期:历史与理论》归纳了马克思主义的经济危机理论和西方主流经济学的经济周期理论,全面阐述了资本主义世界五百年来的经济周期波动,把史与论有机结合,科学对比了马克思主义经济危机理论与西方经济学经济周期理论,凸显马克思主义经济危机理论的优势。受本书着力阐述的危机层次论等思想的启发,本文提出应科学运用马克思主义经济学理论研究中国特色社会主义市场经济的周期波动,同时要重视对西方非正统经济学经济周期理论的研究和借鉴。

关键词 经济危机 经济周期 理论比较
中图分类号 F039

无论是在马克思主义经济学的"经济危机"话语体系还是西方主流经济学的"经济周期"话语体系中,对资本主义经济周期性波动的研究始终围绕着一个核心主题展开:波动是什么原因导致的?马克思主义经济学话语体系普遍把经济危机的原因归结为资本主义制度自身,西方主流经济学则一般把经济周期看作外生因素冲击所致。两个话语体系在不同年代针对资本主义发生的历次经济周期波动给出了各种各样的具体理论解释。哈伯勒1937年出版的《繁荣与萧条》(哈伯勒,1963)系统归纳了西方主流经济学的经济周期理论,门德尔逊1959年和1964年出版的三卷《经济危机和周期的理论与历史》(门德尔逊,1975,1977)比较全面地归纳了马克思主义的经济危机理论。这两部著作出版之后,与之类似的系统全面归纳整理两个学术传统的经济危机和周期理论的著作至今再未出现过。胡乐明、杨静等著《资本主义经济危机与经济周期:历史与理论》(以下简称《经济危机与周期》)填补了这一空白。书中同时归纳了马克思主义的经济危机理论和西方主流经济学的经济周期理论,而且全

作者简介:张林(1973—),云南大学经济学院教授,主要研究方向为外国经济思想史、西方非正统经济学;赵露薇(1991—),云南大学经济学院博士研究生,主要研究方向为西方非正统经济学。

基金项目:本文系国家社科基金项目"中国特色社会主义政治经济学对西方经济学有益成果的借鉴研究"(18BJL023)的阶段性研究成果。

面阐述了资本主义世界五百年来的经济周期波动，让人耳目一新。

一、《经济危机与周期》的贡献

《经济危机与周期》一书按照历史时间顺序，除导论外分十章归纳了早期资本主义、自由竞争资本主义、垄断资本主义或帝国主义、第二次世界大战后的"黄金时期"、全球资本主义一直到 2008 年危机后资本主义各个历史时期经济危机的表现和理论，同时梳理了各个时期探讨经济危机或周期的主导理论，分别阐述西方主流经济学和马克思主义经济学对危机或周期的分析。这本书与其他同类著作的差异，或者说它的贡献，已经蕴含在其书名《资本主义经济危机与经济周期：历史与理论》中：第一，历史与理论有机结合；第二，西方主流经济学（经济周期话语体系）和马克思主义经济学（经济危机话语体系）的对比。

（一）史和论有机结合

在马克思主义传统中，既阐述经济危机理论又叙述其历史的著作并不少，比如前述门德尔逊的著作以及霍华德·谢尔曼（Howard J. Sherman）的《商业周期：资本主义下的增长和危机》（谢尔曼，2016）等。西方经济学中对经济周期的研究也有许多著作把理论和历史放在一起，比如约瑟夫·熊彼特（Joseph A. Schumpeter）的《商业周期：资本主义进程的理论、历史和统计分析》（Schumpeter，1939），韦斯利·米契尔（Wesley C. Mitchell）的《商业循环问题及其调整》（米契尔，1962），等等。这些著作要么是把理论和历史分开来叙述，要么是用历史事实和统计数据来验证理论。与它们不同，胡乐明等的《经济危机与周期》充分利用了马克思主义史论结合、以史立论的方法，把史和论有机结合起来。

本书对资本主义危机史的叙述不是史料的简单堆积，在概述每一阶段危机史实的基础上，强调的是用相关史实来反映生产力—生产关系的矛盾运动，具体表现在技术进步以及资本之间、资本与劳动之间、资本与国家之间的关系，从而探寻不同时期资本主义经济危机的具体原因。对历史的阐述是为理论服务，而理论必须经得住历史的检验。资本主义的历史有多长，经济周期波动的历史就有多长。与多数著作把资本主义危机的起点定在 1825 年不同，本书运用史论结合方法的第一个亮点，就是把一般被视为资本主义"前史"的资本主义早期阶段——商业资本主义——纳入分析视野，从长波理论的角度探讨资本主义发展过程的连续性，分析了早期资本主义经济危机的表现形式——原始积累危机。正如作者指出的那样："如果我们不能很好地理解资本主义商业和金融制度的早期发现，我们就很难理解主宰当今世界的公司制度以及金融资本主义的起源和发展……如果我们不能很好地理解早期资本主义的原始积累危机，我们也很难理解当今世界发展中国家资本主义的原始积累危机以及世界的不平衡发展……如果我们不能很好地理解不同历史时期资本主义原始积累危机及其引发的阶级斗争，我们也很难科学而不是机械地理解资本主义的制度危机以及社会主义替代资本主义道路的多样性和当代反抗资本主义斗争的复杂性。”（胡乐明、杨静等，2018a）这个论断的含义在当前美国主导的资本主义霸权体系下显得更加真切。

资本主义经济的周期性波动吸引了许多经济学家去研究周期持续的时间，视周期时间长短不同而产生了康德拉季耶夫周期、库兹涅茨周期、朱格拉周期、基钦周期等不同类型的周期。于是资本主义的整个历史进程就由各种类型的周期所填充，解释不同类型周期的原因、对它们进行统计描述甚至根据历史经验来预言未来一轮某种周期爆发的时间，成为许多经济学家热衷的活动。《经济危机与周期》对资本主义危机史的回顾没有落入这个套路，它通过史的分析得到的是要注重区分不同类型危机的层次这个结论。马克思主义危机理论把资本主义危机划分为周期性危机、结构性危机、终极性危机等不同层次。“我们必须将不同层次的‘危机’区别开来，既要避免以危机的‘要素形式’或‘抽象形式’机械地说明现实的危机，也要避免以分析周期性危机的方法来分析资本主义的总体运动及其结构性危机与制度性危机。”（胡乐明、杨静等，2018b）如果对不同层次的危机不作区分，很容易犯下历史上马克思主义经济学家常犯的错误：一旦危机爆发，就认为资本主义的崩溃即将来临。本书把理论和历史有机结合，通过把资本主义历史上各种危机归属于不同层次（多数是周期性危机），尝试历史地阐述资本主义积累的“技术结构”和“社会结构”，从而“摆脱机械的数量关系说明，科学揭示各种类型经济周期与经济危机的相互联系及其影响机制”（胡乐明、杨静等，2018c）。

马克思主义强调的历史时间既指向发生过的历史，同时也指向未来。史与论的有机结合不仅要体现在对过去时代的研究中，还要合乎逻辑地延伸到马克思主义经典作家推导出来的未来社会。具体到危机问题上，就是要回答资本主义如何在不断发生的、不可避免的危机中何时走向灭亡的问题。资本主义如何灭亡？经典作家已经有了明确的答案。资本主义何时灭亡？这是研究危机问题的理论家非常想回答但却几乎无法回答的问题。因为我们不可能预知社会生产力的发展究竟在哪个确切的时间与资本主义生产关系发生不可调和的矛盾。给资本主义的寿命确定一个时间表，是有违历史唯物主义方法的做法。面对这个问题，《经济危机与周期》采取了一种巧妙而且科学的做法：根据危机的时间进程，把资本主义的发展史看作资本主义的危机史；根据危机的阶段进程，把资本主义发展史看作资本主义危机的演化史。“资本主义危机是资本主义内在矛盾的强制性解决，而资本主义危机的强制性解决又推动资本主义矛盾的深化。资本主义经济危机推动资本主义生产方式自身的调整和变革，也昭示未来社会的前景。”（胡乐明、杨静等，2018d）这种处理既保持了历史时间的连续性和理论逻辑的一致性，也避免了滑向目的论，坚持了唯物史观。此外，顺便一提，作者虽然赞赏长波理论，但却没有用这个理论做任何预测，这也是贯彻唯物史观的一个表现。

（二）西方经济学经济周期理论和马克思主义经济危机理论的对比

《经济危机与周期》一书全面系统地归纳和对比了西方主流经济学的经济周期理论和马克思主义的经济危机理论。与其他同类文献相比，本书具有以下特点：

第一，对有关资本主义经济危机的理论梳理，一般是从古典经济学时期开始，而本书把资本主义经济危机的历史前推到资本主义早期的原始积累危机，从而把重商主义等前古典经济学时期的经济思潮和理论纳入经济危机理论中来。这一做法收获了两个思想史成果：其一，为重商主义倡导的国家力量增加了一个职能：防止危机的发生；其二，否定了重农学派和亚当·斯密理论的前提：无危机世界。从第二个思想史成果中引申出来的话题是，虽然重农学派、亚当·斯密（包括李嘉图）的经济学都被马克思划归包含一定科学理论的古典经济学，但就无危机世界这个理论前提来说，足以反映出古典经济学同样是一种意识形态，它可以置事实于不顾去论证理论。

第二，本书客观地对西方经济学经济周期理论和马克思主义经济危机理论进行思想史梳理，并未对西方经济学经济周期理论做过多评论，而且也客观地指出了马克思主义经济危机理论存在的不足。即便如此，两种理论孰优孰劣仍是一目了然。如前所述，经济周期和经济危机理论的首要任务是解释周期或危机发生的原因。西方主流经济学的经济周期理论在形式主义的装扮下表现出科学、严谨的表象，但表象只能是表象。一旦把它和马克思主义经济危机理论放在一起，不需要作者去解读，读者自然能够辨明优劣。即便是阐述大萧条时期的一章，马克思主义经济危机理论的篇幅与其他章相比是最短的，但比之于奥地利学派、凯恩斯主义、货币主义以及后来的新凯恩斯主义对大萧条的解释，马克思主义的解释尽管不多，但更令人信服。“总之，马克思危机理论的优势在于它能深入到社会关系的总体框架中，结合资本主义发展的历史趋势，以一种世界历史的眼光来构筑认识经济危机的宏观视野。”（胡乐明、杨静等，2018e）

第三，尽管与西方经济学的经济周期理论相比有巨大的优势，但也要承认，马克思主义经济危机理论至今仍然不是一套系统成熟的理论，本书不仅为深入研究马克思主义经济危机理论提供了一个指南，也为完善这一理论提出了一个思路。针对经济危机的成因这一核心问题，本书归纳了马克思主义危机理论的六种解释：社会生产的无计划性，社会再生产的比例失调，有支付能力的消费不足，利润率下降趋势，固定资本的更新，资本的过度积累。从这六个角度对经济危机成因的解释贯穿于本书对各历史阶段马克思主义经济危机理论的归纳，为掌握马克思主义经济危机理论提供了极大的便利。另一方面，因为认识到马克思主义经济危机理论的不足，在结合历史分析找到弥补这种不足的路径的基础上，本书提出了建立系统成熟的马克思主义经济危机理论的思路："马克思主义危机理论的未来发展应综合新熊彼特学派、曼德尔以及调节学派和SSA学派等理论成果，努力完善基于生产力与生产关系矛盾之上的'中间环节'分析，历史、具体地阐释资本积累的'技术结构'与'社会结构'及其演进如何导致资本积累矛盾的深化与各类投资的波动，从而引发不同类型的资本主义危机……更好地理解'每一较高层次的周期都可以看作是其次级层次周期的趋势'，说明全球技术分布、产业分工、贸易体系以及权力关系对于资本主义危机的生发与扩散的影响。"（胡乐明、杨静等，2018f）本书指出的这个方向有极大的包容性，马克思主义经济学的发展需要吸收一切有益理论资源，经济危机理论也不例外。

二、《经济危机与周期》启发的一些思考

《经济危机与周期》一书内容丰富，包含了大量信息。笔者受其启发，得到以下一些零散的思考，以期做引玉之砖。

（一）"商业周期"术语考

西方经济学文献普遍使用"商业周期"（business cycle）这个词来研究资本主义经济的波动，并不使用马克思主义经济学的"经济危机"术语。原因在于"他们认为我们所说的'经济危机'不是'危机'，而是'经济波动'……而且是一种正常的经济波动，周期性危机也不过是一种周期性经济波动"（胡乐明、杨静等，2018g）。不承认资本主义存在经济危机，西方主流经济学自然不会使用"经济危机"这个术语。不过，这里有一个疑问：西方经济学为什么不用或很少用"经济周期"这个术语，而是普遍使用"商业周期"呢？

在西方经济学文献尤其是19世纪末到20世纪40年代的文献中，商业（business）这个词普遍被使用。要理解我们惯常使用的经济周期为什么在西方经济学文献中被称为"商业周期"，需要搞清楚"商业"这个词的含义。按照我们的用法，商业指的是区别于工业（生产）的流通行业，但在西方经济学文献中则不完全是这个含义。制度主义经济学家约翰·莫里斯·克拉克（美国著名新古典经济学家约翰·贝茨·克拉克的儿子）在1926年对"商业"这个概念给出了确切的解释："商业是议价；是为了销售而买、卖和生产物品和服务。商业是对财富的争夺。商业是由相互交换形成的社会合作系统……商业不是施舍或善行……它不是游戏而是工作，是达到目的的手段而不是目的本身……它不是战争，也不是无序状态，至少出于有序的目的而存在约束它的规则。"

(Clark,1939,p.11)可见,商业就是营利活动,包括了为销售从而盈利进行的生产。也就是说,所有通过交换而盈利的资本主义经济活动都属于这里的"商业",它的周期性波动就被称为"商业周期"。20世纪前40年是西方经济学界研究经济周期问题的一个高潮,当时使用的"商业周期"这个术语沿用至今。因为那个时代的"商业"这个词的含义和"经济"的含义大致相当,所以不妨直接把"商业周期"翻译为"经济周期"。

(二)从危机层次论得到的启发

过去一段时间,马克思主义者在研究资本主义经济危机时,往往落脚在资本主义灭亡问题上:一旦危机爆发,便认为资本主义的丧钟已经敲响。但是,经历了无数次危机的资本主义并未灭亡,即便是20世纪的"大萧条"还是21世纪的"大衰退",都没有让资本主义灭亡。正如《经济危机与周期》指出的那样,这样的研究传统或者习惯"僵硬地重申资本主义基本矛盾及其周期性激化必然导致资本主义经济危机并导致资本主义的灭亡,从而将经济危机单纯地视为资本主义的死亡证明,已经无法科学解释资本主义的发展现实,从而丧失了它的理论合法性"(胡乐明、杨静等,2018h),而且使马克思主义经济危机理论的科学性招致怀疑。

即便追溯到萌芽时期,资本主义制度至今也不过500余年,这在人类历史长河中不过是弹指一挥间。一种社会制度,尤其是封建主义、资本主义这样的全球性社会制度,其发生、发展和消亡的整个过程岂能是短短500年的时间内就完成得了的。预言资本主义的灭亡为时尚早,资本主义如今并未灭亡,也不意味着马克思对它未来发展趋势的分析不正确。要看到,马克思主义理论对资本主义各层次的历次危机有很强的解释力,而且资本主义在历次危机后的发展变化也没有离开马克思预言的方向,马克思主义经济危机理论的科学性并未受到资本主义发展现实的挑战。

对于马克思主义者尤其是当今中国的马克思主义者来说,研究资本主义经济危机的恰当做法,除了从马克思主义政治经济学基本原理出发去解释危机的成因之外,更重要的是密切关注历次危机后资本主义的发展变化。资本主义如今在全球范围内表现出的多样性和存在的各种变体,在很大程度上是各主要资本主义国家化解历次危机的结果。研究资本主义历史上化解危机的做法及其结果,在今天有着重要的现实意义。资本主义将长期存在,作为共产主义初级阶段的社会主义以及社会主义的初级阶段也将长期存在,这就注定了资本主义和社会主义两种社会制度将在斗争中长期并存。预判资本主义在危机后可能的变化,有助于我们准备好斗争方案和策略,不至于当变化发生的时候在斗争中处于被动。

(三)着力研究社会主义市场经济的周期波动

生产社会化与生产资料的私人占有之间的矛盾是资本主义经济危机的根

源，马克思的这个科学论断包含了对现代市场经济周期性波动的科学解释。现代市场经济的特点一方面是大规模的社会化生产，另一方面是生产由大量个体生产者自发组织。尽管诸多文献论证了现代市场经济中的大公司是有计划的生产(加尔布雷思，1983；图尔、塞缪尔斯，2012)，但大公司只是做出公司内部的利润导向计划，不会从整个社会化大生产的角度进行计划安排。所以，无论什么样的市场经济，生产组织的自发性和个体性与生产的社会化之间始终存在矛盾，从而总会发生经济周期波动，社会主义市场经济也不例外。此外，当今世界各经济体都紧密联系在一个世界市场上，无论这些经济体社会制度有何差异，在经济周期波动面前都难以独善其身。这样，马克思主义分析资本主义经济危机的理论同样适用于对社会主义市场经济周期波动的分析。

目前，研究我国经济周期波动的主要理论多是西方主流经济学的经济周期理论，比如新古典宏观经济学的实际经济周期理论、新凯恩斯主义的经济周期理论、奥地利学派的经济周期理论等。这些理论在科学的外表下关注的是经济运行的表面现象，无法深入本质。而《经济危机与周期》一书中归纳的马克思主义的社会再生产比例失调、有支付能力的消费不足、利润率下降趋势、固定资本更新、资本过度积累以及积累的社会结构学派、调节学派等流派的经济危机理论，在分析市场经济周期波动的成因和影响方面更加科学，有更强的解释力。借助马克思主义的理论研究我国社会主义市场经济的周期波动，不仅能得到更科学的结论，而且能提出更加符合我国基本经济制度特征的政策措施。

依据西方主流经济学周期理论提出的反周期政策，无外乎货币政策、财政政策。如果按照新自由主义的实际经济周期理论和奥地利学派的经济周期理论的逻辑，反周期政策都是无效的，经济周期波动是常态，无须干预。当前我国宏观调控手段单一、效果不佳，与西方主流经济学的影响不无关系。如果按照马克思主义经济危机理论的逻辑，反周期政策将有更多选择：收入政策、产业政策、社会保障措施等。市场经济固有的矛盾和缺陷使经济呈现出周期波动，社会主义市场经济不是不存在这种波动，而是能够按照不同于资本主义的宏观调控目的，有更多政策选择来缓和这种波动。

(四)重视对西方非正统经济学经济周期理论的研究和应用

如前所述，《经济危机与周期》对马克思主义(以及非马克思主义的非正统经济学)的各种经济危机理论表现出足够的开放态度，提出马克思主义的危机理论要“综合新熊彼特学派、曼德尔以及调节学派和 SSA 学派等理论成果”(胡乐明、杨静等，2018i)。按照这种开放的思路，马克思主义的危机理论还有别的可供综合的对象，即西方非正统经济学其他流派的经济周期理论。

包括调节学派在内，以激进政治经济学(SSA 是其一个分支)为代表的西方马克思主义经济学在西方经济学中被划归非正统经济学(heterodox economics)。非正统经济学的其他主要流派还有制度主义、后凯恩斯主义、演化经济学的部分分支、社会经济学等。非正统经济学的这些流派无论是方法论、研究主题还是对待资本主义的态度,与马克思主义经济学都有诸多共同之处。西方马克思主义经济学与非正统经济学其他流派之间在理论上相互吸收和支持,共同推动了非正统经济学的整体发展。具体到经济周期理论上,欧内斯特·曼德尔(Ernest Mandel)的长波理论与熊彼特的创新理论同根同源;霍华德·谢尔曼(Howard Sherman)的经济周期理论是马克思主义经济危机理论与制度主义经济周期理论的结合;SSA 学派也多少利用了制度主义的理论成果;等等。总之,非正统经济学各流派是马克思主义经济学的同盟军,通过与非正统经济学各流派经济周期理论的综合,马克思主义经济危机理论有可能取得更大的发展。

在非正统经济学各流派中,制度主义对经济周期的分析独具特色。《经济危机与周期》中谈到,制度主义在 20 世纪 20—40 年代的代表人物韦斯利·米切尔(Wesley Mitchell)和阿瑟·F. 伯恩斯(Arthur F. Burns)对经济周期的定义被广为采用(胡乐明、杨静等,2018j),而制度主义者对经济周期理论的贡献远不止如此。米切尔在 1920 年创立的"全国经济研究所"(National Bureau of Economic Research,NBER)的一个主要研究领域就是经济周期。除前述对经济周期的定义之外,"库兹涅茨周期"是因当时在 NBER 从事研究的制度主义者西蒙·库兹涅茨(Simon Kuznets)而得名;约瑟夫·熊彼特(Joseph Schumpeter)广为引用的康德拉季耶夫周期图示也是库兹涅茨画出后交熊彼特确认的(Kuznets,1940,p. 261);谢尔曼的经济周期理论直接受益于米切尔 1927 年出版的著作《经济周期:问题及其背景》(*Business Cycles: The Problem and Its Setting*)。最重要的是,制度主义对经济周期理论的所有贡献都依据于托尔斯坦·凡勃伦(Thorstein Veblen)的理论,而凡勃伦的经济周期理论并未受后世足够重视,对它的挖掘有助于补充和丰富马克思主义的经济危机理论。

详述凡勃伦的思想和他的经济周期理论不是本文的目的,这里罗列凡勃伦有关经济周期的两个论述供经济危机理论的研究者参考。凡勃伦在《企业论》中指出:"所谓恐慌、萧条、艰难、黯淡、活跃以及投机高涨、繁荣等等,主要是企业的现象;归根结底是价格变动,是价格上涨或下跌的现象。"(凡勃伦,2012a)这一论述看起来关注的是价格这个表面现象,其实不然。凡勃伦所说的"企业",指的是"商业企业","商业"正是本文前述的那个含义。换言之,企业是资本主义盈利活动的具体实施者,企业主关注的是企业资产估值的高低,通过操纵商品价格的涨落来改变资产估值。这样,资本主义经济周期波动就是企业行为的结果,"是在企业的常态过程中发生的"(凡勃伦,2012b)。关于经济危机中的生产过剩,凡勃伦指出:"'生产过剩'这个概念并不适用于物质的、器械的方面，而是适用于金钱的方面。它的含义，从来没有认真地指商品逾量，也不是说生产商品的装备超过了可以供作人类使用的数量，如果企业情势允许的话，这些装备是可以得到充分使用的。”（凡勃伦，2012c）这个观点和马克思主义传统一样，表达了危机中的生产过剩是相对过剩。不过，凡勃伦对相对过剩的阐述是集中在资产价值上面：“在恐慌中的萎缩现象主要是金钱上的而不是物质上的萎缩；它主要发生于各项无形的财富，从属地发生于各项有形财富的价格比率上。”（凡勃伦，2012d）这个视角对于分析今天金融资本主义社会的经济危机是有启发的。

凡勃伦关于经济周期的理论不一而足，这里列举的两个论述的目的在于表明，包括制度主义在内的非正统经济学各流派的理论，对于丰富马克思主义经济危机理论是有助益的，值得深入挖掘。

三、结　语

只要资本主义社会存在，经济危机就是经济学不变的主题；只要市场经济存在，经济周期波动就是经济学必须面对的问题。马克思主义者如何研究经济危机和经济周期？《经济危机与周期》给出了一个正确的方向：拒绝西方主流经济学的庸俗理论，综合马克思主义经济学传统和相近学术传统的理论贡献。按照这个方向发展下去，相信不久的将来我们就会看到一个完整的、与时俱进的马克思主义经济危机理论。

对于研究经济危机和经济周期的中国经济学者来说，不仅要关注资本主义世界的经济危机，更要关注中国经济的周期波动。对于研究中国经济周期波动问题，本书给出的上述方向同样适用：抛弃西方主流经济学的庸俗理论，回归马克思主义，回到中国特色社会主义政治经济学，建立中国特色社会主义政治经济学的经济周期理论。当然，这是一项艰苦的工作，《经济危机与周期》只是为我们指向了中国特色社会主义政治经济学经济周期理论的大门。

参考文献

[1]Clark,J. M.,1939,*Social Control of Business*,2nd ed. New York and London: McGraw-Hill Book Company,Inc.

[2]Kuznets,S.,1940,Simon Kuznets:“Schumpeter's Business Cycles,”*American Economic Review*,Vol. 30,No. 2,pp. 257—271.

[3]Schumpeter,J.,1939,*Business Cycles:The Theoretical,Historical and Statistical Analysis of the Capitalist Process*. New York:McGraw-Hill Book Company,Inc.

[4]哈伯勒，1963，《繁荣与萧条》，北京：商务印书馆。

[5]凡勃伦，2012a、b，《企业论》，北京：商务印书馆，第119页。

[6]凡勃伦，2012c，《企业论》，北京：商务印书馆，第141页。

[7]凡勃伦,2012d,《企业论》,北京:商务印书馆,第 126 页。

[8]胡乐明、杨静等,2018a,《资本主义经济危机与经济周期:历史与理论》,北京:中国社会科学出版社,第 4—5 页。

[9]胡乐明、杨静等,2018b,《资本主义经济危机与经济周期:历史与理论》,北京:中国社会科学出版社,第 8 页。

[10]胡乐明、杨静等,2018c、f、h、i,《资本主义经济危机与经济周期:历史与理论》,北京:中国社会科学出版社,第 20 页。

[11]胡乐明、杨静等,2018d,《资本主义经济危机与经济周期:历史与理论》,北京:中国社会科学出版社,第 525 页。

[12]胡乐明、杨静等,2018e,《资本主义经济危机与经济周期:历史与理论》,北京:中国社会科学出版社,第 295 页。

[13]胡乐明、杨静等,2018g,《资本主义经济危机与经济周期:历史与理论》,北京:中国社会科学出版社,第 527 页。

[14]加尔布雷思,1983,《经济学和公共目标》,北京:商务印书馆。

[15]门德尔逊,1975,1977,《经济危机和周期的理论与历史》,北京:三联书店。

[16]米契尔,1962,《商业循环问题及其调整》,北京:商务印书馆。

[17]图尔、塞缪尔斯,2012,《作为一个权力体系的经济》,北京:商务印书馆。

[18]谢尔曼,2016,《商业周期:资本主义下的增长和危机》,北京:中国社会科学出版社。

Take the Pulse of Capitalism for 500 Years of Prosperity and Depression

— Comment on *Capitalist Economic Crisis and Economic Cycle: History and Theories*

Zhang Lin　Zhao Luwei

Abstract　*Capitalist Economic Crisis and Economic Cycle: History and Theories* by Hu Leming, Yang Jing etc. summarized the Marxist economics crisis theory and the economic cycle theories of western mainstream economics, fully described the economic cycle fluctuations of the capitalist world for 500 years, combined history and theory organically, contrasted the Marxist economic crisis theory and the economic cycle theories of western economics scientifically, highlighted the advantages of Marxist economic crisis theory. Inspirited by the ideas such as crisis hierarchy theory which the book focus on, in the paper, we suggest that the periodic fluctuation of the socialist market economy with Chinese characteristics should by studied scientifically using Marxist economic crisis theory. At the same time, we should pay attention to the research and reference of the theory of the economic cycle of western heterodox economics.

Key words Economic Crisis Economic Cycle Comparative Study

外国经济学说与新时代中国特色社会主义经济思想
——中华外国经济学说研究会第27届年会学术观点综述

徐则荣

由中华外国经济学说研究会和安徽工业大学共同主办、安徽工业大学商学院和安徽创新驱动发展研究院承办的“中华外国经济学说研究会第 27 届年会”于 2019 年 11 月 8—10 日在安徽举行。程恩富、华桂宏、胡乐明、方兴起、张衔、曹和平、贾根良、冯金华、孟捷等来自全国各高校、科研院所的 180 多位专家学者出席了会议。中国社会科学院大学首席教授、中华外国经济学说研究会会长程恩富学部委员致开幕词。会议以党的十九届四中全会的胜利召开为背景,围绕“学习习近平新时代中国特色社会主义思想,总结新中国 70 年经济建设”为主题,重点研究外国经济学说,总结新中国 70 年经济建设,探讨中外未来经济发展。现将会议研讨内容综述如下。

一、关注国际性经济学奖获得者学术思想

2019 年世界政治经济学学会将“世界马克思经济学奖”授予了美国经济学家大卫·莱伯曼(David Laibman)、印度经济学家乌特萨·帕特奈克(Utsa Patnaik)和中国经济学家于祖尧教授。上海财经大学丁晓钦教授评介了他们的思想。丁晓钦指出,大卫·莱伯曼的学术贡献在于发展了马克思主义价值理论,将抽象社会劳动置于市场经济中统一生产与交换关系过程的核心,同时严格论证了价值的定量测定和转型。与“利润率下降趋势规律”的标准处理方式相比,莱伯曼的伴随技术变革的资本积累模型更具微妙性和决定性。帕特奈克在农业生产方式、农业阶级结构衡量、殖民剥削、饥荒和贫困等领域均有独到的学术贡献。她强调积累是资本主义的总体特征而无论是否存在雇佣劳动,并将绝对地租理论化为资本主义投资的障碍。她将马克思主义的阶级概念应用于农业社会,制定了衡量农业阶级结构及其变化的“劳动力剥削指数”,被各国马克思主义学者广泛应用。她研究了殖民剥削的财富掠夺,初步估算

作者简介:徐则荣(1970—),首都经济贸易大学经济学院教授,主要研究方向为政治经济学。

认为,1765年至1947年英国对印度殖民剥削掠夺的财富总额,相当于英国1947年GDP的40倍,这一研究引起了学界的广泛兴趣。于祖尧的学术贡献在于首倡社会主义市场经济,完整论证了"社会主义市场经济观";针对社会主义市场经济体制改革中的财富分配与价值取向问题,提出了维护民众利益的"公平分配观";坚定地批判了西方新自由主义思潮;强调经济研究要重视历史研究、彻底批判历史虚无主义。

2019年10月,诺贝尔经济学奖委员会将本年度的诺贝尔经济学奖授予美国经济学家阿比吉特·班纳吉(Abhijit Banerjee)、埃斯特·迪弗洛(Esther Duflo)与迈克尔·克雷默(Michael Kremer),以表彰他们"在减轻全球贫困方面的实验性做法"。武汉大学邹薇教授指出,三位"银行诺奖"得主的贡献在于创造性地将实验的方法和手段应用于发展经济学研究领域,不仅试图解答人们为何贫穷,而且提供了很多改善贫穷人群的生活、健康和生产状况的方法。他们的研究预示着反贫困和经济发展研究是国际经济学界关注的重大问题,并将持续引起更大的关注;他们在研究方法方面的突破赋予经济学理论研究新的生命力;中国反贫困的实践成就显著,围绕中国反贫困的理论研究和政策效应评估亟待突破。

厦门大学郭其友教授从实地实验方法以及贫困问题的具体研究两个方面评述了三位"银行诺奖"得主的突出贡献。他指出,三位"银行诺奖"得主对贫困问题所进行的实地实验以及由此得到的结论具有重要的参考借鉴价值。实地实验作为因果关系推断的工具在经济学实证研究中有着特别的优势,应该将其纳入经济学家因果关系分析的工具箱中。但是,他们将贫困问题作为发展经济学研究的核心使得发展经济学研究的视野过于狭窄,发展经济学应该回归和重视经济发展机制的研究。

中国社会科学院程恩富教授指出,马克思明确强调"经济学家是资产阶级的学术代言人",而以"银行诺奖"获得者为代表的西方资产阶级经济学家是当代资产阶级尤其是垄断资产阶级的学术代表。他们的许多基本学术观点有错误严重的阶级性和价值观,而对于某些经济表象的分析有可取之处。今年"银行诺奖"没有授予搞出各种经济危机和贫富对立的新自由主义经济学家,而授予研究贫困的学者,这是值得肯定的,但他们关于贫困的调研及其原因分析主要是表象的,较多地从穷人本身来描述,而不是主要从资本主义经济、政治、教育、文化等制度和政策痼疾去深层次剖析,这是作为资产阶级学术代表的本质所决定的。只有中外马克思主义经济学家才能并已经从现象到本质地科学揭示了各种贫困的真正原因。

二、中国特色社会主义政治经济学研究新进展

本次年会的一个特点是高度关注新中国70年经济建设和新时代中国特

色社会主义政治经济学的研究，提供论文20余篇，表现了学会雄厚的马克思主义经济理论底蕴和时代责任感。

中国社会科学院程恩富教授指出，新中国70年历史可分为改革开放前、改革开放后和党的十八大后新时代三个大的历史阶段。从经济建设方面来看，这三个阶段创造了世界经济发展的“三个奇迹”，先后形成初等富强、次中等富强和世界经济体系“准中心”的中等富强的三个阶段。新中国前30年的经济建设成就，无论与旧中国的纵向比较还是与国际横向的比较，都表明其绩效是辉煌的。新中国前30年建设积攒下的多方面发展红利是改革开放成功不可或缺的基础和前提。

上海社会科学院李正图研究员在解读程恩富教授提出的中国特色社会主义政治经济学八大原则之一的“公有主体型的产权原则”时指出，一个国家秉持什么样的主体型产权原则既取决于客观规律，也取决于这个国家的主观取向，客观规律和主观取向的共同作用最终决定了这个国家秉持的主体型产权原则。生产力基础、生产关系基础、产权基础决定政府秉持的产权原则是客观规律，而政府秉持的生产力原则、所有制经济原则以及产权原则的主观取向决定政府秉持的产权原则是主观规律。客观规律与主观规律的辩证统一、共同作用决定了政府秉持的产权原则的具体样式。

中共江苏省委党校李炳炎教授指出，中国特色社会主义共享经济的兴起，是中国特色社会主义经济业态与运行机制的深刻变革。它是对中国特色社会主义分享经济的继承和发展。共享发展理念集中体现了中国特色社会主义的本质要求。共享经济的运行机制和功能作用将推动中国特色社会主义经济实现高质量发展。要实现共享式发展，必须大力发展中国特色社会主义共享经济。为此应当破解共享经济发展中遇到的瓶颈，政府及相关部门应加强对发展共享经济的指导，并加大相关立法力度，尽快建立全方位多层次的协同治理体系。

陕西师范大学孔祥利教授在对中国特色社会主义政治经济的理论和实践进行梳理中发现，中国特色社会主义政治经济的理论创新主要集中在社会主义初级阶段理论和社会主义本质论、社会主义市场经济运行理论、中国特色发展理论和中国特色开放经济理论四个主要方面 。与“西方模式”和“苏联模式”等不同，“中国模式”是经受了实践检验的成功模式，中国模式为发展中国家的现代化道路指明了方向。

武汉大学王今朝教授从国际比较的角度肯定了社会主义市场经济理论的历史贡献和中国所取得的成就，认为中国提出的社会主义市场经济理论已经成为社会主义国家解决和平时期生产发展到一定阶段后的产品交换体制的基本理论。该理论应该是一种从属于社会主义生产理论的理论。在该理论的基础上，一种综合性的社会主义经济理论——占优经济发展模式理论已然成型。

南开大学陈弘教授指出，马克思主义政治经济学与西方经济学话语权消长之争几近伴随了40多年的改革开放进程。社会主义政治经济学面对市场经济的理论准备不足、西方经济学对市场分析的适应是话语权变迁的起始原因，而借西方经济学否定马克思主义、否定我国市场化改革的社会主义性质的企图也是重要推手。话语权的消长的经验与教训提示我们，在中国特色社会主义新时代书写中国特色社会主义政治经济学，要辩证地坚持马克思主义政治经济学的科学性与革命性的统一；坚持“两个毫不动摇”、市场的决定作用与更好的政府职能的辩证统一；坚持马克思主义政治经济学指导地位与科学汲取西方经济学有益成分的辩证统一。

安徽财经大学赵茂林教授指出，中国特色社会主义的发展必然要求构建中国特色社会主义政治经济学的话语体系，加强中国特色社会主义政治经济学对中国经济现象的解释力。对西方经济学概念和方法的盲目引入和嫁接，给中国特色社会主义政治经济学体系的构建造成了不良的影响，如“人力资本”范畴的引入是对“劳动力商品”范畴的背离。构建中国特色社会主义政治经济学话语体系，既具有极其重要的意义，又具有现实的迫切性。

安徽工业大学洪功翔教授强调，构建中国特色社会主义政治经济学要坚持马克思主义的立场、观点和方法，以习近平新时代中国特色社会主义思想为准绳，勇于批判各种动摇、怀疑“坚持两个毫不动摇”的各种观点。他指出，“民营经济离场论”其根本就是一个伪命题，它不符合国家的法律制度原则，违背国家的大政方针，更非我国社会经济发展中的事实。“新公私合营论”是个别人乱扣“国退民进”的帽子。那些反对《共产党人的理论概括为一句话：消灭私有制》一文者是对该文的片面解读。

此外，与会学者探讨了新中国成立70周年中国对外开放经济政策的演变、区域经济发展与空间结构的演变、新时代高质量发展的马克思主义政治经济学理论解释，等等。

三、马克思主义经济理论新发展

本次年会的又一个特点是高度关注马克思主义经济理论的创新，表现了学会雄厚的马克思主义经济理论底蕴和马克思情节。

中国社会科学院程恩富教授指出，新帝国主义是垄断资本主义在当代经济全球化、金融化条件下的特殊历史发展阶段，其具有生产和流通的新垄断、金融资本的新垄断、美元和知识产权的垄断、国际寡头同盟的新垄断、全球化资本主义矛盾和各种危机时常激化五个特征；具有垄断性和掠夺性、霸权性和欺诈性、腐朽性和寄生性、过渡性和垂危性四个特性。依据对新帝国主义特征和特性的分析，程教授指出，新帝国主义既是资本主义从自由竞争、一般私人垄断、国家垄断发展到国际垄断的新阶段，是国际垄断资产阶级的新扩张，也是极少数发达国家主导世界的新体系,是经济政治文化军事霸权主义的新政策。从现阶段国际正义力量和国际阶级斗争的曲折发展来判断,21世纪是世界劳动阶级和广大人民进行伟大革命和维护世界和平的新时代,是社会主义国家进行伟大建设和快速发展的新时代,是进步的文明国家共同构建人类命运共同体的新时代,是新帝国主义和全球资本主义逐渐向全球社会主义过渡的大时代。

上海财经大学冯金华教授以马克思的劳动价值理论为基础,提出了新利率决定论。认为其不同于西方经济学的利率决定论是因为利率由货币价值决定、利率受劳动总量的影响、利率随价格总量的上升而下降、价格总量和货币数量对利率的影响相同。

上海财经大学伍山林教授研究发现,马克思、恩格斯在全球视野下对关税问题展开研究具有明显的阶段性特征。他们主要论述了关税政策变化对各个阶级和各个产业产生差异化影响、保护关税制度的本质、大国关税政策选择与经济发展阶段的关系、关税是一种重要的战略工具四个方面的问题。透过马克思、恩格斯关税思想,伍教授指出,当前美国发动和不断升级对华贸易战必将进一步恶化美国国内矛盾和撕裂美国社会,中国经济富有韧性尽管是从容应对贸易战的坚实基础,但对贸易战的长期性和多变性又必须有更深刻的认识。

郑州财经学院徐可研究员指出,《资本论》以资本扩张为主线,揭示了社会经济系统中非均衡的内在根源、动力机制与历史路径,这是真正的"非均衡"理论体系,抓住这一点才能走出西方经济学"均衡—非均衡"的思辨循环陷阱,迈入"总体性"思想的门槛。在马克思非均衡经济学的建构下,资本逻辑能够统摄西方经济学中的规模报酬递增理论、凯恩斯的总需求理论、供给学派的"供给创造需求理论"、新制度经济学中的路径依赖理论,形成了资本运动的"总过程",从而完成了"总体性"的经济学证明。

北京理工大学宋宪萍教授指出,作为承担资本扩大再生产与持续性扩张积累的现代城市,比以往历史上任何时期的城市更凸显资本逻辑。城市发展的固定资本阻隔、城市主体的结构性分化以及城市空间的马赛克图景凸显了资本逻辑主导下的城市风险指向。三级循环依次反映了风险的生发、累积和放大以及最终的放大结果——危机。只有对资本逻辑导向的城市社会风险进行分析,才能深刻揭示城市生产方式的内在对抗性矛盾和现代风险发展的历史趋势。

与会学者探讨了马克思主义宏观经济学的微观基础、《资本论》研究对象的"历史的内涵逻辑"、劳动力的柔性再生产模式、有折旧的马克思扩大再生产公式的图解法,等等。

四、西方经济学理论新进展

本次年会的又一个特点是不仅高度关注西方经济学理论的新进展，而且高度关注这些理论对中国的影响。

中国人民大学贾根良教授研究发现，后发优势的思想最早是由演化经济学家凡勃伦提出。“新熊彼特”学派演化经济学家区分了技术后发优势的两种机会窗口。后发优势的原义是指制度创新是实现后发优势的基础。实现制度创新的后发优势取决于落后国家较早进入新技术系统、领先国家出现“制度锁定”和落后国家相对落后程度等特定条件。贾教授指出，林毅夫引进成熟技术和比较优势的后发优势概念与杨小凯的后发劣势概念和后发优势的原义完全相反，他们关于后发优势的概念都是以假定为基础通过推理得出的。中国应充分发挥中国特色社会主义制度的后发优势。

华南师范大学方兴起教授指出，李嘉图的比较优势理论的错误之处在于他采用静态分析方法形成的静态比较优势理论，完全与现实中动态形成的比较优势相背离。其理论实质上是为了维护大英帝国的利益而误导各国。当今30多个发达国家，特别是七大工业国都是走了一条“反李嘉图静态比较优势”的发展道路；或者说，都是走了一条动态比较优势的发展道路，才从传统的农业国发展成为发达的工业国。各国不能靠自然禀赋形成的生产优势，而只能靠现代工业形成的新的优势，才能在全球化中维护本国的政治与经济利益，从而结束霸权国在世界市场的统治地位。

四川大学张衔教授指出，新结构经济学的比较优势理论主张落后国家服从发达国家，比较优势不需要产业政策，产业政策有效必然与比较优势冲突，这种主张回避了赶超成功的案例，与事实不一致；这种主张违反历史，自相矛盾。新结构经济学否定创造绝对优势，断定工业化、创造绝对优势违背比较优势原理，落后国家没有自生能力，这种主张与观察明显不一致。新结构经济学的主张会造成落后国家服从于发达国家建立的分工体系，并经常处于产业低端，形成单一的组装生产方式和相应的结构，成为发达国家上游企业的组装车间或工厂；容易被锁定，受到资源与劳动力成本更低的经济体的竞争。落后国家正确的选择是创造绝对优势的物质技术基础。

中国社会科学院杨虎涛教授认为，对于20世纪70年代以来西方发达国家经历的长萧条，主流经济学一直没有直面这一问题，而马克思主义经济学、新熊彼特学派和后凯恩斯经济学对此都给出了丰富的解释，西方马克思主义经济学不仅从利润挤压、过度竞争等角度解释了20世纪70年代的结构性危机，也在批判新自由主义的过程中对结构性危机之后的长萧条进行了解释，新熊彼特学派则从历次技术浪潮的差异性解释长萧条，而后凯恩斯经济学则认为，是经济增长体制类型与分配政策的错位导致了长萧条。杨教授认为，这些解释各有所长，存在综合的可能性，例如，后凯恩斯经济学并没有回答究竟是什么决定了利润导向型增长和工资导向型增长，而这可以从新熊彼特学派的解释中得到补充，新熊彼特学派主要侧重于从技术、产品特征角度解释，对制度性因素的分析不足，而这正是马克思主义经济学的专长和深度所在。

吉林财经大学黎贵才教授指出，新自由主义是国际金融垄断资本掠夺世界财富、掌控世界经济命脉的工具。中国的改革开放受到新自由主义全球化的影响。最早的也是最为直观的影响体现在外商直接投资的自由化。它一方面有力地促进了中国经济增长，但另一方面使中国劳工遭受国际垄断资本的压榨和盘剥，使中国经济遭受国际垄断资本的金融掠夺。中国的改革开放与“华盛顿共识”有着本质区别，“中国模式”是对新自由主义的超越。中国要高度警惕新自由主义的负面影响。

武汉大学龙斧教授认为，西方供给学派的理论不仅在西方学界遭到广泛批判，其实践也被证明是失败的。中国供给侧改革与西方供给学派在理论基础、投资与消费、供给问题的认识上存在本质区别。

北京大学方敏教授认为，法国调节学派和美国SSA学派的共同点包括相同的时代背景和问题意识、相似的理论渊源，试图发展马克思主义，为传统理论补充“中间层次”或“阶段理论”，通过分析资本积累过程以及影响该过程的一整套社会制度之间的关系来解释资本积累的长期模式。但二者由于最初的理论定位不同，在范畴体系和概念分类上存在较大差异，对20世纪70年代滞胀危机成因的解释以及新自由主义和国际金融危机的研究侧重点也不一样。从发展动向来看，调节学派理论后期的制度主义色彩更浓，SSA学派理论后期呈现出回归传统马克思主义的倾向。

中国人民大学李黎力副教授认为，在现代货币制度下，政府和银行共同构成了货币的创造主体。货币创造包含纵向上政府部门政府支出向私人部门的“外生”注入，与横向上私人部门内部银行“贷款创造存款”的“内生”产生。政府法定不兑现货币因“税收驱动货币”机制，而位于货币性债务金字塔的顶端。银行存款货币是对这种高能货币的“杠杆化”，是政府信用的延伸。在货币流通层面，部门货币收支分析是宏观经济分析的重要工具。将财政与金融对立起来，片面夸大银行在货币创造中的作用，低估国家在货币创造和运行中的重要角色的观点是错误的。

与会学者探讨了行为公共选择理论、内生经济增长模型的求解、人力资本理论、生育经济学的国外最新研究进展、SFC模型的根源与演化发展、卡莱斯基的有效投资理论，等等。

五、中国现实经济热点问题新探究

本次年会的再一个特点是高度关注中国现实经济热点问题，并试图给出解决问题的建议和对策。

福州大学周小亮教授指出，推动高质量发展新旧动能转换机制与路径选择，应以马克思主义政治经济学和中国特色社会主义政治经济学中生产力与生产关系辩证关系原理为基础，以习近平新时代中国特色社会主义经济学为指导，结合有关经济增长的技术、制度、公平动能理论解说，将工具理性与人本价值理性分析、供给侧动能和需求侧动能分析统一起来，将制度与结构两大因素引入推动高质量发展的动能分析系统。

安徽工业大学江小国副教授指出，我国经济要实现高质量发展，必须要有高质量的制造业作为支撑，推动制造业高质量发展要上升到产品、企业、产业、基地“并行推进”的系统工程层面，协同考虑要素支撑、生产组织、产业提升、行业治理四个维度，构建立体化推进路径。

首都经济贸易大学徐则荣教授认为，新发展理念与构建现代化经济体之间是理论与实践的关系，新发展理念是指导思想，现代化经济体系是具体实践，两者在内容、逻辑、结构上环环相扣，形成一个完整的逻辑体系。要用马克思主义理论指导构建现代化经济体系的七个方面。

安徽财经大学任志安教授认为，重振全要素生产率是我国建设现代化经济体系的一个最为关键的着力点。不同地区现代化经济体系的建设要各有侧重，在基于重振全要素生产率的同时，还需要加快推进产业结构优化升级，完善要素市场改革，深入践行绿色发展理念以及坚持对外开放。

黑龙江大学魏枫教授指出，生产要素价格政策性扭曲并不能成为后发经济体长期的政策选择，其增长效应具有阶段性特征。劳动力价格扭曲与经济增长存在明显的倒U型关系。新时期，我国面临依靠转型重塑增长动力的重任，矫正生产要素价格的政策性扭曲，使得生产要素价格与我国经济增长阶段的转变相适应，一定程度上有助于解决结构性问题，避免陷入转型陷阱，实现持续增长。

与会学者探讨了知识产权执法与中国出口企业创新、我国省际新旧动能转换测度及影响、普惠金融服务的发展、长三角区域经济韧性的时空演化等等。

六、国际经济问题新探索

本次年会的再一个特点是关注多种国际经济问题。

南京师范大学陶士贵教授指出，美国对他国实施国际金融制裁的根本目的在于扩大美国在全球范围内的影响力，获取霸权暴利。面对美国在未来可能在金融层面、贸易层面和资产层面对我国实施直接制裁，我国要在维护地缘局势稳定、主导全球治理体系改革、完善外汇储备管理、增强人民币货币权力和提高进出口企业竞争力等方面下功夫。

北京师范大学胡海峰教授指出，经济金融化主要通过货币渠道、信贷渠道和资本市场渠道加速了去工业化进程。金融化前期对实体经济的挤出效应大于蓄水池效应，对工业经济发展有抑制作用，发展到一定阶段后金融化能促进工业经济发展，两者呈现U型的关系。发展中国家的金融化加速去工业化效应高于发达国家。

东莞理工学院刘伟副教授指出，我国人民币国际化应使人民币在国际事务中充分发挥计价和结算职能，但不充当国际储备货币。短期内，进一步发挥完善人民币计价和结算手段，保持汇率稳定。长期内，以石油期货和黄金期货为商品锚，实行人民币与世界其他国际货币挂钩、人民币与石油期货和黄金期货挂钩的双挂钩机制，而将国际储备货币的职能仍然留给美元。这既符合马克思货币理论所要求的国际货币应该具有非主权的商品属性，同时也没有冲击美元国际储备货币的地位，有利于人民币国际化的顺利开展。

此外，与会学者探讨了中美经济健康发展路径、国际视角的教育收益率、经济全球化、中国全面开放新格局背景下国际贸易的发展机遇等等。

图书在版编目(CIP)数据

海派经济学.2019年.第17卷.第4期:总第68期/程恩富,顾海良主编.—上海:上海财经大学出版社,2019.12

ISBN 978-7-5642-3527-7/F·3527

Ⅰ.①海… Ⅱ.①程… ②顾… Ⅲ.①经济学—丛刊 Ⅳ.①F0—55

中国版本图书馆CIP数据核字(2019)第077387号

□ 特约编辑 夏 晴
□ 责任编辑 袁 敏
□ 封面设计 张克瑶

海派经济学

程恩富 顾海良 主编

上海财经大学出版社出版发行
(上海市中山北一路369号 邮编200083)
网 址:http://www.sufep.com
电子邮箱:webmaster@sufep.com
全国新华书店经销
上海华教印务有限公司印刷装订
2019年12月第1版 2019年12月第1次印刷

787mm×1092mm 1/16 16.25印张 309千字
定价:24.00元